Adventskätzchen

PIPER

Zu diesem Buch

»In einem früheren Leben war ich selbst eine Katze.« Den Satz würden vermutlich etliche Katzenliebhaber dieser Welt sofort unterschreiben. Einige von ihnen – nämlich Haruki Murakami, Margaret Atwood, Ernest Hemingway, Ann Granger, Thommie Bayer und viele andere – erzählen in diesem weihnachtlichen Adventskalender von Katzen und Menschen, von den liebevollen, aber auch von den manchmal etwas schwierigen Beziehungen zwischen beiden. Dabei klären sie endlich so grundsätzliche Fragen wie: Was sind eigentlich Katzenirrtümer? Und über welches Geschenk freut sich eine Katze wirklich? Taugen Katzen auch als Wachhunde? Und welche Katzen kommen in den Himmel? Und was machen Katzen überhaupt unterm Weihnachtsbaum …?

Jone Heer, geboren 1953 in Freiburg, hat Pädagogik und Psychologie studiert, arbeitet seit zwanzig Jahren in eigener Praxis in Staufen und war in einem früheren Leben selbst Katze.

Advents kätzchen

Die schönsten Geschichten zum Fest

Herausgegeben von
Jonc Heer

PIPER
München Berlin Zürich

Mehr über unsere Autoren und Bücher:
www.piper.de

Von Jone Heer liegen im Piper Verlag vor:
Sonnenkätzchen
Krimikätzchen
Adventskätzchen
Weihnachtskätzchen

Für Colette

MIX
Papier
FSC FSC® C083411

Originalausgabe
1. Auflage November 2011
4. Auflage Oktober 2015

Umschlaggestaltung: Cornelia Niere, München
Umschlagmotiv: Jean Michel Labat / Ardea / Picture Press
Satz: Kösel, Krugzell
Gesetzt aus der Rotis
Druck und Bindung: CPI books GmbH, Leck
Printed in Germany ISBN 978-3-492-27269-8

INHALTSVERZEICHNIS

Der mit einem * versehene Titel stammt von der Herausgeberin.

Dreißigster November

Die Handwerker hatten Wort gehalten. Bis auf die Lichtschalter und Türklinken, deren Lieferung sich verzögerte, war alles an seinem Platz und roch nach Neuanfang. Es klang auch nach Neuanfang: das Hallen der Schritte, der blecherne Sound des Radios und meiner Stimme, wenn ich telefonierte oder mit mir selber sprach – das würde sich erst ändern, wenn ich alle Bücher in die Regale geräumt, die Teppiche ausgerollt und die Bilder aufgehängt hätte. Das wollte ich in den nächsten Tagen tun.

Und noch etwas hatte ich mir vorgenommen: ich würde einen Weihnachtsbaum aufstellen, keinen riesigen, aber mit allem, was Pflicht war, Kerzen, Kugeln, Strohsternen und einer Spitze. Das war sentimental und kitschig, aber mir egal – der Baum sollte nicht mir gefallen, sondern meiner Tochter.

Zwar wäre es ein Wunder, wenn sie käme, aber Wunder passieren doch gelegentlich. Ich wollte dafür gerüstet sein. Sie hatte als kleines Kind den Weihnachtsbaum mit ihrer Freude überstrahlt, jetzt, als erwachsene Frau, würde sie es vielleicht zu schätzen wissen, wenn ich sie an diese Freude erinnerte.

Es wurde langsam dunkel. Ich schraubte die Glühbirnen fester, um Licht zu machen, und packte die Lebensmittel aus dem Supermarkt in den Kühlschrank. Kochen würde ich mir nichts, ich hatte Brot und Käse und eine vertrauenerweckende Flasche Rotwein – die Uli-Wickert-Mahlzeit, wie das bei mir hieß – allerdings nicht ganz stilecht, denn der Wein, ein Negroamaro, und der Käse, ein Taleggio, stammten aus Italien. Bei Wickert kämen die aus Frankreich, wie alles, was er beim Zelebrieren seiner Lebensart mit kokett geschürzter Lippe anpreist.

Meine erste Nacht in der neuen Wohnung. Alles Lebenswichtige war installiert, Stereoanlage, Espressomaschine, Kühlschrank, Herd und Fernseher, aber den würde ich nicht anschalten, nicht heute Abend, ich würde Musik auflegen, vielleicht Gianmaria Testa, und den Computer aufbauen und einrichten, dann meine CDs einräumen, vielleicht die E-Mails abholen, vielleicht sogar die eine oder andere davon beantworten und dann beschwingt oder sediert vom Wein ins Bett gehen und zum ersten Mal hier einschlafen. Vor dem Fenster fiel Schnee.

Es war dann doch nicht Testa, nach dem ich zu lange hätte suchen müssen, weil die vier Umzugskartons mit CDs so gepackt waren, dass ich alles annähernd alphabetisch wieder herausholen konnte – mir kam ein Album von Laurie Anderson in die Finger, das perfekt zum Klang der leeren Räume passte: *Strange Angels*. Es passte auch perfekt zu den Schneeflocken draußen, die immer dicker wurden und mir das Gefühl gaben, ich würde mitsamt dem Häuschen eingepackt und vom Rest der Welt isoliert.

Die Musik war längst verklungen – ich hatte keine weitere mehr aufgelegt –, als der Computer endlich lief und Drucker, Router, Internet angeschlossen waren. Ich hatte die ganze Zeit vor mich hin geplappert und Laurie Andersons schönstes Album als Kulisse missbraucht. Der Schnee lag inzwischen schon zwei oder gar drei Zentimeter hoch. Ich probierte noch aus, ob mein Mail-Account funktionierte, las die Mails aber nicht mehr – es waren ohnehin fast nur die üblichen Newsletter, Werbemails und Belästigungen.

Der Wein würde mir noch morgen Abend reichen. Nur die ersten beiden Gläser hatten wirklich gut geschmeckt, das dritte ließ ich halb voll stehen, bis ich alle Lichter löschte, die Flasche wieder verkorkte, das Glas ausgoss und in die Spülmaschine stellte, eine dicke Kerze ausblies, die im Flur unbeachtet vor sich hin geflackert hatte, und mein frisch bezogenes Bett im frisch bezogenen Haus einweihte.

Das Licht der Straßenlaterne, gemildert durch den noch immer fallenden Schnee, ließ das Zimmer wie eine Bleistiftzeichnung aussehen. Ich war zu müde, um diesen Anblick noch lange zu genießen.

An den Morgenmantel hatte ich nicht gedacht. Ich musste drei Kartons durchsuchen, bis ich ihn endlich fand, ein ehemaliges Prachtstück aus Rohseide, das mittlerweile aber schon so viel vom Leben (meinem Leben allerdings nur) gesehen hatte, dass sein Zustand allenfalls noch Rührung auslösen mochte, aber mir war er lieb und teuer – ich trug ihn seit vielen Jahren – er war das letzte Geschenk meiner Frau gewesen, bevor sich unsere Familie pulverisiert und mich als das kleinste Stäubchen in eine öde Umlaufbahn geschossen hatte.

Es gab zwar Auswahl im Kühlschrank, aber ich entschied mich für das Adriano-Celentano-Frühstück. Espresso und Zigarette. Das passte in seiner Kargheit zur unfertigen Wohnung. Hätte ich bei meinem Einkauf gestern im Supermarkt an Milch gedacht, dann wäre auch die Serge-Gainsbourg-Variante infrage gekommen, nämlich Milchkaffee und Zigarette, aber so war es auch in Ordnung – es genügte als Statement gegen das winterliche Wetter.

Der Himmel war bleigrau – die Welt da draußen sah jetzt auch wie eine Bleistiftzeichnung aus, nur hier und da koloriert, wenn ein gelbes Verkehrsschild, ein grüner oder blauer Fensterladen oder die nicht verschneite Seite eines Autos farbige Inseln im weißgrauen Einerlei bildete.

Ein halber Meter Schnee war gefallen. Das sah ich, als ich die Haustür öffnete und mir der fast kniehohe Wall entgegenrieselte, sodass ich ihn mit der Kehrschaufel wieder nach draußen schaffen musste. Und noch etwas sah ich: Jemand war hier gewesen. Fußabdrücke, die nur noch Dellen waren, weil es danach noch weitergeschneit hatte, führten zu meiner Tür und wieder zurück. Dazwischen zogen sich Gräben von Delle zu Delle.

Ich hatte noch keine Zeitung bestellt, und Milch, die einem am Morgen vor die Tür gestellt wurde, gab es nur noch in Erinnerungsbüchern. Ein Postbote schien mir auch unwahrscheinlich, denn es war kurz vor neun – so früh würde der, zumal an einem solchen Tag, nicht kommen. Außerdem hatte mein Briefkasten noch kein Namensschild. Aber da lag etwas. Ich sah es durch das kleine Fenster im Blech weiß hervorleuchten und holte den Schlüssel, der im Flur auf einer Kommode lag, bis ich das kleine Schlüsselbrett montiert haben würde.

Ein DIN-A4-Umschlag ohne Anschrift, ohne Absender, zugeklebt, groß, zu groß und zu dick für eine Handwerkerrechnung. Vielleicht ein Prospekt, mit dem mir jemand noch irgendein Gerät schmackhaft machen wollte. Oder es kam von einem Nachbarn, der mir irgendwas zum Einzug schenkte.

Ich musste noch einmal Schnee nach draußen schaufeln, bevor ich die Tür wieder schließen konnte. Der Umschlag enthielt Text. Mit Computer geschrieben, ohne weiteren Hinweis, ohne Gruß, ohne Unterschrift, einfach nur Text. Eine Geschichte:

Ernest Hemingway

Katze im Regen

Im Hotel wohnten nur zwei Amerikaner. Von all den Leuten, die ihnen auf ihrem Weg in ihr Zimmer auf der Treppe begegneten, kannten sie niemanden. Ihr Zimmer war in der zweiten Etage mit dem Blick aufs Meer und auch auf die öffentlichen Anlagen und das Kriegerdenkmal. In den öffentlichen Anlagen gab es große Palmen und grüne Bänke. Bei gutem Wetter war da immer auch ein Maler mit seiner Staffelei. Maler mochten die Art, wie die Palmen wuchsen, und die leuchtenden Farben der Hotels, die den Gärten und dem Meer gegenüberlagen. Italiener kamen von weit her, um an dem Kriegerdenkmal emporzusehen. Es war aus Bronze und glänzte im Regen. Es regnete. Der Regen tropfte von den Palmen. Wasser stand in Pfützen auf den Kieswegen. Das Meer durchbrach in einer langen Linie den Regen, glitt über den Strand zurück und kam herauf, um sich wieder in einer langen Linie im Regen zu brechen. Die Autos waren von dem Platz beim Kriegerdenkmal verschwunden. Auf der Schwelle eines gegenüberliegenden Cafés stand ein Kellner und blickte über den leeren Platz.

Die junge Amerikanerin stand am Fenster und sah hinaus. Grad unter ihrem Fenster hockte eine Katze unter einem der von Regen triefenden Tische. Die Katze suchte sich so zusammenzuballen, daß es nicht auf sie tropfen konnte.

»Ich geh runter und hole das Kätzchen«, sagte die junge Amerikanerin.

»Ich werd's machen«, erbot sich ihr Mann vom Bett her.

»Nein, ich hol's. Das arme Kätzchen da draußen; was es sich anstrengt, um unter dem Tisch trocken zu bleiben.«

Ihr Mann las weiter; er lag am Fußende des Bettes auf die zwei Kopfkissen gestützt.

»Werd nicht naß«, sagte er.

Seine Frau ging hinunter, und der Hotelbesitzer stand auf und verbeugte sich, als sie am Büro vorbeikam. Sein Pult stand ganz hinten im Büro. Er war ein alter und sehr großer Mann.

»Il piove«, sagte die Frau. Sie mochte den Hotelbesitzer.

»Sì, sì, Signora, brutto tempo. Es ist sehr schlechtes Wetter.«

Er stand hinter seinem Pult in der Tiefe des dämmrigen Zimmers. Die Frau mochte ihn. Sie mochte die todernste Art, mit der er alle Beschwerden entgegennahm. Sie mochte seine Würde. Sie mochte die Art, wie er ihr gegenüber immer dienstbereit war. Sie mochte, wie er sich als Hotelbesitzer fühlte. Sie mochte sein altes, schweres Gesicht und seine großen Hände.

Sie mochte ihn, machte die Tür auf und sah hinaus. Es regnete stärker. Ein Mann in einem Gummicape überquerte den leeren Platz zum Café. Rechts um die Ecke mußte die Katze sein. Vielleicht konnte sie unter der Dachtraufe trocken bis hin gelangen. Während sie auf der

Schwelle stand, öffnete sich hinter ihr ein Regenschirm. Es war das Mädchen, das ihr Zimmer aufräumte.

»Sie sollen nicht naß werden«, sagte sie lächelnd auf italienisch. Natürlich hatte sie der Hotelbesitzer geschickt.

Das Mädchen hielt den Schirm über sie, während sie auf dem Kiesweg unter ihr Fenster ging. Der Tisch stand da, vom Regen hellgrün gewaschen, aber die Katze war fort. Sie war plötzlich enttäuscht. Das Mädchen sah fragend zu ihr auf.

»Ha perduto qualque cosa, Signora?«

»Da war eine Katze«, sagte die junge Amerikanerin.

»Eine Katze?«

»Si, il gatto.«

»Eine Katze?« lachte das Mädchen. »Eine Katze im Regen?«

»Ja«, sagte sie, »unterm Tisch«, und dann: »Ach, ich wollte sie so gern haben. Ich wollte so gern ein Kätzchen haben.«

Als sie englisch sprach, nahm das Gesicht des Zimmermädchens einen verschlossenen Ausdruck an.

»Kommen Sie, Signora«, sagte sie, »wir müssen wieder hinein, Sie werden sonst naß.«

»Vermutlich«, sagte die junge Amerikanerin.

Sie gingen den Kiesweg zurück und überschritten die Schwelle. Das Mädchen blieb draußen, um den Schirm zuzumachen. Als die junge Amerikanerin an dem Büro vorbeiging, verbeugte sich der Padrone hinter seinem Pult. Sie fühlte sich innerlich irgendwie sehr klein und wie zugeschnürt. Beim Anblick des Padrone fühlte sie sich sehr klein und gleichzeitig wirklich wichtig. Einen Augenblick hatte sie ein Gefühl von höchster Wichtigkeit. Sie ging weiter, die Treppe hinauf. Sie öffnete die Zimmertür. George lag lesend auf dem Bett.

»Hast du die Katze?« fragte er und legte das Buch hin.

»Sie war weg.«

»Wo sie wohl hin sein mag?« sagte er, während er seine Augen vom Lesen ausruhte.

Sie setzte sich aufs Bett.

»Ich wollte sie so furchtbar gern haben«, sagte sie. »Ich weiß eigentlich gar nicht, warum ich sie so gern haben wollte. Ich wollte das arme Kätzchen haben. Es ist kein Spaß, ein armes Kätzchen draußen im Regen zu sein.«

George las wieder.

Sie ging hinüber, setzte sich vor den Spiegel ihres Toilettentisches und besah sich in ihrem Handspiegel. Sie besah sich prüfend ihr Profil, erst eine Seite, dann die andere. Dann betrachtete sie ihren Hinterkopf und ihren Nacken.

»Was meinst du, wäre es nicht eine gute Idee, wenn ich meine Haare wachsen ließe?« fragte sie und besah sich nochmals ihr Profil.

George blickte auf und sah ihren Nacken, der wie bei einem Jungen ausrasiert war.

»Ich mag es so, wie es ist.«

»Ach, ich hab's so über«, sagte sie. »Ich hab's so über, wie ein Junge auszusehen.«

George veränderte seine Lage auf dem Bett. Er hatte, seitdem sie redete, nicht von ihr weggesehen.

»Du siehst ganz verteufelt hübsch aus«, sagte er.

Sie legte den Spiegel auf den Toilettentisch, ging zum Fenster hinüber und sah hinaus. Es wurde dunkel.

»Ich möchte meine Haare ganz straff und glatt nach hinten ziehen und hinten einen schweren Knoten machen, den ich wirklich fühlen kann«, sagte sie. »Und ich möchte ein Kätzchen haben, das auf meinem Schoß sitzt und schnurrt, wenn ich es streichle.«

»Wahrhaftig?« sagte George vom Bett her.

»Und ich will an meinem eigenen Tisch mit meinem eigenen Besteck essen, und ich will Kerzen. Und ich will, daß es Frühling ist, und ich will mein Haar vor dem Spiegel richtig bürsten können, und ich will ein Kätzchen haben, und ich will ein paar neue Kleider haben.«

»Nun hör schon auf, und nimm dir was zu lesen«, sagte George. Er las wieder.

Seine Frau sah aus dem Fenster. Draußen war es jetzt ganz dunkel, und es regnete immer noch in den Palmen.

»Auf jeden Fall will ich eine Katze haben«, sagte sie. »Ich will eine Katze haben. Ich will sofort eine Katze haben. Wenn ich keine langen Haare oder sonst ein bißchen Spaß haben kann, eine Katze kann ich haben.«

George hörte nicht zu. Er las sein Buch. Seine Frau sah aus dem Fenster auf den Platz, wo die Laternen jetzt angezündet waren. Jemand klopfte an die Tür.

»*Avanti*«, sagte George. Er sah von seinem Buch auf.

In der Tür stand das Zimmermädchen. Sie hielt eine große, schildpattfarbene Katze eng an sich gepreßt, die an ihrem Körper herunterhing.

»Verzeihung«, sagte sie. »Der Padrone sagte, ich soll dies der Signora bringen.«

Ich legte die Geschichte auf meinen Schreibtisch. Ich suchte nach einer Büroklammer, um die losen Blätter zusammenzuheften, aber die Schubladen waren noch nicht eingeräumt. Seltsamer Irrläufer. Irgendwer hatte irgendwem diesen Text zukommen lassen wollen und sich in der Adresse geirrt.

Draußen waren jetzt Schneeräumfahrzeuge unterwegs, das Grollen der Dieselmotoren klang matt, aber tröstlich. Zusammen mit den Fußspuren und der fehlgeleiteten Geschichte sagte es mir: Da draußen leben noch Menschen.

Die Trostlosigkeit der Geschichte, die Selbstbezogenheit und Einsamkeit dieses Paares, die Langeweile und Leere, diese Anwandlung von Freundlichkeit, die daraus entstanden war – das alles passte so gut hierher in mein noch nicht angefangenes neues Leben, dass ich mich zusammenreißen musste, um nicht deprimiert zu werden.

Bevor ich mit den CDs weitermachte, die ich am Abend zwar noch ausgepackt, aber nicht mehr eingeräumt hatte, suchte ich die beiden Kartons, die zum Schreibtisch gehörten, und räumte so lange aus und ein, bis ich die Büroklammern fand.

Den Rest des Tages verbrachte ich damit, eine Schneeschippe und einen harten Besen zu kaufen und in Gebrauch zu nehmen, einen John-le-Carré-Lunch zu verzehren (Spiegeleier mit Schinken, Toast und gebratene Tomaten), Teppiche auszurollen und auf rutschfesten Unterlagen auszubreiten, was den Klang der Musik deutlich verbesserte, diesmal war es ein Album von John Renbourn. Später schneite es wieder, und ich musste noch einmal den Gehweg fegen. Dann räumte ich bis in die Nacht CDs und Bücher ein und fiel schließlich ins Bett mit dem Gedanken: Da draußen leben noch Menschen.

Zweiter Dezember

Wieder ein Umschlag im Briefkasten. Wieder ohne Anschrift oder Absender, sodass ich nichts gegen das Missverständnis tun konnte, außer endlich ein Namensschild für den Briefkasten zu basteln. Zuerst öffnete ich aber den Umschlag. Es war wieder eine Geschichte:

Teresa Crane

Dieser verdammte Kater

Es wäre wirklich nicht so schlimm gewesen, hätte sich der Kater nicht als ein so unverschämter Tyrann erwiesen. Von Anfang an terrorisierte er meine arme kleine Tabs, die sich noch nie hatte behaupten können und die mit dem Umzug und dem schwierigen Sich-Anpassen an eine fremde Umgebung weiß Gott schon fast überfordert war. Jedesmal, wenn sie sich vor der Haustür blicken ließ, fiel das verdammte Biest über sie her. Außerdem war er ein frecher Dieb; zweimal fand ich das elende Geschöpf auf dem Küchentisch, wo es sich an Resten, die meine wohlerzogene Tabs nicht einmal im Traum angerührt hätte, genüßlich gütlich tat. Es war ein riesiges und, das muß ich zugeben, schönes Tier, schwarz wie die Sünde, mit hellgrünen Augen, die wie Lampen in seinem unverschämten Gesicht leuchteten, und einem buschigen Schwanz, den es wie eine Fahne aufrecht trug. Ach, es gab keinen Zweifel daran, wer in den Gärten von Hill View Cottages der Herrscher war.

Seit drei Wochen wohnte ich jetzt in Nummer 5 am Ende der Häuserzeile, und immer noch in einem fürchterlichen Durcheinander. Das Häuschen war winzig; zwei Zimmer und ein Badezimmer oben, ein Zimmer und eine Küche unten. Nach der klaustrophobischen und gartenlosen Stadtwohnung, die in den letzten zwei Jahren unser Heim gewesen war, fanden Tabs und ich es herrlich.

Der einzige wirkliche Nachteil war dieser verdammte Kater. Er kam aus dem Haus Nummer 1 am anderen Ende der Straße. Er verachtete Einrichtungen wie Katzentüren, und oft sah man ihn auf den kleinen Apfelbaum vor Nummer 1 hinaufklettern und sich durch das Küchenfenster hineinzwängen – offensichtlich seine bevorzugte Methode, sich Einlaß zu verschaffen, denn bereits zweimal war es ihm auf diese Art gelungen, den Rest meines Abendessens zu stehlen. Sein Besitzer war die Woche über nicht oft da, nur an den Wochenenden hatte ich ihn manchmal erspäht, meist in der Sonne in einem alten Liegestuhl ausgestreckt, die Füße hochgelegt, auf einer gerodeten Stelle in dem verwilderten Dickicht, das als Garten gelten mochte, die Nase in einem Buch und ein sehr großes Glas Bier neben sich. Kein Wunder, daß der gesegnete Kater ein Räuber und Rohling war.

An jenem dritten Wochenende, nachdem ich den größten Teil des Sonnabends damit verbracht hatte, Tabs' eingerissenes Ohr zu baden und ihre verständlicherweise arg strapazierten Nerven zu beruhigen, war meine Geduld fast erschöpft, so daß ich, als ich aus dem Dorfladen zurückkam und den jungen Mann in seinem Garten sah, nahe daran war, ihm ein paar deutliche Worte hinsichtlich der terroristischen Aktivitäten seines Lieblings zu sagen. Doch meine guten Manieren – gemischt vielleicht mit einem Gran Feigheit – trugen den Sieg davon. Ich begnügte mich damit, sein Winken zu erwidern und sein fröhliches Grienen mit der, wie ich hoffte, schwachen Andeutung eines außerordentlich frostigen Lächelns, und steuerte weiter auf meine eigene Gartenpforte zu. Ich bin nie für Zusammenstöße, außer wenn mein Geduldsfaden wirklich reißt, und ich überlegte mir, daß es wohl kaum ratsam wäre, mein Dasein in Nummer 5 mit einer heftigen Auseinandersetzung mit einem meiner Nachbarn zu beginnen, obwohl der Anblick von Tabs' eingerissenem Ohr und ihrem verzweifelten Ausdruck, als ich durch die Küchentür ins Haus trat, mir meinen Entschluß sehr schwer machte.

Ich verbrachte den Tag so, wie ich seit meinem Einzug jeden Tag jedes Wochenendes verbracht hatte: mit dem Auspacken von Teekisten, die immer noch in jeder freien Ecke des Häuschens aufgestapelt standen. Ich konnte mich nicht bewegen, ohne über irgend etwas zu fallen. Das einzige, was meine frühere Wohnung aufzuweisen hatte, waren Regale; das einzige, was Nummer 5 nicht hatte, waren

Regale. Überall lagen Bücher, Zeitschriften und Stapel von Papier herum. Ich stand gerade auf dem winzigen Treppenabsatz und versuchte aus ein paar Ziegeln und zwei Brettern, die ich im Schuppen gefunden hatte, etwas halbwegs Brauchbares zu bauen, da ließ mich ein Knall im Erdgeschoß heftig zusammenfahren. Die Ziegel wackelten. Das Brett, das ich so vorsichtig balanciert hatte, rutschte auf den Boden und riß dabei die Haut an meinen Händen auf. Ich schrie, fluchte und steckte einen mit Splittern gespickten Finger in den Mund. Einen Augenblick später raste Tabs die Treppe hoch und wischte an mir vorbei, als wären Höllenhunde hinter ihr her. Ich trapste die enge Treppe hinunter und in die Küche, und dort stand, wie ich es vermutet hatte, der Feind, riesengroß und unglaublich frech, und leckte die Milch auf, die aus einem umgekippten Glaskrug vom Tisch auf den gefliesten Boden rann.

»Verdammter Kater!« Ich stürzte auf ihn zu.

Ich schwöre, er griente mich an, bevor er, ein schwarzer Streifen, durch die Tür verschwand, am Haus entlang lief und den Gartenweg hoch zur Gartenpforte sprintete. Ich keifte wie ein Fischweib und sann auf Rache. Ich packte die nächste Waffe – einen großen Holzlöffel – und rannte hinter ihm her. »Verdammtes Biest! Ich mach Hackfleisch aus dir, du Satan!« Ich hielt inne.

Auf der anderen Seite der kurzen Straße, schräg gegenüber von Nummer 5, stand ein kleines, gepflegtes, aus Ziegeln gebautes Einfamilienhaus mit Lattenzaun und Gartentor. Es gehörte einer reizenden älteren Dame, die mir immer nur freundlich begegnet war, seit ich vor drei Wochen mit zwei großen, von ungeübten Fahrern gelenkten gemieteten Möbelwagen und handverlesenen lärmenden Freunden hier erschienen war, um in Nummer 5 einzuziehen. Damals war mir der Gedanke gekommen, daß sie, obwohl sie uns sehr entgegenkommend mit Tee und Nizza-Keksen versorgt hatte, vielleicht doch einige Zweifel gehegt haben mochte, ob ich eine angenehme Nachbarin sei; der Gedanke kam mir jetzt wieder, als ich, puterrot vor Anstrengung und Wut, vor meiner Gartentür stehenblieb.

Mrs. Lovelace, eine Baumschere in der Hand, blickte auf und lächelte freundlich.

»Guten Morgen«, sagte ich strahlend, nach Atem ringend. »Immer noch so herrliches Wetter!«

Der Kater hob arrogant seinen buschigen Schwanz, griente und stolzierte anmutig die Straße hinunter.

»Das stimmt, meine Liebe.« Die alte Dame blieb ganz gelassen. Man hätte meinen können, daß sie morgens sehr oft mit aufgelösten, schmutzigen und aufgebrachten jungen Frauen konfrontiert wurde, die in offenkundig böser Absicht Holzlöffel schwangen.

Der Kater sprang leichtfüßig auf die Gartenpforte von Nummer 1, balancierte mit der Eleganz eines Seiltänzers oben entlang und ließ sich dann auf dem Türpfosten nieder, den Schwanz anmutig geringelt, ein Bild reiner Unschuld im Sonnenschein. Hinter mir, aus meiner Küche, kam leises Klirren und dann ein Krachen. Zu spät begriff ich, daß ich in meinem Verlangen, dem Kater den Hals umzudrehen, nicht stehengeblieben war, um den Glaskrug aufzuheben. Nach dem Geräusch zu schließen, gab es jetzt keinen Krug mehr.

Das reichte. Grimmig steckte ich den Holzlöffel in die Hosentasche meiner Jeans, öffnete die Gartenpforte, lächelte Mrs. Lovelace so liebenswürdig zu, wie es mir möglich war – keine kleine Leistung, wenn man bedenkt, daß ich nichts Geringeres als einen Mord beabsichtigte –, und ging die Straße entlang auf Nummer 1 zu.

Der Kater saß da, völlig gelassen, und sah mich auf sich zukommen. Erst im letzten Augenblick entschied er, Vorsicht sei vielleicht doch der bessere Teil der Tapferkeit, und mit einer kleinen verächtlichen Schwanzbewegung sprang er von dem Türpfosten auf den Apfelbaum und verschwand durch das Küchenfenster.

»Hallo, hallo!« Die Stimme wenigstens klang angenehm, und angenehm war auch das Lächeln, das die Begrüßung begleitete. Der junge Mann nahm die Füße von dem umgestülpten Bierkasten, auf dem sie gelegen hatten, schwang lange Beine auf die eine Seite und erhob sich aus dem Liegestuhl. Sein braunes Haar war ungekämmt und ein bißchen zu lang, er hatte blaue Augen, und er war groß und schlank, eine Kombination, die mich unter anderen Umständen vielleicht beeindruckt hätte. Doch in diesem Augenblick war ich nicht in der Stimmung, mich beeindrucken zu lassen. »Sie sind die neue Nachbarin, nicht wahr? Aus Nummer 5?« Er bedachte mich wieder mit einem durchaus gewinnenden Lächeln. »Was kann ich für Sie tun? Die traditionelle Tasse Zucker? Einen Viertelliter Milch? Oder –« Er zeigte auf das Glas neben dem Liegestuhl, und nochmals erschien das entwaffnende Lächeln. »Möchten Sie sich zu mir setzen und ein Glas Bier mit mir trinken?«

»Nein«, sagte ich, meinen Zorn zügelnd. »Nein, vielen Dank. Ich bin nicht gekommen, um mir etwas auszuleihen. Und ganz bestimmt nicht, um ein Bier zu trinken. Ich komme, so ungern ich das tue, um mich zu beschweren. Über diesen – diesen Terroristen, den Sie vermutlich als Kater bezeichnen.«

Das Lächeln verschwand. Er sah ziemlich verblüfft aus.

»Diesen schwarzen Teufel, der nicht weit von hier dasitzt – um genau zu sein, auf dem Fensterbrett Ihres Küchenfensters – und so aussieht, als könnte er kein Wässerchen trüben«, fügte ich mit hilfreicher Freundlichkeit hinzu.

»Ah«, sagte er, »ah ja.« Er musterte mich aufmerksam. »Der Bursche kann ziemlich lästig sein, nicht wahr?«

»Lästig?« Ich war empört. »Wenn das nicht die Untertreibung des Jahres ist, dann weiß ich nicht! Er hat meine kleine Tabs terrorisiert, sie von einem Pfosten zum andern gejagt, ihre Ohren in Fetzen gerissen, mein Essen gestohlen, meine Küche verwüstet, meinen Lieblingskrug zerbrochen –!« Zorn und Atem versiegten ungefähr im selben Augenblick, und ich hielt inne. »Nennen Sie das: ziemlich lästig?«

Er sah mich mit verdächtig glänzenden Augen an.

»Finden Sie das etwa komisch?« fragte ich so ruhig, wie ich vermochte.

»Nein, nein, natürlich nicht!« Die Worte wurden hastig hervorgestoßen. Zu hastig. Das Lachen, das er, wie ich deutlich sah, zu unterdrücken versuchte, brach plötzlich hervor. Ich stand da, zu Eis erstarrt und in keiner Weise amüsiert, während er vor Lachen fast erstickte.

»Sie finden das also komisch«, sagte ich schließlich, so beherrscht, daß ich wirklich stolz auf mich war.

»Nein. Ehrenwort, ich finde es nicht komisch.« Es gelang ihm, seinen Worten ein besänftigendes Quentchen Ernst zu verleihen. »Es ist nur – na, unter anderem fragte ich mich, was Sie mit dem Ding da tun wollten?« Er zeigte auf den Holzlöffel.

Den hatte ich ganz vergessen. Mit so viel Würde, wie ich aufzubringen vermochte – zugegebenermaßen war es nicht viel –, zog ich ihn aus meiner Tasche. »Damit wollte ich dem Kater eins überziehen«, sagte ich.

»Natürlich. Und was sonst würden Sie mit einem so großen Löffel tun?«

Sonderbarer- und ärgerlicherweise mußte diesmal ich gegen ein Lachen ankämpfen.

Er spreizte seine großen, anziehenden, langfingerigen Hände. »Passen Sie auf – können wir nicht noch einmal von vorn beginnen? Ich bin Tom Marsden. Und ich freue mich, Sie kennenzulernen. Ganz offen gesagt, versuche ich seit drei Wochen, Sie kennenzulernen. Und das mit dem Katerrowdy tut mir leid, es tut mir wirklich aufrichtig leid. Ich werde ihn zu einem Gehorsamkeitslehrgang schicken oder so etwas. Die meisten Leute würden ihn verdreschen und rauswerfen, aber ich weiß besser als die meisten, daß man ihn zuerst mal kriegen muß. Warten Sie – bitte – wollen Sie nicht auf ein Bier bleiben? Oder möchten Sie ein Glas Wein? Es ist nicht gerade ein Spitzenwein, aber er ist durchaus trinkbar.«

Ich zierte mich ganze zehn Sekunden lang. Sein Lächeln war wirklich sehr anziehend. »Na – vielleicht ein Gläschen –«

Nach einem kleinen Glas und zwei ziemlich großen Gläsern Wein hatten wir eine ganz angenehme Beziehung zwischen uns hergestellt. Als er mich dann zum Essen einlud, waren wir fast schon Freunde. Ich mußte die Einladung ablehnen, doch es geschah mit echtem Bedauern.

»Ehrlich: ich habe so viel zu tun. Es gibt kein einziges Regal in dem ganzen Haus, es müssen Vorhänge angebracht werden – und wenn auch meine alte Wohnung nicht gerade riesig war, so habe ich doch mit der Zeit alle möglichen Dinge angesammelt und immer Platz gefunden, sie irgendwo unterzubringen. Hier herrscht noch ein fürchterliches Durcheinander.« Ich zuckte die Achseln. »Es tut mir leid, aber ich muß wirklich erst mal ein bißchen Ordnung schaffen, oder ich werde noch im Chaos untergehen – «

Wir standen an der Gartenpforte. »Na gut. Vielleicht an einem anderen Tag?«

Ich nickte. Seine Augen waren wirklich sehr blau.

»Rufen Sie mich, wenn Sie Hilfe brauchen.«

Ich nickte wieder.

»Vielleicht könnten wir irgendwann zusammen was trinken gehen? Hier im Dorf gibt's einen ganz netten Pub.«

»Ja. Das wäre fein.« Aus irgendeinem sonderbaren Grund schien ich im Boden Wurzeln geschlagen zu haben. Das war natürlich der Wein. Ich sollte wirklich nicht mehr als ein Glas auf leeren Magen trinken. »Also, ich verschwinde jetzt.«

»Okay.«

Diesmal gelang es mir, mich umzudrehen und die Straße zurückzugehen. Die Sonne brannte warm auf meinen Rücken, eine Amsel sang im Apfelbaum. Ich erwiderte Mrs. Lovelaces Lächeln mit breitem Grienen. An meiner Gartenpforte blieb ich stehen und blickte zurück. Tom stand immer noch da und beobachtete mich. Als ich mich umsah, hob er eine Hand. Ich tat dasselbe.

Er schien wirklich ein recht interessanter junger Mann zu sein.

Aber keine Bange, sagte ich mir, als ich an der Küchentür stand und auf das Trümmerfeld blickte, den verdammten Kater habe ich noch nicht vergessen.

Ich tat nicht mal so, als wäre ich überrascht, als Tom später am Nachmittag bei mir aufkreuzte.

Ich stand wieder auf dem Treppenpodest und vollbrachte gerade einen gefährlichen Balanceakt mit einem

Stapel Bücher und meinen Behelfsregalen, da hörte ich seine Stimme von unten aus der Küche. »Hallo? Ist da wer?«

»Ich bin hier oben.«

Sein Kopf und seine Schultern wurden sichtbar. »Sie haben was vergessen.«

»So?«

»Einen ziemlich großen Holzlöffel. Sie haben ihn bei mir liegen lassen.«

Unwillkürlich mußte ich lächeln. »Danke.«

»Und –« Er kam ein paar Stufen hoch und zog mit Schwung einen Strauß frischgepflückter, in Zeitungspapier gewickelter Rosen hervor, den er auf dem Rücken gehalten hatte – »eine Entschuldigung vom Terroristen. Er verspricht, sich in Zukunft zu benehmen.«

Etwas an seinem Lächeln, der helle Glanz seiner Augen, lenkte offenbar meine Aufmerksamkeit ab. »Ich glaube es erst, wenn ich es sehe«, sagte ich und ließ die Bücher los.

Wie es vorauszusehen war, brach mein sorgfältig austariertes Bauwerk aus Ziegelsteinen und Brettern zusammen. Die Bücher rutschten auf den Boden, blieben dort wild verstreut liegen oder stürzten lawinenartig durch die Stäbe des Treppengeländers und die Treppe hinunter. Wir sahen stumm zu, bis das Erdbeben vorüber und auch der letzte Band zur Ruhe gekommen war.

Tom hob den Kopf und sah mich mit hochgezogenen Augenbrauen an. »Zurück ans Reißbrett«, sagte ich.

Er betrachtete das Chaos, das ihn umgab, und drückte mir die Rosen durch die Geländerstäbe in die Hand. »Mir scheint«, sagte er, »Sie brauchen Hilfe. Habe ich recht?«

Nun, ich glaube, man könnte sagen, damit war die Sache besiegelt. Tom verbrachte den Nachmittag damit, sehr intelligente Dinge aus Stützen und Brettern zusammenzubasteln, während ich die Fußböden schrubbte und die Fenster putzte. Wir aßen am Küchentisch ein chinesisches Fertiggericht und entdeckten unsere gemeinsame Passion für Dvořák und Dire Straits. Wir stritten uns freundschaftlich über Politik, Religion und die beste Art, Spaghetti zu kochen, und mit mehr Leidenschaft über die jämmerliche Leistung der englischen Kricketmannschaft. Ich nahm seine Einladung zum Essen für den nächsten Tag an. Montag abend kam er zum Abendessen zu mir, und am Dienstag küßte er mich, als wir vom »Weißen Hirsch« nach Hause gingen.

Das zeigt: man weiß nie, was um die Ecke lauert. Wenn ich daran denke, was ich immer über die doch wohl idiotische Vorstellung von Liebe auf den ersten Blick gesagt habe …

Am nächsten Wochenende schlug das Wetter um, und es wurde sehr kalt. Die Temperatur entsprach ganz und gar nicht der Jahreszeit. Als ich nach Hause kam, fand ich einen unten durch die Tür geschobenen Zettel vor: »Feuer brennt. Essen ist im Herd. Kommen Sie? T.«

Ich nahm eine Flasche und Kerzen und ging zu ihm.

Toms kleines, unordentliches Wohnzimmer mit seinen bunten Brücken und Büchern und seinen alten, verwohnten Möbeln sah so anheimelnd aus wie eine Weihnachtskarte. Die Vorhänge waren zugezogen, das Feuer prasselte im Kamin.

Der Kater, glatthaarig, schwarz und mit schläfrigen Augen, Herr über alles, was er überblickte, saß vor dem Kamin.

»Ich meine«, sagte ich und sah ihn durch mein Weinglas hindurch an, »daß unter den gegebenen Umständen du und ich das Kriegsbeil begraben sollten.«

Der Kater erwiderte nichts.

»Ich muß zugeben, dein Betragen hat sich in letzter Zeit etwas gebessert. Obwohl ich einen bestimmten Verdacht habe hinsichtlich der Sardinen, die am Donnerstag aus meiner Speisekammer verschwunden sind.«

Der Kater hob eine Pfote, betrachtete sie, leckte sie sorgfältig und behutsam.

Ich hielt ihm mein Glas entgegen. »Also. Auf einen neuen Anfang! Ich weiß, ich schulde dir einen Gefallen, aber treibe es nicht zu weit. Okay?«

Der Kater stand auf, gähnte, streckte sich, spreizte die Pfoten und sah mich mit funkelnden Augen an.

»Ich kenne nicht mal deinen Namen. Wie lautet er? Ich muß gestehen, du siehst nicht nach Miez oder Mauz aus.«

Stille. Dann sagte Tom hinter mir: »Nur weiter. Sag der Dame, wie du heißt.« Er legte eine Hand auf meine Schulter, und ich legte lächelnd meine Hand auf seine.

»Er spielt Rumpelstilzchen«, sagte ich. »Er verrät es mir nicht. Muß ich den ganzen Abend lang raten?«

»Höchstwahrscheinlich«, sagte Tom, »denn er wird sich den Namen ganz bestimmt nicht entlocken lassen. Warum nennen wir ihn nicht einfach Cupidus, und damit basta?« Immer noch meine Hand haltend, kam er um die Couch herum und setzte sich neben mich.

»Ja, aber – wie heißt er denn nun wirklich?«

Tom legte seinen Arm um meine Schultern und rückte näher. »Keine Ahnung«, sagte er und küßte mich.

»Was meinst du damit, du hast keine Ahnung? Du mußt doch den Namen deines Katers kennen!«

Er schob den Mund an mein Ohr und flüsterte etwas hinein.

»Wenn du dich dazu überwinden kannst«, sagte ich nach einem Augenblick, sein Lachen unterbrechend, »mir die Lektion zu ersparen, daß man nicht voreilig Schlüsse ziehen soll, dann könnte ich in Erwägung ziehen, dir zu vergeben, daß du mich angelogen hast.«

»Ich habe nicht gelogen, mein Liebling.« Sein Atem war warm und sanft in meinem Ohr. »Wenn du dich bitte erinnern willst: *Ich* habe nie gesagt, daß er mein Kater ist. *Du* hast das gesagt. Ich habe es nur nicht geleugnet, damit du nicht mit deinem Holzlöffel woandershin ziehst. Also gib es zu – es wäre doch jammerschade gewesen, nicht wahr?«

Unleugbar wahr. Und während wir begannen, das zu beweisen, wärmte das Biest von Kater, das eigentlich der netten Mrs. Lovelace gehörte, seinen unverschämten Rükken an unserem Feuer und sah uns mit unverkennbarem Besitzerstolz an.

War das überhaupt ein Missverständnis? Diese Geschichte passte zu mir wie die Faust aufs Auge, der Umzug, die Regale, das Einräumen, nur die Katze passte nicht. War das ein Nachbar oder gar eine Nachbarin, die mir eine Art anonymes Willkommen entbot? War das ein Liebes- oder Flirtansinnen?

Ich wollte eigentlich sofort mein Namensschildchen machen und anbringen, aber die Handwerker, die endlich meine Lichtschalter einbauten, hielten mich davon ab, und später hatte ich in der Stadt zu tun. Dann fiel wieder Schnee, und ich musste schippen und fegen – der Tag verging fast ohne weiteres Einräumen und Ordnen – erst abends nach meinem Terence-Hill-Dinner, Dosenbohnen mit Speck, kam ich dazu, mit dem Büchereinräumen weiterzumachen, und erst nachts, als ich schon im Bett lag, fiel mir das Namensschild wieder ein. Ich stand auf, startete den Computer, fummelte das Plexiglasscheibchen aus dem Briefkasten und machte mich daran, ein passendes Schriftstück auszudrucken und zurechtzuschneiden.

Als ich endlich alles an der richtigen Stelle hatte, war ich wieder hellwach, konnte mich aber zu keiner weiteren Arbeit mehr aufraffen und surfte ziellos im Internet herum, las hier einen Artikel, sah mir dort ein kleines Video an, machte noch ein Softwareupdate, und als ich endlich schlafen ging, war es halb drei. Schade eigentlich, dass das Missverständnis jetzt ausgeräumt sein würde – vielleicht wären ja noch mehr Irrläufergeschichten bei mir eingetrudelt.

Dritter Dezember

Kein Missverständnis. Der gleiche DIN-A4-Umschlag, keine Fußspuren, denn es war kein Schnee über Nacht gefallen. Ich hatte mir, falls doch noch eine Geschichte käme, am Vortag extra noch Milch besorgt, denn das Lesen passte doch am besten zum Frühstück, und zum Lesen war ein nackter Espresso wegen seiner geringen Verzehrdauer nicht genug, also legte ich den Text auf den Tisch und machte mir das Serge-Gainsbourg-Frühstück. Ich legte sogar noch einen aufgebackenen Croissant dazu, das machte es eher zu einem Charlotte-Gainsbourg-Frühstück. Der Stapel Papier war dicker diesmal:

Margaret Maron

Das Tier in ihr

Die frühe Abendsonne hatte die harten Umrisse der New Yorker Skyline in weiche Konturen getaucht, als Tessa die gläsernen Schiebetüren zurückschob und auf die Terrasse trat. Hier oben im sechsundzwanzigsten Stock verwischte der abendliche Dunst die hässlichen umstehenden Gebäude, und sogar das Baugerüst des neuen Wolkenkratzers, der direkt neben ihrem errichtet wurde, erschien wie ein unheimliches, jedoch schönes Skelett.

Grauhaarig, mittleren Alters und von ihrer letzten Auseinandersetzung mit Clarence völlig erschöpft, stand Tessa auf ihrer Penthouse-Terrasse – die dicken Arme über dem Geländer verschränkt – und ließ sich vom Abendwind umwehen.

Von weit unten, von der Straße, drangen die gedämpften Klänge des abendlichen Verkehrs zu ihr herauf, und sie dachte einen Augenblick daran zu springen ... um alles kurz und schmerzlos zu beenden – sie hörte schon die Sirene des Krankenwagens und sah die neugierige, starrende Menge. Was könnte es ihr noch ausmachen oder Clarence oder irgendwem – ob sie noch einen Tag oder zwanzig Jahre lebte?

Trotzdem trat sie unbewusst von dem Geländer zurück – sie schien doch noch zu sehr am Leben zu hängen. Clarence hatte zwar mit ein paar harten und gleichgültigen Worten ihre Welt zerstört, ihren Willen zu leben würde er jedoch nicht zerstören können. Zumindest jetzt noch nicht.

Sie blickte auf das unfertige Gebäude, das unmittelbar neben dem ihren emporwuchs. Die Bauarbeiter, die den Tag mit dem Lärmen von Hammerschlägen und quietschenden Rollwinden erfüllten, hatten – wohl aus Sicherheitsgründen – Hunderte von kleinen, leuchtenden Glühbirnen hinterlassen. Im leichten Abendwind schaukelten sie an ihren Kabeln wie angekettete Glühwürmchen in der Dämmerung.

Tessa lächelte bei diesem Gedanken. Wie lange war es wohl her, dass sie wirklich Glühwürmchen im sommerlichen Zwielicht hatte schweben sehen? Und es war sicher nicht öfter als ein halbes Dutzend Mal gewesen, seit sie Clarence geheiratet hatte – vor all diesen Jahren. Mein Gott! Waren es nun wirklich schon vierzig Jahre? Sie hasste die Großstadt nicht mehr, aber sie hatte ihr nie verziehen, dass es keine Glühwürmchen gab – und auch nicht, dass die lichtschluckenden Wolkenkratzer das Sternenglitzern der Milchstraße nicht durchdringen ließen.

Damals, als er sie vom Land in die Stadt brachte, hatte Clarence sie wahrscheinlich so geliebt, wie er überhaupt fähig war, irgendjemanden zu lieben, und doch konnte er ihr Unbehagen nicht verstehen, an einem Ort wie diesem zu leben, der so aufwendig und strahlend beleuchtet war. Wenn ihre Freunde sie mit Komplimenten über das Penthouse bedachten und die Größe der Terrasse bewunderten (selbst für die protzigen Nachkriegsbauten der Fünfzigerjahre war sie riesig), hatte er gelacht und gesagt: »Das alles habe ich für Tessa gekauft. Ich kann doch ein Mädchen vom Land nicht einsperren. Sie braucht Platz, viel Platz, und direkt darüber einen Himmel voller Sterne.«

Lange hatte es nicht gedauert, bis ihr klar wurde, dass es nicht ihre unausgesprochenen Bedürfnisse waren, die er mit dem Kauf des Penthouses stillen wollte – es war seine eigene Eitelkeit, um die es ging. Doch sie hörte schließlich auf, sich darüber Gedanken zu machen. War diese Terrasse auch nicht hoch genug über den Neonleuchten, um den Blick auf ihre Lieblingssterne zuzulassen, so fand sie hier doch so viel Ruhe, wie man überhaupt in einer Großstadt erwarten konnte. Hier konnte sie sich jederzeit in einem der gepolsterten Gartenstühle zurücklehnen und ihre Gedanken treiben lassen, sich daran erinnern, wie die Sterne der Milchstraße ihre Bahnen zogen, wie die zierlichen Plejaden sich hinter Taurus, dem Stier, verbargen.

Allerdings nicht heute Abend. Ihr Gedächtnis zwang sie, die letzte Stunde in all ihren verletzenden und schmerzenden Einzelheiten zu durchleben.

Die Tatsache, dass Clarence sie nicht liebte, hatte sie längst verwunden, sie hatte jedoch gedacht, dass er nach all den Jahren, in denen er versucht hatte, sie nach seiner Vorstellung zu formen, mit ihr zufrieden gewesen sei und dass er sie in all den Belangen brauchte, die eine Ehe dann zusammenhalten, wenn die Leidenschaft nachlässt.

Heute Abend hatte Clarence ihr auf brutale Weise klargemacht, dass sie für ihn nur noch ein langweiliges Anhängsel war. In ihren Bemühungen, die Frau zu werden, die ihm gefallen sollte, war sie zum Gegenteil der Frau geworden, die er nun an ihrer Stelle gewählt hatte.

Wie in Trance war ihm Tessa durch die Wohnung hinterhergelaufen, als er seine Koffer packte. Mechanisch hatte sie ihm seine sauberen Hemden und seine Unterwäsche gereicht, doch dann, als sie sah, wie er mit den maßgeschneiderten Hemden umging, übernahm sie das Packen, wie sie es immer getan hatte, wenn er auf Geschäftsreisen ging. Dieses Mal würde er jedoch weiter weggehen, er würde aus ihrem Leben verschwinden, in ein Hotelzimmer im Zentrum der Stadt ziehen.

»Warum nur?« Während sie die Frage stellte, strich sie die Falten aus seinen grauen Hosen.

Sie hatten Lynn Herrick auf einer der Partys seiner Schwägerin kennengelernt. Hemmungslos, aufdringlich hatte sie in einem schamlos aufreizenden Kleid dagestanden, mit langer, lockiger Mähne, die sich um die bloßen Schultern legte. Tessa amüsierte sich über ihren dreisten Versuch, mit Clarence zu flirten, denn sie dachte, dass diese schrille junge Dame ganz offensichtlich kaum sein Typ sein konnte.

»Warum gerade sie?«, fragte sie wieder – sie wusste wohl, dass es andere Frauen in Clarences Leben gegeben hatte, Frauen, die passender gewesen wären.

Auf seinem Gesicht erschien ein törichter Ausdruck, eine Mischung aus Stolz, Verlegenheit und Trotz. »Weil sie ein Kind von mir bekommt«, sagte er bedeutungsvoll.

Ihr war, als habe er ihr ins Gesicht geschlagen – jahrelang hatte Tessa um ein Kind gefleht, aber damit nur erreicht, dass Clarence alle erdenklichen Vorsichtsmaßnahmen ergriff, um keines zu bekommen.

»Du hast Kinder immer verabscheut. Du hast immer gesagt, Kinder seien nur quengelnde, sabbernde Quälgeister!«

Clarence protestierte: »Es war nicht meine Schuld, Unfälle dieser Art passieren nun mal.«

»Das glaubst du ja selbst nicht«, knurrte Tessa grob. Sie wusste sehr gut, dass es für die Lynn Herricks dieser Welt keine Unfälle gab.

Clarence überhörte diese Bemerkung geflissentlich. »Es ist nun mal geschehen. Durch Lynn ist mir klargeworden, was ich mir und der Firma schulde. Jetzt wird es jemanden geben, der den Namen Loughlin ins nächste Jahrhundert trägt, denn es sieht nicht so aus, als ob Richard und Alison jemals einen Erben zustande bringen.«

Richard Loughlin war Clarences um viele Jahre jüngerer Bruder und der einzige lebende Verwandte. Die beiden hatten eine florierende Ladenkette geerbt, die ihr Großvater aufgebaut hatte. Obwohl Tessa die etwas wehmütige Bemerkung von Richard noch in den Ohren hatte, dass es wohl spaßig sein müsste, Kinder zu haben, wusste sie, dass Alison, wie früher Clarence, etwas gegen Nachwuchs hatte. Alisons Abneigung wurde noch verstärkt von der Furcht, was ein Baby ihrem schlanken Körper antun könnte.

Während Tessa den letzten Koffer zuschnappen ließ, schwelgte Clarence in den neu entdeckten Freuden seiner zukünftigen Vaterschaft. Immer noch ganz benommen, warf sie einen Blick in den Spiegel über Clarences Frisierkommode: Der Anblick ließ sie zurückschrecken.

Sie war klug genug zu wissen, dass für Clarence mit ihr – über fünfzig Jahre, mit grauem Haar und einer nicht mehr schlanken Figur – ein Kind außer Frage stand. Aber ganz tief in ihrem Innern – im Zentrum ihres Seins – schrie ein junges, ungebändigtes Mädchen auf gegen die unfruchtbare alte Frau, die sie geworden war.

Die Sirenen eines Feuerwehrautos trieben Tessa wieder ans Geländer der Terrasse. Es war nun gänzlich Nacht geworden, der Straßenverkehr hatte nachgelassen. Die Bürgersteige waren fast menschenleer.

Sie war immer noch aufgebracht darüber, so einfach weggeworfen zu werden – als ob ein Klaps auf die Schulter, das Versprechen einer großzügigen Unterhaltszahlung und ein ›Ich habe Lynn ja gesagt, dass du vernünftig sein würdest‹ genug wären, um die letzten fünfunddreißig Jahre ihres Lebens zu ersetzen. Aber wenigstens war ihr plötzlicher Drang verschwunden, Selbstmord zu begehen.

Ihr Blick fiel wieder auf die schaukelnden Sicherheitslichter des unfertigen Gebäudes, und sie erinnerte sich daran, wie sie vor sechs Jahren zum letzten Mal Glühwürmchen gesehen hatte – es war, als Richard und Alison von ihrer Hochzeitsreise zurückkehrten. Sie und Clarence waren nach Pennsylvania gefahren, um das alte Landhaus vorzubereiten, das Richard für Alison als Hochzeitsüberraschung gekauft hatte.

Die hundertdreißig Morgen – mit über und über bewachsenen Feldern und Wäldern – waren bestimmt eine Überraschung für die junge Frau aus der Stadt, denn Alisons Vorstellung von einem Wochenendhaus war mehr die eines modernen Strandhauses auf Martha's Vineyard.

Tessa hingegen liebte es. Sie war mit Richard durch die Wälder gestreunt, vom Wind zerzaust und guter Dinge, während Alison und Clarence sich über die Moskitos beschwerten und nach dringenden Gründen suchten, um den kurzen Besuch abzubrechen. Trotzdem war Alison reizend und versicherte Richard, wie viel Freude ihr das Geschenk gemacht habe. Später fand sie immer gute Ausreden, um ihn auf seinen häufigen Reisen zur Farm nicht begleiten zu müssen.

In Gedanken an die Ruhe und Zurückgezogenheit der Farm fragte sich Tessa, ob Richard wohl etwas dagegen haben würde, wenn sie sich dort für eine Weile aufhielt. Vielleicht konnte sie sich auf dem Land über ihre Situation Klarheit verschaffen und den Weg zurück zu jener wilden Freiheit finden, die sie in frühen Jahren gekannt hatte, bevor Clarence sie in die Stadt gebracht hatte und ›fürs Haus zugeritten‹ hatte, wie er sich in den ersten Jahren ihrer Ehe auszudrücken pflegte.

Das verängstigte Jaulen einer Katze drang an ihr Ohr. Sie blickte auf und sah das Tier auf einem Stahlträger entlangrennen, der von einem höheren Stockwerk des neuen Gebäudes ein Stück weit hervorragte. Sie bewegte sich mit einer Geschwindigkeit, als ob der Teufel persönlich hinter ihr her wäre, und ihr Schwung war zu groß, um anzuhalten, als sie die Gefahr gewahr wurde.

Sie sprang über den Rand des Trägers und landete mit einem überlauten Plumps auf der Markise von Tessas Penthouse. Unbeholfen schüttelte sie das Fell, und mit einem Satz war sie auf dem Boden der Terrasse; zitternd vor Angst kauerte sie sich dort unter einen der Gartenstühle.

Tessa blickte zu dem Träger hoch, in der Erwartung, dort einen kampfwütigen Kater zu sehen. Obwohl sich Katzen normalerweise nicht in solchen Höhen bewegten, kam es doch vor, dass die eine oder andere auf dem Weg von einem Dach zum anderen die Abkürzung über ihre Terrasse nahm, die Feuerleiter hinauf und hinunter.

Als keine andere Katze mehr auftauchte, lenkte Tessa ihre Aufmerksamkeit auf das verängstigte Tier. Die kühle Nachtluft ließ sie die Arthritis spüren, die sie seit diesem Jahr belästigte, und es kostete sie Anstrengung, sich neben dem Gartenstuhl niederzuknien. Sie versuchte die Katze hervorzulocken, doch die schreckte vor ihrer Hand zurück.

»Komm, Miez, Miez, komm«, lockte sie. »Alles in Ordnung, hier ist niemand, der hinter dir her ist.«

Sie hatte Katzen immer gern gemocht, weshalb sie auch nie selbst eine hatte haben wollen, denn es passierte schnell, dass Tiere zum Ersatz für Kinder wurden. Sie verstand Richards Missbilligung darüber, wenn Alison ihren Dackel ›Baby‹ nannte. Geduldig wartete sie ab, bis das Kätzchen aufhörte zu zittern und an ihrer ausgestreckten Hand schnupperte, doch obwohl sie weiterhin mit leiser und beruhigender Stimme auf die Katze einsprach, verließ diese ihren schützenden Platz nicht. Tessas erschöpfte Gliedmaßen protestierten gegen diese kauernde Haltung, und ein lautes Krachen war zu hören, als sie sich mühsam aufrichtete. Sie trat ein paar Schritte zurück.

Da kam die Katze aus ihrem Versteck heraus, noch immer misstrauisch und jederzeit zur Flucht bereit. Von den Wohnzimmerlampen fiel Licht durch die Glastüren auf die Katze, und Tessa konnte erkennen, dass es ein junges Weibchen war, mit weißen Pfötchen, das Fell verklebt mit hellen und dunklen Schmutzflecken. Aus seiner staksigen Magerkeit schloss Tessa, dass es seit einiger Zeit nichts gegessen hatte.

»Du armes Ding«, sagte Tessa, von der Angst des Tieres gerührt, »ich wette, du bist am Verhungern.«

Als hätte sie verstanden, dass Tessa ihr nichts tun wollte, schreckte das Tier nicht zurück, als Tessa an ihm vorbei in die Wohnung ging.

Kurz darauf kam sie mit einer Schüssel Milch und einem großen Stück blutigen Rindfleischs zurück, das sie rücksichtslos mitten aus dem Braten, der vom Abendessen unberührt stehen geblieben war, herausgeschnitten hatte. »Besser, du isst den Braten, als dass er im Mülleimer landet. Sonst will ihn ja keiner.«

Steifbeinig und vorsichtig näherte sich das junge Kätzchen dem Fleisch, schnupperte und begann dann unbeholfen mit den Zähnen daran zu zerren. Vor Gier verschluckte es sich fast.

»Langsam, langsam!«, warnte Tessa und beugte sich schwerfällig hinab, um das Fleisch in kleinere Stücke zu schneiden. »Du bist mir eine, hast du noch nie Fleisch gegessen?« Sie versuchte, den mageren Rücken der Katze zu streicheln, aber die zuckte zurück und entwand sich ihrer Hand. »Tut mir leid, Kätzchen, ich wollte nur freundlich sein.«

Tessa ließ sich in einem der Gartenstühle nieder und beobachtete, wie das Tier sein Mahl beendete. Nachdem es das Fleisch aufgefressen hatte, wandte es sich der Milch zu. Es trank so hastig, dass es den Kopf schüttelte und niesen musste, als es versehentlich Milch in die Nase bekam.

Tessa war amüsiert, aber auch leicht verwundert. Sie hatte noch nie eine Katze gesehen, die sich so unbeholfen und so gänzlich ohne Grazie bewegte. Sie benahm sich wie ein junges, unerzogenes Katzenkind. Als sie alles aufgefressen hatte, starrte sie Tessa erwartungsvoll an. Tessa kam nicht umhin, laut zu lachen: »Hat deine Mutter dir überhaupt irgendetwas beigebracht, du Dummerchen? Du musst doch jetzt deine Pfoten und deinen Schnurrbart putzen.«

Die Katze entfernte sich aus dem Lichtflecken, in dem sie gesessen hatte; die Umrisse ihres Körpers blieben zwar sichtbar, das Gesicht jedoch war in der Dunkelheit verborgen. Mit größter Vorsicht umkreiste sie den Gartenstuhl, auf dem Tessa saß, bis er sich zwischen ihr und der Terrassentür befand. Das Licht aus dem Wohnzimmer fiel ihr nun direkt in die Augen und wurde mit schauriger Intensität widergespiegelt.

Tessa schauderte unbehaglich, als die leuchtenden Augen des Tieres die ihren trafen und sie ohne zu blinzeln ansahen: »Nun verstehe ich, warum Katzen immer mit dem Übernatürlichen in Verbindung gebracht ...«

Plötzlich fühlte sie sich wie ein Kaninchen, das irgendwo mitten auf der Straße von Scheinwerfern erfasst wird. Diese wilden Augen bohrten sich in ihren Kopf wie ein spiralförmiger Wirbel aus Licht, das sie blendete. Eine überwältigende Benommenheit ergriff sie. Ihr Geist wurde bestürmt – in Stücke zerrissen, auf und ab gewirbelt – Sein ohne Umrisse, Zeit ohne Grenzen …

Es dauerte ewig und war doch in Sekundenschnelle vorüber. Und mitten in diesem jähen, wirbelnden Lärmen wurde sie plötzlich einer anderen Existenz gewahr – ein verzweifeltes und verängstigtes Wesen, formlos, jenseits des Normalen.

Sie spürte, wie sich etwas vermischte. Die Panik des anderen.

Es flog vorüber, dann folgte ein wildes Jubeln.

Plötzlich die seltsame Empfindung, zusammengedrückt zu werden; das Universum schien kopfzustehen, herumzuwirbeln, dann herrschte Ruhe. Das Licht wurde zur normalen städtischen Dunkelheit, das Lärmen in ihrem Kopf ließ nach, und sie fand sich ausgestreckt auf den Fliesen der Terrasse wieder.

Sie versuchte sich aufzusetzen, aber ihr Körper reagierte ganz ungewohnt. Benommen schaute sie sich um, und ein Schrei entfuhr ihr angesichts des Wahnsinns, den sie erblickte: eine Welt, die plötzlich um ein Vielfaches größer geworden war – doch der Schrei erstickte ihr in der Kehle, als sie eine Gestalt von gewaltiger Größe auf dem Gartenstuhl sitzen sah, der nun gleichfalls riesige Ausmaße angenommen hatte.

Es war eine plumpe, mittelalte Frau mit grauem Haar, die ihr Gesicht mit zitternden Händen hielt und stöhnend ausrief: »Gott sei Dank! Gott sei Dank!«

Schockiert stellte Tessa fest, dass sie zum ersten Mal ihr eigenes Gesicht ohne den seitenverkehrten Effekt des Spiegels wahrnahm. Als sie durch die schmalen Schlitze ihrer Augen niedliche weiße Pfoten statt ihrer eigenen Hände sah, geriet sie in Panik. Mit einem ihr fremden Instinkt spürte sie, wie der Kamm entlang ihrem Rückgrat zitterte, als sich ihr Fell sträubte. Sie versuchte zu sprechen und stellte entsetzt fest, dass sie ein katzenartiges Miauen hörte.

Die Frau auf dem Sessel – Tessa konnte nicht länger diesen Körper als ihr eigenes Ich ansehen – hörte auf zu stöhnen und betrachtete sie wachsam. »Du bist nicht verrückt – ist es das, worüber du nachdenkst? Zumindest jetzt noch nicht. Du wirst es allerdings werden, wenn du nicht schnell genug aus diesem Körper wieder herauskommst.«

Sie packte ein Kissen und warf es nach Tessa.

»Komm schon, hau ab!«, stammelte sie, zitternd vor Wut. »Du wirst mich nicht dazu bringen, in deine Augen zu sehen. Mich wird es nicht mehr erwischen. Verschwinde, du verdammtes Vieh!«

Verblüfft sprang Tessa zu dem Geländer der Terrasse und taumelte unbeholfen; ihr Körper reagierte zwar, doch sie war sich nicht sicher, wie weit sie ihn kontrollieren konnte. Sechsundzwanzig Stockwerke waren jedenfalls zu hoch, um sich Fehler zu erlauben.

Die Frau, die ihren Körper gestohlen hatte, schien Angst

zu haben, sich ihr zu nähern. »Du sollst abhauen!«, knurrte sie Tessa an. Sie warf einen berechnenden Blick durch die Glastüren in das luxuriöse Innere des Appartements.

»Es ist zwar ein lausiger Körper – alt und fett –, aber es scheint ein reicher Körper zu sein und vor allem ein menschlicher. Ich werde ihn behalten, also verschwinde …!«

Tessas neue Reflexe waren schneller als die ihres alten Körpers.

Bevor der Schuh die Hand der anderen auch nur verlassen hatte, ließ sie sich auf die schmale Brüstung fallen, die außen um das Penthouse lief. Der ihr verbliebene Instinkt verlieh ihr einen sicheren Schritt, als sie die Brüstung entlang um die Ecke des Gebäudes zur Feuerleiter rannte, um von dort mit einem leichten Sprung auf das Dach zu gelangen. Dort war sie relativ sicher zumindest vor den fliegenden Schuhen und drohenden Stürzen. Tessa hielt inne, um ihre Situation zu überdenken.

Katzenkörper oder nicht, kam ihr ironisch in den Sinn, es ist immer noch mein Verstand.

Geistesabwesend leckte sie die getrocknete Milch ab, die noch an ihren Barthaaren hing; dabei versuchte sie die Empfindungen ihres neuen Körpers zu ergründen und stellte fest, dass Spuren früherer Identität in der Wahrnehmung dieses neuen Bewusstseins steckten. Es war nur ein Raunen, wie der Hauch eines Parfüms, das in einem abgeschlossenen Raum verfliegt, jedoch genug, um sich ein Bild davon zu machen, was mit ihr unten auf der Terrasse passiert war.

Die Frau, die ihren Körper gestohlen hatte, war jung und verschlagen, aber nicht übermäßig klug gewesen. Von Panik und Angst erfüllt war sie durch die Stadt gejagt und hatte den erstbesten Körper genommen, den sie finden konnte.

Doch hinter diesen klaren Spuren lag ein kühler, berechnender Unterton, und Tessa wusste, dass da jemand reifer gewesen sein musste, der den Körper des jungen Mädchens bewusst und überlegt ausgewählt hatte. Nicht die erstbeste, hastig ergriffene Gelegenheit; nein, die Beute war sorgfaltig angepirscht worden – ein Körper, der hübsch, gesund und vor allem jung war.

Außer diesen beiden Persönlichkeiten war es Tessa nicht möglich, die anderen, die dahinter lauerten, zu erkennen, obwohl sie die Spuren deutlich wahrnahm. Auch war sie sich nicht im Klaren darüber, wer die Erste gewesen war und wie alles begonnen hatte. Sie hatte sich so tief in diese Gedanken vergraben, dass sie zurückschrak, als sie den Hauch eines völlig fremden animalischen Wesens wahrnahm, das um sein Bewusstsein kämpfte – es musste das Unterbewusstsein des ursprünglichen Katzenwesens sein, dessen Körper sie nun bewohnte.

Tessa schob diese Gedanken rücksichtslos von sich weg und zwang den urzeitlichen Aufruhr dazu, sich zurückzuziehen. Das musste es sein, was das Mädchen mit Verrücktwerden gemeint hatte. Wie lange konnte ein Mensch so etwas unter Kontrolle halten?

Die Antwort auf diese Frage war klar: Sie musste in einen menschlichen Körper zurückgelangen. Tessa trippelte vorsichtig an den Rand des Daches und blickte auf die Terrasse herunter. Das Mädchen in ihrem Körper kauerte noch immer da unten im Gartenstuhl, als ob sie unfähig wäre, in das Appartement hineinzugehen und von ihm Besitz zu ergreifen. Sie ließ die Schultern hängen und sah alt und geschlagen aus.

Sie hat recht, dachte Tessa, *es ist ein lausiger Körper, soll sie ihn doch behalten.*

In diesem Augenblick tat ihr die junge Diebin, die ihren persönlichen Besitz gestohlen hatte, fast leid, doch dieser Augenblick war nur von kurzer Dauer. Ihre Gedanken begannen zu fliegen, und Tessa tanzte auf behenden Pfoten über das schwarz geteerte Dach. Es machte ihr Spaß, mit ihrem neuen Körper zu experimentieren, und sie versuchte, kleine Sprünge hoch in die Nachtluft zu machen. Sie hatte keine Arthritis mehr, kein Übergewicht, das sie kurzatmig werden ließ. Welch ein Gefühl der Wonne, sich Bewegungen auszudenken und dazu die geschmeidigen Muskeln zu haben, die diese ausführten.

Trunken von diesen neuen physischen Fähigkeiten raste sie zur Feuerleiter, sprang mit einem Satz zum Geländer und warf sich ins Leere. Plötzlich überkam sie Angst, sich überschätzt zu haben, doch dann fing sie sich an einem hervorstehenden Gerüst und kletterte darauf.

Adrenalin stieg ihr in die Gefäße, und ihr Vertrauen zu sich selbst wuchs mit jedem Schritt, den sie sich von den heimatlichen Gefilden entfernte. Kühn setzte sie ihren Streifzug durch die nächtlichen Straßen fort; Gefühle und

Erinnerungen stiegen in ihr auf, die sie in den Jahren dieser kühlen, isolierten und unfreien Atmosphäre mit Clarence fast vergessen hatte. Niemals würde sie sich mit weniger als dem, was sie gerade empfand, zufriedengeben, das schwor sie sich.

Von ihrem alten Körper befreit, spürte sie wieder diese Einheit, aber mit was? Mit der Welt? Der Natur? Oder mit Gott?

Der Name spielte keine Rolle, nur das Gefühl zählte. Sogar hier in der Stadt, wo der Mensch sich am weitesten von der Natur entfernt hatte, spürte sie es, und eine namenlose Sehnsucht breitete sich in ihr aus.

Was aber hieß es wohl, in einem Katzenkörper in freier Natur zu leben!

Bei diesem Gedanken zitterte Tessa in plötzlicher Furcht. In diesem Körper, umgeben von Blumen und lebendig raschelndem Gebüsch, unter sich Gras und Erde, darüber der wolkenlose Himmel – das wäre zu viel für den menschlichen Verstand, man würde sicher verrückt werden mit so viel Sinneseindrücken.

Nein, lieber war sie in der Stadt, wo sie Beton, Autos und Menschenmengen daran erinnerten, dass sie ein menschliches Wesen war und diesen Körper nur vorübergehend bewohnte. *Und doch*, dachte sie, während sie graziös vom Dach eines geschlossenen Zeitungsstandes kletterte, *was kann eine kleine Kostprobe schon schaden.*

Sie rannte die fast menschenleeren Straßen entlang in Richtung Park. Es herrschte nicht viel Verkehr an der Straßenkreuzung, und doch hatte sie Angst, die Avenue zu überqueren. Vom Brummen und Dröhnen all der Motoren, von den vielen Lichtern und dem ungeduldigen Hupen sträubte sich ihr Fell. Sie musste sich zwingen, auf die Fifth Avenue zu treten, und als sie über die unendliche Breite der Straße rannte, so schnell sie konnte, erwartete sie halb, von einem Auto überfahren zu werden.

Endlich im Park war es der Himmel auf Erden. Sie tauchte in die Hecke, die den Park umzäunte, ein und verschwand in der Sicherheit des dunklen Gebüsches.

Während der nächsten Stunden löste sie sich von den Ketten, die sie noch mit Clarence und ihrem alten Leben verbanden, diesen Jahren, in denen sie immer, wenn sie einer impulsiven Handlung nachgab, gedacht hatte: ›Was wird wohl Clarence dazu sagen?‹; der Angst, von seinen Freunden für schrullig gehalten zu werden, wenn sie ihre wirklichen Gedanken aussprach.

Wenn Pan ein Gott wäre, sie würde ihn in dieser Nacht anbeten! Ihr altes Ich aufgebend, nahm sie die Freuden des Instinkts an, stürmte kopfüber grasige Hügel hinab und schlug Purzelbäume im Mondlicht, jagte ein verschlafenes, übellauniges Eichhörnchen durch Baumspitzen – dann sprang sie zum Ententeich hinab, um dort anmutig Wasser zu schlecken und mit einem Goldfisch zu planschen, der silbern im Mondlicht erschien.

Als der Mond hinter den hohen Häusern auf der Westseite des Parks verschwand, aß sie Fleisch, das sie selbst erbeutet hatte. Später – hinter dem bronzenen Pilz *Mad*

Hatters – begann sie eine sanfte und sinnliche Einladung zu singen, und der rotgestreifte Kater, der schon seit einer Stunde um sie herumschlich, näherte sich und umkreiste sie enger und enger …

Als er sie am Nacken fasste und sie bestieg, explodierte das animalische Unterbewusstsein in ihr und ergriff sie mit Übermacht – Welle um Welle purer Lust überflutete ihren Willen mit jedem Beckenstoß. Sie paarten sich noch dreimal, und erst als der Rotgestreifte völlig erschöpft war, war sie in der Lage, ihre Willenskraft wiederzufinden und die Herrschaft über dieses in ihr keimende andere Bewusstsein wiederzuerlangen.

Es war kurz vor der Morgendämmerung, als ein hübsches Kätzchen seinen Kopf aus der Parkhecke an der Fifth und East-Sixty-Fourth Straße steckte. Es überblickte erst zögernd die nun ruhige, fast leere Avenue, auf der nur von Zeit zu Zeit ein Bus vorbeifuhr.

Als sie sich sicher fühlte, trat Tessa heraus auf den Bürgersteig und setzte sich auf ihr schmales Gesäß, um das struppige Fell zu putzen und zu glätten. Die nächtlichen Ereignisse hatten sie durcheinandergebracht, aber sie bereute nichts. Egal, was vor ihr lag, diese letzten Stunden waren nun Teil ihrer Seele und jeden Preis wert, den sie dafür würde zu zahlen haben.

Die Kraft des eigentlichen Besitzers ihres Körpers wurde jedoch immer stärker, und Tessa wusste, dass noch eine Nacht wie diese ein gefährliches Wagnis sein würde. Sie musste baldmöglichst einen anderen Körper finden.

Nur wessen?

Lynn Herrick kam ihr plötzlich in den Sinn. Welch poetische Gerissenheit, den aufreizenden, jugendlichen Körper ihrer Rivalin zu nehmen und das Kind von Clarence zu gebären … Lynn hingegen in einen Körper zu stecken, der, nach der vergangenen Nacht, auch bald Nachwuchs bekommen würde. Aber sie wusste zu wenig über dieses männerverschlingende Flittchen, um dieses Leben mit gutem Gewissen übernehmen zu können.

Nein, sie musste sich auf ihren Bekanntenkreis beschränken: Es musste jemand sein, der jung war, unliebenswürdig, der es verdient hatte, und vor allem jemand, der ihr vertraut war. Und dieser Jemand musste in erreichbarer Nähe sein, bevor sie zum morgendlichen Berufsverkehr in den Park zurückgetrieben wurde – Gefahren, an die sie nicht zu denken wagte.

Die einzig logische Kandidatin fiel ihr plötzlich ein. *Natürlich!*, dachte sie, *dann bleibt es in der Familie*.

Sie überquerte die Fifth Avenue und trippelte in Richtung Norden auf das luxuriöse Gebäude zu, in dem die andere Familie Loughlin lebte. Ihr Schwanz zuckte unbeschwert hin und her, als sie den Bürgersteig entlanghüpfte und an die Möglichkeiten dachte, die ihr Alisons Körper bieten würde. Das Wichtigste: Er war beinahe dreißig Jahre jünger als ihr alter.

Die Täuschung würde am Anfang schwierig sein, aber sie hatte all die wenigen Verwandten Alisons kennengelernt. Und was die oberflächlichen Freunde anging, die das soziale Umfeld ihrer Schwägerin füllten, die konnte Tessa fallen lassen, ohne besonderes Aufsehen zu erregen, besonders wenn sie ihr Leben mit Kindern füllte. Das würde Richard gefallen. *Oh, lieber Richard!*

Lieber Richard? Tessa war über sich selbst erstaunt. Seit wann war ihr der Schwager so lieb geworden? Richard war noch ein kleiner Junge gewesen, als sie und Clarence heirateten, und sie hatte ihn immer mit der Zärtlichkeit einer frustrierten Mutter betrachtet, aber in seiner Gesellschaft hatte sie sich immer wohlgefühlt. Irgendwann im Laufe der Zeit hatte sich diese mütterliche Zuneigung offenbar in irdischere Gefühle verwandelt, und plötzlich erschienen ihr die wehmütigen Sehnsüchte als aufregende neue Möglichkeiten.

Hinter den schweren, bronzefarbenen Glastüren des Appartementhauses der Loughlins wippte ein verschlafener Portier auf Zehenspitzen hin und her. Die Sonne stand noch nicht hoch genug, um den Eingang unter der rosagrau gestreiften Markise zu erleuchten; auch die Streifen ihres Fells verschwanden im Schatten.

Sie duckte sich, kroch vom Eingangsbereich weg und wartete. Als der Portier die Tür für einen Frühaufsteher öffnete, flitzte sie hinein, jagte durch die Eingangshalle und versteckte sich hinter einem großen marmornen Aschenbecher neben dem Aufzug.

Der Rest erschien ihr einfach, denn der Aufzug war groß, nur schwach beleuchtet und mit dunklem Mahagoniholz getäfelt. Sie hatte vor, sich so lange unter der rosafarbenen Samtbank zu verstecken, die an einer Wand des Aufzuges stand, bis sie zufällig in der Etage landete, in der Alison und Richard wohnten.

Ihr Schwanz zuckte ungeduldig. Als der Aufzug schließlich herunterfuhr, machte sie sich zum Sprung bereit.

Die Tür öffnete sich, und ein Chaos brach über sie herein: schrilles Gebell, eine verhedderte Leine, gefolgt von verblüfften, ärgerlichen Ausrufen. Der Hund war auf ihr, mit Vorder- und Hinterteil – knurrend schnappte er nach ihr, bevor sie überhaupt wusste, wie ihr geschah.

Automatisch fauchte sie und fuhr mit ihren scharfen Krallen über die Nase des Hundes, der wie wild zu springen begann und so an der Leine zerrte, dass sein Herrchen der Länge nach hinfiel.

Tessa konnte gerade erkennen, dass es sich um Richard handelte, der mit Liebchen einen frühmorgendlichen Spaziergang vorhatte, als sie von dem Liftboy einen Schlag mit der Zeitung erhielt.

Alle Fluchtwege waren ihr verschlossen, und sie hatte keine Zeit, nachzudenken oder ihre fünf Sinne wieder zusammenzunehmen, bevor die Eingangstüren aufflogen und sie auf den Bürgersteig geworfen wurde.

Ärgerlich und empört über sich selbst und den Hund, rappelte sich Tessa nach ihrem meterlangen Flug auf den Bürgersteig auf und blickte wütend auf den Eingangsbereich des Gebäudes zurück, wo der Dackel selbstgefällig die flachen Stufen hinunterwatschelte und Richard in die entgegengesetzte Richtung zog.

Der Vordereingang fällt also flach. Dann wollen wir mal sehen, ob sie von der Seite auch so gut gesichert sind, überlegte Tessa.

Es gefiel ihr, dass diese Jahre, in denen sie versucht hatte, Clarence alles recht zu machen, ihre Eigeninitiative keineswegs abgestumpft hatten. Außerdem hatte sie nicht vor, sich von dieser Mischung aus Kaninchen und Frankfurter Würstchen einen Strich durch die Rechnung machen zu lassen.

Als sie halb um das Gebäude herumgegangen war, entdeckte sie einen Gang, der in einen Hinterhof führte. Es gelang ihr, von einer Mülltonne auf den ersten Tritt der Feuerleiter zu springen.

Beim Klettern spürte sie, wie die Ausschweifungen der letzten Nacht an ihren Kräften gezehrt hatten; hinzu kam die emotionale Erschöpfung. Pfote um Pfote kletterte sie hinauf, wobei jeder Muskel nach Ruhe schrie und alle anderen Gedanken im Dunst des einzigen verschwanden, dessen sie noch fähig war: Pfote vor Pfote, vor Pfote …

Es schien eine Ewigkeit zu dauern: dreizehn Schritte bis zum Treppenabsatz, dann rechts, wieder dreizehn Schritte, dann links, abgestumpft in dieser monotonen Regelmäßigkeit, in der sich die schwarzen Eisenstufen wiederholten.

Vom obersten Treppenabsatz führte eine zehnstufige Leiter direkt zum Dach hinauf. Ihr Körper reagierte nur schwerfällig auf diese letzte Anforderung, und oben sank sie völlig erschöpft auf das geteerte Dach. Die Sonne stand nun hoch am Himmel. Mit letzter Kraft schleppte sich Tessa in den Schatten eines überstehenden Fenstersimses. Sekunden später war sie eingeschlafen.

Als sie wach wurde, war es später Nachmittag, und die letzten Sonnenstrahlen neigten sich über die Stadt. Hunger und Durst mochte sie noch eine Weile aushalten, aber konnte sie auch dieser wachsenden Unruhe, die das Abendlicht mit sich gebracht hatte, widerstehen?

Sie kroch an den Rand des Daches und blickte auf die leere Terrasse und den Park. Ein Efeuspalier bot leichten Abstieg. Sie kauerte sich hinter eine Topfpflanze, um nach drinnen zu sehen. An einem so warmen Tag wie diesem standen die Verandatüren hinter den feinmaschigen Fliegennetzen offen.

Hinter dem eleganten Wohnzimmer war der Butler von Alison gerade dabei, den Tisch zu decken. Kein Anzeichen von Alison, Richard – oder Liebchen. Vorsichtig trippelte Tessa die Terrasse entlang zu den Schlafzimmertüren. Auch hier war niemand zu sehen.

Während sie wartete, brach die Nacht herein, und es wurde dunkel. Sie fühlte eine ungeduldige, zuckende Nervosität aus ihrem tiefsten Innern emporsteigen. Sie wusste, es war die Antwort auf die kehligen Schreie des Katers, der zwei Dächer von ihr entfernt war; gegen ihren Willen kam dieses Gefühl in ihr hoch, geschürt von dem Gedanken an eine Nacht wilder Ekstase auf dunklen Pfaden.

Verzweifelt kämpfte sie gegen dieses andere Ich, blindlings versuchte sie, es zu besiegen, und wusste gleichzeitig, dass sie bald nicht mehr stark genug sein konnte, um dagegen anzukommen.

Plötzlich wurde die Terrasse mit Licht überflutet, innen waren nun alle Lampen eingeschaltet worden. Erschrocken zog sich das andere Ich zurück. Tessa hörte, wie Alison dem Hausmädchen sagte: »Lass das Essen einfach auf dem Herd stehen, Mitchum. Du kannst morgen früh aufräumen.«

»Ja, Mrs Loughlin, und ich möchte Ihnen und Mister Loughlin noch sagen, wie betrübt ich über die Vorfälle ...«

»Danke, Mitchum.« Es war Richards Stimme, die Mitchum unterbrach.

Völlig bewegungslos saß Tessa draußen im Schatten und beobachtete, wie Liebchen, ihrer Nähe nicht bewusst, durch das Zimmer trottete und auf einen niedrigen Sessel kletterte.

Während Richard die Drinks mixte, sagte Alison: »Es ist so furchtbar – die arme Tessa. Diese Wahnvorstellungen, dass sie ein junges Mädchen ist, dass sie weder Clarence noch uns jemals gesehen hat. Meinst du, sie spielt uns diesen geistigen Zusammenbruch nur vor?«

»Wie kannst du das annehmen? Hast du nicht gesehen, wie erbärmlich es ihr geht? Es war ganz bestimmt kein Theater.«

»Aber ...«

»Es muss ein Schock für sie gewesen sein, als er sich nach all den Jahren scheiden lassen wollte. Wusstest du davon?« Seine Stimme klang rau: »Du hast Lynn Clarence vorgestellt. Hast du sie etwa ermutigt?«

»Also wirklich, Liebling«, sagte Alison spöttisch. »Du tust so, als ob Tessa das Opfer wäre.«

»Vermutlich ist sie das auch.« Richard klang müde und unendlich traurig. »Wahrscheinlich noch mehr, als wir beide uns das vorstellen können. Du hättest sie sehen müssen, als die beiden gerade geheiratet hatten – sie war so frisch und offen und lachte immer. Ich war ja damals noch ein Kind, aber ich weiß noch gut, dass ich nie einen Erwachsenen wie sie kennengelernt habe. Unsere langweilige Verwandtschaft behandelte sie abfällig. Sie dachten, sie wäre ein Mädchen vom Land, eine Hinterwäldlerin. Für mich war sie wie ein frischer Wind, der durch diese Familie wehte, und ich war stolz, dass Clarence die starren Ketten gesprengt hatte.«

Er blickte trostlos in sein Glas. »Nachdem Vater gestorben war, schickten sie mich aufs Internat, und erst Jahre später sah ich sie wieder. Ich konnte kaum glauben, was ich sah. Ihr Lachen war verschwunden, und sie sprach nur noch ganz gestelzt. Clarence hatte wirklich ganze Arbeit geleistet, um die beiden wieder an die Fesseln der Familie zu binden. Zuerst hat er ihre Seele getötet, und dann hatte er auch noch die Unverschämtheit, sie dumm zu nennen! Kein Wunder, dass sie sich in eine Zeit zurückgezogen hat, in der sie Clarence nicht kannte. Du hast doch gehört, was der Psychiater gesagt hat. Sie spielt kein Theater.«

»Vielleicht nicht«, sagte Alison, »aber eines scheinst du

vergessen zu haben: Clarence mag zwar ihre Seele getötet haben, aber Tessa hat ihn getötet.«

Draußen im Schatten vor den Fliegennetzen erschauderte Tessa.

Sie hatten also den Leichnam von Clarence gefunden! Das arme Mädchen, die Diebin! Beim Anblick von Clarence, wie er mit eingeschlagenem Schädel auf dem Schlafzimmerboden lag, musste sie erneut von Panik ergriffen worden sein.

»Ich habe es nicht vergessen«, sagte Richard. »Aber ich habe auch Lynn Harrick nicht vergessen. Wenn das, was Clarence mir gestern gesagt hat, wahr ist, dann müssen wir veranlassen, dass aus Clarences Erbe für das Kind Vorsorge getroffen wird.«

»Sei doch nicht so naiv«, erwiderte Alison. »Ich bin sicher, sie hat Clarence nur glauben lassen, was er glauben wollte. Verlass dich drauf, mein Schatz, Lynn ist viel zu gerissen, um ohne Ehering und ohne gemeinsames Hab und Gut schwanger zu werden.«

»Heißt das, du glaubst, dass die Scheidung – sein Tod – Tessas Wahnvorstellungen – dass das alles nur auf Lügen basiert? Und du hast es gewusst? Oh, ja, du wusstest es! Ich sehe es dir an!«

»Oh, bitte!«, schnauzte Alison. Sie stand abrupt auf und stolzierte durch den Raum. »Ja, ich habe die beiden einander vorgestellt, aber du kannst mich nicht für die Dummheit deines Bruders verantwortlich machen. Clarence war dreiundsechzig Jahre alt, und mit Lynn fühlte er sich wieder wie ein junger Hengst. Wenn Tessa ihn schon nicht halten konnte, warum sollte Lynn nicht versuchen, bei ihm zu landen?«

Richard stand ebenfalls auf und goss sich einen Drink nach. »Ist das alles, was eine Ehe für dich bedeutet? Geht es nur darum, jemanden zu halten?«

Alison war bereits in die Küche gegangen und tat so, als habe sie nichts gehört. Dann kam sie mit einem großen Tablett zurück. Als sie begann, die Platten und das Essen auf den niedrigen Tisch vor dem Sofa zu stellen, platzierte Liebchen neugierig seine Pfoten auf der Tischkante; Richard schubste ihn weg.

»Du brauchst das nicht an Liebchen auszulassen«, versetzte sie ärgerlich. »Komm mit, mein Baby. Mammi hat was für dich.« Auf seinen kurzen Beinen trottete der Dackel hinter Alison her und verschwand in der Küche. Erleichtert näherte sich Tessa dem Fliegennetz.

Alison schloss die Küchentür, und als sie zurückkam, war der Ärger aus ihrem Gesicht verschwunden. Stattdessen hatte sie eine Maske der Besorgtheit aufgesetzt. Sie brachte eine silberne Kanne und schenkte Tee ein, dabei sprach sie mit besänftigender Stimme.

Richard aß mechanisch, dann erhob er sich und griff nach seinem Jackett.

»Musst du wirklich noch gehen, Liebling?«

»Du kennst doch diese Anwälte«, seufzte er. »Alles wird noch komplizierter durch die Art, wie er gestorben ist.«

»Natürlich«, meinte Alison nachdenklich. »Mörder können nicht von ihren Opfern beerbt werden, oder? Nein, Liebling, wende dich nicht von mir ab. Ich fühle genauso für Tessa wie du, aber wir müssen den Tatsachen ins Gesicht sehen: Sie hat ihn getötet, ob sie nun verrückt ist oder nicht.«

»Tut mir leid.« Richard straffte seine Krawatte. »Ich schätze, das ist alles ein bisschen zu viel für mich.«

Er ging durch die Diele in sein Arbeitszimmer und kam mit seinem Aktenkoffer zurück. Alison blieb mit dem Rücken zu ihm auf dem Sofa sitzen.

Während Richard seine Unterlagen sortierte, bemerkte Alison in betont beiläufigem Ton: »Wenn sie nun entscheiden, dass Tessa ihn im Zustand geistiger Umnachtung getötet hat, sie später aber wieder zurechnungsfähig wird – wäre sie dann in der Lage zu erben?«

»Nach dem Gesetz vermutlich nicht«, antwortete Richard abwesend. Er war in Gedanken bei seinen Akten. »Es würde auch keine Rolle spielen, da wir moralisch verpflichtet sind, gut für sie zu sorgen.«

»Ja, natürlich«, stimmte Alison ihm zu, aber ihre Augen verengten sich gierig.

Richard beugte sich über das Sofa und küsste sie auf die Wange. »Ich habe keine Ahnung, wie lange es dauern wird. Wenn du müde bist, brauchst du nicht zu warten.«

Alison lächelte ihn an, doch sobald die Wohnungstür ins Schloss fiel, verschwand das Lächeln, und auf ihrem Gesicht erschien ein habgieriger Ausdruck.

Gedankenverloren blickte sie auf die dunklen Glastüren, ohne zu merken, dass sie beobachtet wurde. Ganz langsam richtete Tessa sich auf und setzte sich auf ihr schmales Gesäß, bis das Licht der Lampen in ihre Augen fiel – Augen schmal wie Schlitze und erfüllt mit einem Leuchten, das nicht von dieser Welt war …

Es war schon nach Mitternacht, als Richard nach Hause kam. Sie lag wach in dem breiten Bett und hörte, wie er den Aktenkoffer in seinem Arbeitszimmer fallen ließ, wie er die Diele entlang in das schwach beleuchtete Schlafzimmer ging. Sie hielt den Atem an, als er die Tür öffnete und »Alison« flüsterte.

»Ich bin wach.« Sie drehte sich in den Leinenlaken um. »Oh, Richard, du siehst ja völlig erschöpft aus. Komm ins Bett.«

Als er schließlich neben ihr in der Dunkelheit lag, berührte sie ihn scheu und sagte: »Ich habe den ganzen Abend über Tessa und Clarence nachgedacht – über ihr gemeinsames Leben. Ich glaube, ich habe dich genauso schlecht behandelt wie Clarence Tessa.«

Richard wollte ihr widersprechen, sie hielt ihm jedoch mit zarten Fingern den Mund zu. »Nein, mein Liebster, lass mich bitte aussprechen. Ich habe darüber nachgedacht, wie leer doch ihre Ehe gewesen ist, und ich weiß, das unsere genauso enden wird, wenn ich mich nicht ändere. Ich möchte ein neuer Mensch werden. Wirst du mir helfen? Lass uns so tun, als ob wir uns gerade erst getroffen haben und uns nochmals kennenlernen.

Lass uns noch mal von vorne beginnen, ja? Bitte, Richard.«

»Alison …«

»Nein, lass mich zu Ende sprechen. Nach dem Begräbnis und sobald wir alles veranlasst haben, damit Tessa die beste rechtliche und medizinische Versorgung bekommt, könnten wir dann für ein paar Wochen zu unserem Landhaus fahren? Nur wir beide?«

Ungläubig stützte Richard sich auf dem Ellenbogen auf und sah ihr ins Gesicht. »Ist das dein Ernst?«

Sie nickte feierlich, und er nahm sie in die Arme, doch bevor er sie küssen konnte, wurde die Stille der Nacht von einem wütenden, zischenden Schrei durchbrochen.

Erschrocken setzte er sich auf. »Was zum Teufel war das?«

»Nur eine streunende Katze. Sie ist schon den ganzen Abend auf der Terrasse.« Mit schlanken Armen zog sie Richard ungeduldig zu sich herab – dann erhob sie die Stimme gerade so, um auf der Terrasse vernommen werden zu können, und sagte: »Wenn sie morgen früh noch da ist, werde ich das Tierheim anrufen, damit sie sie wegbringen.«

Wer auch immer mir diese Geschichten einwarf, musste ein katzenfixierter Mensch sein. Falls es jemand aus der Nachbarschaft war, konnte ich ihn vielleicht per Katzenleiter oder Katzentürchen erkennen. Aber warum so anonym? Hoffentlich lief das nicht auf irgendjemand Verrückten raus. Einen Stalker oder Psychotiker, der mir irgendwie bedeutsame Botschaften zukommen ließ, deren Sinn ich nicht verstand.

Oder war das eine freundliche Art von Erziehung? Sollte ich vielleicht zu einem Katzenfreund gemacht werden, weil jemand fürchtete, ich könnte als neuer Nachbar seiner Katze mit Abneigung begegnen und ihm die Hölle heiß machen, wenn sie in meinen Garten kam? War es ein Abtasten? Aber der Mensch, der mir diese Geschichten einwarf, konnte doch meine Reaktion darauf nicht sehen. Wenn er sich nicht irgendwann outete, dann würde er nicht wissen, ob er mit seinem Zuneigungstraining erfolgreich gewesen war. Es sei denn, er schickte seine Katze vor und beobachtete, ob ich mich ihr gewogen zeigte oder nicht.

Das Ganze war ohnehin ein unnötiger Aufwand – bei mir rannte dieser Geschichtenspender offene Türen ein. Ich mochte Katzen. Vor vielen Jahren, als meine Tochter Simone noch klein war, hätten wir fast eine Katze gehabt. Sie hatte sie mitgebracht, von einer Schulfreundin, und mit mir zusammen eine Schachtel für sie als Bett eingerichtet mit Decke und einem kleinen Kissen, wir waren verliebt gewesen wie Eltern in ihr Kind und hatten dem kleinen Wesen den ganzen Nachmittag bei seiner Entdeckungsreise durch die Wohnung zugesehen, hatten ihr Wasser und Futter hingestellt und stillgehalten, wenn sie auf einem von uns eingeschlummert war.

Bis meine Frau nach Hause kam und mit kaltem Blick und beherrschter Stimme die sofortige Rückgabe des »Viehs« verlangte – sie war nicht zu erweichen gewesen, weder durch

Simones Tränen noch durch mein anfangs geduldiges, später immer zorniger werdendes Plädieren. Das Ganze dauerte kaum eine halbe Stunde, da war ich mit dem Katzenkind im Auto auf dem Weg zum Bauernhof der Schulfreundin, wo man mir versicherte, man wolle jemand anderen finden, aber ich den Gedanken nicht loswurde, das Kätzchen würde einfach ertränkt werden.

Damals war mir meine Frau zum ersten Mal fremd geworden, so fremd, dass ich auf einmal nicht mehr verstand, wie sie und ich je einander hatten so nahe kommen können. Und Simone war wochenlang meinem Blick und jeder Berührung ausgewichen. Weil ich es nicht geschafft hatte, ihr Kätzchen zu verteidigen.

Vierter Dezember

Ich hatte mir den Wecker auf fünf Uhr gestellt, um den klandestinen Boten zu ertappen, aber obwohl ich kein Licht angeschaltet und jedes Geräusch zu vermeiden versucht hatte, war es mir nicht gelungen. Entweder war der Geschichtenpostler schon vorher dagewesen oder mich hatte ein kurzer Schlaf am Küchentisch übermannt – als ich gegen acht Uhr zum Briefkasten ging, lag der Umschlag da.

Lilian Jackson Braun

SuSu und der Acht-Uhr-Geist

Als meine Schwester und ich aus unseren Ferien zurückkamen und erfuhren, daß unser exzentrischer Nachbar im Rollstuhl in die Psychiatrie eingeliefert worden war, tat es uns leid, aber sonderlich überrascht waren wir nicht darüber. Mr. Van war ein sonderbarer Mensch, es fiel nicht leicht, ihn gern zu haben, und keiner in unserem Wohnhaus schien sich groß darum zu scheren, daß er nicht mehr da war – bis auf unsere Siamkatze. Die Freundschaft zwischen SuSu und diesem Mann war so eng, daß es schon beunruhigend war.

Wenn SuSu nicht gewesen wäre, hätten wir diesen Menschen auch nie kennengelernt, denn wir unterhielten zu unseren Nachbarn nicht gerade die innigsten Beziehungen. Der Wohnblock war riesig, es lebte jede Menge merkwürdiger Gestalten in ihm, und wir hatten das Gefühl, daß es das beste war, sie einfach alle zu ignorieren. Andererseits hatte das alte Haus auch seine Vorteile: große Zimmer, bescheidene Mieten, einen faszinierenden Blick über den Fluß, und am unteren Ende der Straße gab es am Ufer sogar einen kleinen Park. Dort hatten wir Mr. Van zum ersten Mal bemerkt.

Eines Sonntagnachmittags war ich nämlich mit SuSu in diesem Park - eigentlich nicht viel mehr als ein kleiner Grasstreifen längs der alten Kaimauer - spazierengegangen. Manchmal lagen dort ein paar Lastkähne und Schlepper vor Anker, und SuSu, die sich vor diesen Ungetümen in acht nahm, hielt sich deswegen ein bißchen vom Wasser entfernt. Es war einer der letzten schönen Novembertage. Es würde nicht mehr lange dauern, dann war der Fluß zugefroren, eisige Winde würden wehen, und der Park würde den Winter über verlassen daliegen.

SuSu widmete sich gerade ihrer Lieblingsbeschäftigung und kaute eifrig Gras, als irgend etwas ihre Aufmerksamkeit erregte und sie Richtung Fluß zog. Sie zerrte an ihrer Leine und wollte unbedingt quer über die Grasfläche zum Plankenweg gehen, wo in einem äußerst ungewöhnlichen Rollstuhl ein Mann mittleren Alters saß.

Der Rollstuhl war fast vollständig aus Schmiedeeisen gefertigt, sah aus wie der untere Teil einer dieser alten

Sämaschinen und war mit abgewetztem Plüsch gepolstert. Mit seiner hohen Rückenlehne und den kunstvollen Beschlägen wirkte er wie ein fahrbarer Thron, und der Mann, der diesen königlichen Rollstuhl steuerte, residierte in ihm in der gebieterischen Pose eines Monarchen. Sein Gehabe stand in absurdem Kontrast zu seiner schäbigen Kleidung.

Zu unserer Überraschung war es dieser Mann, der SuSu angelockt hatte. Sie schnurrte ihn an, und der Mann lehnte sich nach vorne und streichelte ihr Fell.

»Sie erkennt mich«, erklärte er uns in überheblichem Tonfall und mit leicht teutonischem Akzent. »In einem früheren Leben war ich selbst eine Katze.«

Ich schaute Gertrude an und verdrehte die Augen, doch sie akzeptierte seine Äußerung, ohne mit der Wimper zu zucken.

Der Mann war alles andere als attraktiv, hatte ein spitzes Kinn, viel zu hoch am Kopf sitzende Ohren und Augen, die zu schmalen Schlitzen verengt waren. Wenn er lächelte, wurde alles nur noch schlimmer. Nichtsdestotrotz hielt SuSu ihn für unwiderstehlich. Sie rieb sich an seinen Knöcheln, und er kraulte sie genau an den richtigen Stellen. Die beiden waren ein ungleiches Paar – SuSu mit ihrem üppigen blonden Fell, anspruchsvoll und exklusiv wirkend, und der Mann im Rollstuhl mit seinem abgetragenen Mantel und der von Motten durchlöcherten Reisedecke.

Im Verlauf einer bruchstückhaften Unterhaltung mit

Mr. Van erfuhren wir, daß er und sein Begleiter, der den Rollstuhl steuerte, gerade in eine große Wohnung auf unserer Etage gezogen waren, und ich fragte mich, warum die beiden so viele Zimmer benötigten. Was den Begleiter anbetraf, ließ es sich schwer sagen, ob er stumm war oder einfach nur ungesellig. Er war klein und dick, hatte einen runden Kugelkopf, der scheinbar ohne Übergang fest auf seinen Schultern saß, und irgend etwas Unangenehmes in seinem Blick. Mürrisch stand er hinter dem Rollstuhl und schwieg.

Auf dem Rückweg zu unserer Wohnung meinte Gertrude: »Wie gefällt dir unser neuer Nachbar?«

»Ich bevorzuge Katzen, die noch nicht als Menschen wiedergeboren wurden«, antwortete ich.

»Aber er ist nicht uninteressant«, sagte meine Schwester in der ihr eigenen sanften Art.

Einige Abende darauf tranken wir nach dem Essen Kaffee. Auch SuSu war mit ihrem Fressen fertig und putzte sich im gedämpften Schein der Lampe. Als wir ihre grazilen Bewegungen beobachteten, merkten wir, wie sie mit einer ihrer Pfoten urplötzlich mitten in der Luft stehenblieb. Sie verharrte in dieser Position und horchte. Dann drang ein neues, fremdes Geräusch aus ihrer Kehle, das einem melodischen Glucksen ähnelte. Eine Minute später trottete sie ganz zielbewußt zur Haustür. Dort setzte sie sich hin, wartete und horchte weiter, obwohl wir absolut nichts hören konnten. Es dauerte geschlagene zwei Minuten, bis die Klingel schellte. Ich ging zur Tür, öffnete und war nicht allzu erfreut, als ich dort Mr. Van in seinem großherrlichen Rollstuhl sitzen sah.

SuSu sprang ihm auf den Schoß – für sie eine ganz ungewöhnliche Art, auf jemanden zuzugehen. Nachdem Mr. Van ihre Ohren geknetet und ihr Kinn gekrault hatte, schenkte er mir ein schwaches Lächeln und sagte: »*Goeden avond.* Ich habe gerade ein paar Kisten ausgepackt und dabei etwas gefunden, das ich Ihnen gerne schenken würde.«

Mit höflichem Erröten überreichte er mir ein kleines gerahmtes Bild, woraufhin ich mich mehr oder weniger verpflichtet fühlte, ihn hereinzubitten. Mit einigen Schwierigkeiten rollte er seinen gewaltigen Stuhl in die Wohnung; die Gummireifen hinterließen tiefe Rillen in unserem weichen Teppich.

»Wie schaffen Sie es nur, allein mit diesem schweren Stuhl fertig zu werden?« fragte ich. »Der muß doch eine Tonne wiegen.«

»Aber er ist ein wahres Kunstwerk«, erwiderte Mr. Van und strich mit seinen Händen anerkennend über die Plüschpolsterung und die Ziselierungen der Eisenräder.

Gertrude war aufgesprungen und goß ihm eine Tasse Kaffee ein. »Ich wollte, Sie könnten diesem Mann da beibringen, wie man Kaffee zubereitet«, meinte Mr. Van. »Er macht den schlechtesten *Zootje,* den ich je getrunken habe. In Holland mögen wir den Kaffee stark und mit Kaffeeweißer. Doch der Kerl ist ein richtiger *Schmierlapp.* Wenn ich allein klarkäme, würde ich es keine zwei Minuten länger mit ihm aushalten.«

SuSu rieb ihren Köpf an den Hemdknöpfen des Holländers. Er lächelte erfreut und legte dabei eine Reihe kleiner, gleichmäßiger Zähne frei.

»Üben Sie auf Katzen immer diese magnetische Anziehungskraft aus?« fragte ich mit einem Anflug von Schärfe in der Stimme. SuSu verging förmlich vor Wonne, als er sie kräftig im Nacken kraulte.

»Das ist ganz normal«, meinte er. »Ich kann die Gedanken von Katzen lesen, und sie können das bei mir. Wußten Sie, daß Katzen Gedanken lesen können? Man geht zum Kühlschrank, will sich ein Bier holen, und die Katze wird nicht auf ihrem Platz bleiben, sondern in die Küche gesprungen kommen und sich ihr Futter aus dem Kühlschrank holen, ganz gleich, wo sie sich gerade aufhält. Auch wenn sie scheinbar geschlafen hat, Ihre Gedankenwellen haben sie erreicht.«

Gertrude pflichtete ihm bei und meinte, das sei wahrscheinlich tatsächlich so.

»Natürlich ist das so«, erwiderte Mr. Van und setzte sich aufrecht hin. »Alles, was ich sage, stimmt. Katzen wissen mehr, als man annimmt. Sie können nicht nur unsere Gedanken lesen, sie können uns sogar Gedanken einflößen. Und sie haben ein Gespür für Dinge, die noch gar nicht geschehen sind, aber bald geschehen werden.«

»Da haben Sie recht«, sagte meine Schwester. »SuSu wußte eine ganze Weile, bevor die Klingel ging, daß Sie heute abend kommen würden.«

»Natürlich habe ich recht. Ich habe immer recht«, meinte

Mr. Van. »Meine Großmutter in Vlissingen hatte einen Kater, in den sie ganz vernarrt war, der hieß Zwartje. Nach ihrem Tod kam sie jeden Abend zurück, um ihn zu streicheln. Jeden Abend stand Zwartje dann vor *Grootmoeders* Sessel, streckte sich und schnurrte, obwohl keine Menschenseele zu sehen war. Jeden Abend um acht.«

Nach diesem Besuch bezeichnete ich Mr. Van als »Großmutters Geist«, denn auch er machte es sich zur Gewohnheit, mehrere Male die Woche Schlag acht Uhr bei uns zu erscheinen. »Ich habe meinen kleinen Schatz vermißt«, sagte er dann jedes Mal, und SuSu machte einen unheimlichen Wirbel, wenn er kam. Mir war es sehr angenehm, daß er auch immer schnell wieder ging, obwohl Gertrude ihn gewöhnlich dazu aufforderte, noch ein wenig zu bleiben.

Das kleine gerahmte Bild, das er uns geschenkt hatte, gefiel mir eigentlich nicht besonders. Es war ein Scherenschnitt, der drei Gestalten zeigte: einen Mann mit Zylinder und Gehrock, eine Frau mit Sonnenhut und Reifrock und eine Katze, die ihren Schwanz wie eine Lanze in die Luft streckte. Um meine Schwester zufriedenzustellen, hängte ich es jedoch in der Küche über der Spüle auf.

Eines Abends kam Gertrude ganz aufgeregt von ihrer Arbeit als Bibliothekarin nach Hause. »Der Scherenschnitt ist signiert«, sagte sie, »und ich habe in der Bibliothek nachgeschlagen. Auguste Edouart war ein berühmter Künstler, und unser Scherenschnitt ist über hundert Jahre alt. Er könnte einigen Wert haben.«

»Da habe ich meine Zweifel«, erwiderte ich. »Scherenschnitte wie diesen haben wir früher in der dritten Klasse gebastelt.«

Doch auf Drängen meiner Schwester ging ich mit dem Bild in einen Antiquitätenladen, und der Händler meinte, der Scherenschnitt sei gut und wahrscheinlich seine einhundertfünfzig Dollar wert.

Als Gertrude das hörte, sagte sie: »Wenn der Händler einhundertfünfzig Dollar sagt, dann ist er zweihundertfünfzig wert. Ich meine, wir sollten Mr. Van das Bild zurückgeben. Der arme Mann weiß ja gar nicht, was er da verschenkt hat.«

»Ja«, pflichtete ich ihr bei. »Vielleicht könnte er es verkaufen und sich einen vernünftigen Rollstuhl dafür holen.«

Um acht Uhr gab SuSu wieder glucksende Geräusche von sich und fing an herumzuhüpfen.

»Großmutters Geist kommt«, sagte ich, kurz darauf schellte die Klingel.

»Mr. Van«, sprach ich ihn an, sobald ihm Gertrude seinen Kaffee eingeschenkt hatte, »erinnern Sie sich noch an den Scherenschnitt, den Sie uns geschenkt haben? Wir haben herausgefunden, daß er sehr wertvoll ist, und Sie müssen ihn wieder zurücknehmen.«

»Natürlich ist er wertvoll«, sagte er. »Hätte ich ihn Ihnen geschenkt, wenn es nur *Rommel* gewesen wäre?«

»Kennen Sie sich mit Antiquitäten aus?«

»Meine gute *Mevrouw*, in meiner Wohnung befinden sich Antiquitäten im Wert von einer Million Dollar. Morgen abend müssen Sie beide unbedingt kommen und sich meine Schätze ansehen. Den *Schmierlapp* schicke ich weg, und wir drei gönnen uns eine gute Tasse Kaffee.«

»Was ist eigentlich ein *Schmierlapp?*« fragte ich.

»Nichts besonders Schönes«, erwiderte Mr. Van. »Wenn mich jemand einen *Schmierlapp* nennen würde, würde ich ihm eins auf die Nase geben ... Meine Damen, vergessen Sie auch meinen kleinen Schatz nicht, wenn Sie vorbeikommen. Es gibt für die Katze bei mir einige faszinierende Dinge zu entdecken.«

Unsere Katze wußte anscheinend, wovon er sprach.

»SuSu wird sich freuen«, meinte Gertrude. »Sie ist den ganzen Winter nicht aus der Wohnung gekommen.«

»Stricken Sie ihr einen Pullover und nehmen Sie sie bei kaltem Wetter mit in den Park«, kommandierte der Holländer in einem Tonfall, der mich jedesmal auf die Palme brachte. »Ich wickel mich oft in eine warme Decke ein und gehe abends in den Park. Das ist gut gegen Schlaflosigkeit.«

»SuSu leidet nicht an Schlaflosigkeit«, informierte ich ihn. »Sie schläft zwanzig Stunden am Tag.«

Mr. Van streifte mich mit einem verächtlichen Blick. »Da irren Sie sich. Katzen schlafen nie. Man meint, daß sie schlafen, aber in Wirklichkeit sind sie die wachsamsten Geschöpfe überhaupt. Das ist eines ihrer Geheimnisse.«

Als er gegangen war, sagte ich zu Gertrude: »Der hat sie doch nicht alle beisammen.«

»Er ist einfach ein bißchen exzentrisch«, entgegnete sie. »Wenn er Antiquitäten im Wert von einer Million Dollar besitzt, was ich bezweifle, warum lebt er dann in diesem heruntergekommenen Wohnblock? Und warum kauft er sich nicht einen Rollstuhl, der sich leichter handhaben läßt?«

»Weil er Holländer ist, nehme ich an.«

»Und was hältst du von diesen albernen Dingen, die er über Katzen erzählt?«

»Allmählich halte ich sie für wahr«, sagte Gertrude.

»Und wer ist dieser Kerl, der bei ihm lebt? Gehört er zu seinem Personal, oder ist er Krankenpfleger, Aufpasser oder was? Ich sehe ihn immer im Fahrstuhl rauf und runter fahren, aber ich habe noch nie erlebt, daß er auch nur ein einziges Wort gesprochen hat. Er scheint nicht einmal einen Namen zu haben, und Mr. Van behandelt ihn wie einen Sklaven. Ich bin nicht sicher, daß wir morgen abend dort hingehen sollten. Mir kommt die ganze Sache komisch vor.«

Nichtsdestotrotz gingen wir hin. Die Wohnung des Holländers war vollgestopft mit Möbeln und allem möglichen Schnickschnack. Mr. Van rief seinem Begleiter zu: »Schaff diesen *Rommel* weg, damit sich die Damen setzen können.«

Mürrisch entfernte der Mann einige Gemälde und Wandbehänge von der Sitzfläche eines geschnitzten Sofas.

»Und jetzt hinaus mit dir«, befahl ihm Mr. Van mit lauter Stimme. »Hol dir ein Bier.« Dann warf er dem Mann eine zerknitterte Dollarnote hin. Jedem Hund hätte man seinen Knochen mit mehr Würde zugeworfen.

Wir saßen auf dem Sofa und tranken Kaffee; SuSu erkundete derweil das Gelände. Dann zeigte uns Mr. Van seine Schätze, steuerte seinen Rollstuhl durch einen wahren Irrgarten aus Möbelstücken. Er zeigte auf einen Chippendale dort und einen Affleck da und einen Newport irgendwo anders. Für ihn mochten es ja durchaus Schätze sein, für mich waren es nur die verstaubten Relikte einer toten Vergangenheit.

»Ich bin Antiquitätenhändler«, erläuterte Mr. Van. »Bevor ich an diesen albernen Rollstuhl gefesselt war, hatte ich einen Laden und war auf allen wichtigen Messen vertreten. Dann … hatte ich einen schweren Verkehrsunfall, und jetzt regle ich die Verkäufe von meiner Wohnung aus, Termine nur nach Vereinbarung.«

»Klappt das auch?« wollte Gertrude wissen.

»Warum nicht? Die Museumsleute kennen mich, und Sammler kommen aus allen Teilen des Landes hierher. Ich kaufe und verkaufe. Und mein Mann Frank erledigt die ganze Lauferei. Er ist der perfekte Helfer für einen Antiquitätenhändler – kräftig im Rücken, schwach im Kopf.«

»Wo haben Sie ihn aufgegabelt?«

»Auf einem Schrottplatz. Ich habe ihm gerade so viel beigebracht, daß er mir von Nutzen ist, aber nicht genug, daß er das Wissen für sich nutzen kann. Das ist doch gar nicht so dumm, nicht wahr?« Mr. Van zwinkerte. »Er ist zwar wirklich ein *Schmierlapp*, aber ohne ihn bin ich hilflos … Hoho! Seht nur, mein kleiner Schatz hat eine Entdeckung gemacht!«

SuSu schnupperte an einer Silberschüssel mit zwei Henkeln herum.

Mr. Van nickte anerkennend. »Das ist eine Warmbierschale von Jeremiah Dummer aus Boston, Ende siebzehntes Jahrhundert – für eine bestimmte Dame in Salem. Die Leute erzählten sich, sie sei eine Hexe gewesen. Schaut euch nur meinen kleinen Schatz an! Sie weiß Bescheid.«

Ich hüstelte und sagte: »Nun, man kann wirklich von Glück sagen, daß Sie Frank haben.«

»Meinen Sie, das wäre mir nicht klar?« erwiderte Mr. Van. »Genau deswegen sorge ich ja auch dafür, daß er so arm bleibt. Würde ich ihn richtig auszahlen, käme er nur auf dumme Gedanken.«

»Wie lange ist der Unfall her?«

»Fünf Jahre, und es war nur der Fehler dieses Idioten! Er war es! Er hat mir das alles angetan!« Die Stimme des Holländers wurde lauter, sein Gesicht lief rot an, als er mit den Fäusten auf die Armlehnen des Rollstuhls einhieb. Dann rieb sich SuSu wieder an seinen Knöcheln, er streichelte sie und beruhigte sich allmählich wieder. »Ja, fünf Jahre ist es jetzt her«, sagte er. »Fünf Jahre in diesem erbärmlichen Stuhl. Wir fuhren mit dem Kombi zu einer Antiquitätenmesse. Doch dieser *Schmierlapp* mißachtete das Rotlicht – bei achtzig Stundenkilometern – und erwischte einen Laster. Einen Kieslaster!«

»Wie schrecklich!« entfuhr es Gertrude, und sie schlug beide Hände vors Gesicht.

»Ich erinnere mich noch genau daran, wie ich den

Wagen für diese Fahrt gepackt habe. Die ganze Zeit habe ich über meine wehen Füße gejammert. Hah! Was würde ich heute nicht alles für wehe Füße geben!«

»Frank wurde nicht verletzt?«

Mr. Van machte eine ärgerliche Geste. »Nur am Kopf. Sie brauchten sechs Stunden, um das Kristallglas aus Waterford aus seinem Schädel zu entfernen. Seitdem ist er ein bißcken jeck.« Der Holländer tippte sich an die Schläfe.

»Und woher haben Sie diesen ungewöhnlichen Rollstuhl?« fragte ich.

»Meine liebe *Mevrouw*, fragen Sie einen Händler nie, woher er etwas hat«, sagte Mr. Van. »Dieser Stuhl ist einzigartig. 1872 hat man ihn für einen Eisenbahnenmillionär angefertigt. Der Plüsch ist noch original. Wenn man sein Leben schon in einem Rollstuhl verbringen muß, dann sollte man sich einen holen, an dem man auch ein bißchen Spaß hat. Und damit kommen wir zum eigentlichen Zweck Ihres Besuches. Meine Damen, ich wünsche mir, daß Sie mir einen Gefallen tun.«

Mr. Van rollte zu einem Schreibtisch hinüber, Gertrude und ich wechselten besorgte Blicke.

»In diesem Schreibtisch befindet sich mein letztes Testament, das ich geschrieben habe. Ich brauche Zeugen. Ein paar ausgewählte Stücke werde ich den Museen vermachen. Der ganze Rest soll verkauft werden und der Erlös der Gründung einer Stiftung zugute kommen.«

»Was soll mit Frank werden?« wollte Gertrude wissen, die sich um andere immer echte Sorgen macht.

»Bah! Dieser *Schmierlapp* bekommt nichts! ... Doch bevor ihr Damen mir das Papier unterzeichnet, muß ich noch eine Sache hineinschreiben. Wie heißt denn mein kleiner Schatz mit vollem Namen?«

Gertrude und ich zögerten, schließlich sagte ich: »SuSus offizieller Name lautet: Superior Suda von Siam.«

»Gut! Ich werde sie die Superior-Suda-Stiftung nennen. Es ist mir ein Vergnügen. Seinen Letzten Willen festzuhalten ist eine abscheuliche Sache, genau wie ein Rollstuhl, also muß man dafür sorgen, daß es ein bißchen Spaß macht.«

»Worin ... eh, besteht der Sinn der Stiftung?« fragte ich.

Mr. Van beschenkte uns mit einem wohlwollenden Lächeln. »Sie soll die Forschung fördern«, sagte er. »Ich möchte, daß die Universitäten den äußerst hoch entwickelten sechsten Sinn der Hauskatze untersuchen und dieses Wissen für die Vervollkommnung des menschlichen Geistes nutzbar machen. Meine Damen, mein Vermögen läßt sich zu nichts Besserem verwenden. Der Mensch hinkt Äonen hinter der kleinsten und gebrechlichsten Katze, die sich am Kamin rekelt, hinterher.« Er streifte uns mit einem verschlagenen Blick, seine Pupillen schienen sich zu verengen. »Ich bin in der Position, das zu wissen«, fügte er hinzu.

Wir unterschrieben die Papiere. Was blieb uns auch anderes übrig? Einige Tage darauf fuhren wir in Urlaub. Mr. Van sahen wir nie wieder.

Gertrude und ich verbrachten im Winter immer drei Wochen im Süden und nahmen SuSu mit uns. Als wir zurückkamen, teilte man uns ohne Umschweife die traurige Nachricht über unseren exzentrischen Nachbarn mit.

Wir trafen Frank im Fahrstuhl, und zum ersten Mal sagte er etwas. Das allein war schon ein Schock.

Er sagte: »Sie haben ihn weggebracht.«

»Was soll das heißen? Was sagen Sie da?« Lautstark bestürmten wir ihn gleichzeitig mit unseren Fragen.

»Sie haben ihn weggebracht.« Die Stimme des untersetzten Mannes war hoch und krächzend.

»Was ist mit Mr. Van geschehen?« fragte meine Schwester.

»Er ist durchgedreht. Seine Angehörigen aus Pennsylvania sind gekommen und haben ihn wieder zurück ins Irrenhaus gebracht.«

Ich sah, wie Gertrude zusammenzuckte. Dann sagte sie: »Ist es ernst?«

Frank zuckte mit den Schultern.

»Was geschieht mit den ganzen Antiquitäten?«

»Seine Angehörigen haben mir gesagt, ich soll den ganzen Müll zur Kippe fahren.«

»Aber es sind doch wertvolle Sachen, oder nicht?«

»Nöh. Müll. Er hat jedem diesen Quatsch mit dem Museum und das ganze Zeug erzählt.« Frank zuckte erneut mit den Schultern und tippte sich an die Stirn. »Er war jeck!«

Verwundert kehrten meine Schwester und ich in unsere Wohnung zurück. Ich konnte es kaum erwarten zu sagen: »Ich habe dir doch gesagt, daß der Holländer nicht alle beisammen hat.«

»Es ist ein Jammer«, meinte sie.

»Was hältst du von den plötzlichen Veränderungen bei Frank? Er wirkt doch jetzt wie ein freier Mann. Es muß fürchterlich gewesen sein, mit diesem alten Geizhals zusammenzuleben.«

»Mr. Van wird mir fehlen«, meinte Gertrude. »Er war sehr interessant. SuSu wird ihn ebenfalls vermissen.«

Doch wie wir später am Abend bemerkten, war SuSu nicht gewillt, ihren Freund im Rollstuhl so leicht aufzugeben wie wir.

Wir packten nach dem Abendessen gerade unsere Reisekoffer aus, als SuSu mit ihrer Demonstration begann. Sie fing an zu glucksen und umherzuhüpfen, wie sie es den ganzen Winter über getan hatte, wenn Mr. Van sich unserer Tür näherte. Gertrude und ich standen da und beobachteten sie, warteten darauf, daß es klingeln würde. Als SuSu voller Erwartung auf die Haustür zuging, folgten wir ihr. Sie benahm sich ganz ungewöhnlich, reckte ihren Kopf nach oben und bewegte ihn in rhythmischen Wellen auf und ab, rollte sich auf den Rücken und rekelte sich genießerisch. Die ganze Zeit schnurrte sie unablässig; die Klingel schellte nie.

Als ich auf meine Uhr blickte, sagte ich: »Acht Uhr. SuSu schwelgt in Erinnerungen.«

»Ist das nicht rührend?« meinte Gertrude.

Es war nicht das Ende von SuSus Darbietungen. Fast jeden Abend um acht lief das gleiche Ritual ab.

»Katzen hassen es, eine Gewohnheit aufzugeben«, bemerkte ich und entsann mich, wie SuSu weiter im Gästezimmer geschlafen hatte, obwohl wir ihr Körbchen schon lange an einen anderen Platz gestellt hatten. »Aber in einer Weile wird sie es vergessen.«

Doch SuSu vergaß nicht. Einige Wochen vergingen, dann hatten wir eine erste Vorahnung vom Frühling; plötzliches Tauwetter setzte ein. Viel zu früh liefen die Leute ohne Mäntel auf die Straße; Autos mit offenem Verdeck fuhren umher, und einige optimistische Fischer tauchten unten am Kai an unserer Straße auf, obwohl immer noch einige Eisbrocken auf dem Fluß trieben.

An einem dieser milden Abende führten wir SuSu im Park aus. Es war ihr erster Frühlingsspaziergang, und wir erwarteten, daß sie sich umgehend auf die vertrockneten Gräser vom letzten Jahr stürzen würde. Doch die alten Kräuter reizten sie überhaupt nicht. Statt dessen zerrte sie an ihrer Leine, zog mich hin zum Plankenweg. Aus reiner Neugier ließen wir sie frei, und dort, am Rande der Kaimauer, machte sie ein weiteres Mal ihre seltsame Vorführung – gurgelte, krümmte ihren Rücken, reckte ihren Hals voller Freude nach oben.

»Sie macht es schon wieder«, sagte ich. »Ich frage mich, was das für einen Grund haben könnte.«

Gertrude meinte leise: »Erinnerst du dich noch an das, was Mr. Van über Katzen und Geister erzählte?«

»Schau dir dieses Tier an! Man könnte schwören, daß sie sich gerade an den Knöcheln von irgend jemand reibt. Ich wünschte, sie hörte auf damit.«

»Ich frage mich«, sagte meine Schwester sehr langsam, »ob Mr. Van wirklich im Irrenhaus sitzt.«

»Was meinst du damit?«

»Oder liegt er vielleicht – da unten?« Gertrude deutete unsicher hinter den Rand der Kaimauer. »Ich denke, Mr. Van lebt nicht mehr, und SuSu weiß es.«

»Das ist mir zu phantastisch«, erwiderte ich. »Wie könnte es dazu gekommen sein?«

»Ich glaube, Frank hat den armen Mann über die Kaimauer geschubst, mit Rollstuhl und allem Drum und Dran – vielleicht in einer dieser dunklen Nächte, in denen Mr. Van nicht schlafen konnte und darauf bestand, in den Park geschoben zu werden.«

»Also wirklich, Gertrude ...«

»Kannst du dir das nicht vorstellen? ... Eine kalte Nacht. Am Ufer keine Menschenseele. Mr. Van ist mit einer Decke an den Rollstuhl gefesselt. Na klar, der Stuhl würde doch wie ein Stück Blei untergehen. Wie schrecklich! Das eiskalte Wasser, der arme, hilflose Mann!«

»Ich kann es einfach nicht ...«

»Jetzt ist Frank frei, und ihm gehören die ganzen Antiquitäten. Keiner kümmert sich um die Sache, keiner stellt irgendwelche Fragen. Frank kann alles verkaufen und ist für den Rest seines Lebens saniert. Weißt du, was eine vollständige Newport-Kommode wert ist? Ich habe es in der Bibliothek einmal nachgeschlagen. Eine Kommode wie die, die wir in Mr. Vans Wohnung gesehen haben, ist auf einer Auktion im Osten für 40 000 Dollar verkauft worden.«

»Aber was ist mit seinen Familienangehörigen in Pennsylvania?«

»Ich bin sicher, daß Mr. Van nicht einen einzigen Familienangehörigen hat – weder in Pennsylvania noch irgendwo sonst.«

»Nun, hast du dann einen Vorschlag, was wir tun sollen?« Ich war in Rage geraten. »Sollen wir es der Hausverwaltung melden? Die Polizei benachrichtigen? Ihnen erzählen, daß wir den Verdacht haben, der Mann sei ermordet worden, weil unsere Katze jeden Abend um acht seinen Geist sieht? Man würde uns für zwei Damen mittleren Alters halten, die ein bißchen *jeck* geworden sind.«

Tatsächlich hatte ich allmählich das Gefühl, Gertrude sei auch nicht mehr ganz richtig im Kopf – bis die nächste Morgenzeitung kam.

Ich überflog sie am Frühstückstisch, da sprang mir unten auf Seite 7 ein kleiner Artikel in die Augen. War es denn die Möglichkeit?

»Hör dir das mal an«, sagte ich zu Gertrude. »Die Leiche eines noch nicht identifizierten Mannes ist an einer kleinen Insel flußabwärts von der Strömung an Land gespült worden. Die Polizei sagt, sie habe offensichtlich mehrere Wochen unter Wasser gelegen und sei wahrscheinlich durch das Eis am Auftauchen gehindert worden ... Bei dem Toten handelt es sich um einen fünfundfünfzigjährigen Behinderten ... Eine Person, auf die diese Beschreibung zutreffen würde, ist bisher nicht als vermißt gemeldet worden.«

Einen Augenblick lang starrte Gertrude unbewegt auf

die Kaffeekanne. Dann sprang sie von ihrem Stuhl auf und ging zum Telefon.

»Jetzt muß die Polizei nur noch im Fluß unterhalb der Kaimauer am Ende der Straße nach einem antiken Rollstuhl suchen«, meinte sie mit einem leichten Zittern in der Stimme.

»Einem schmiedeeisernen Rollstuhl. Mit Originalplüsch.« Sie blinzelte in Richtung Telefon. »Kannst du für mich wählen?« fragte sie mich. »Ich kann kaum noch die Ziffern erkennen.«

Ein bisschen unheimlich war das schon. Diese Geschichten schienen immer etwas mit mir zu tun zu haben. Zuerst dieses leere Paar, dann der Einzug, dann die Seelenwanderung, jetzt die Nachbarn – das Ganze wirkte irgendwie komponiert und so, als würde mich der Mensch, der mich mit diesen täglichen Geschenken bedachte, schon kennen oder glaubte das zumindest. Ich beschloss, nicht weiter zu grübeln, sondern das Geschenk einfach anzunehmen und diese Geschichten zu lesen und mich an ihnen zu erfreuen, solange sie eben kamen.

Mit dem Einräumen der Bücher war ich schon so weit gekommen, dass ich es an diesem Tag wohl komplett schaffen würde. Die Verwandlung der leeren Räume in eine warme, mich freundlich umschließende Wohnung war frappierend.

Bücher und CDs sind kein Wandschmuck, sondern eine Art Seelenausstattung. Sie existieren zwar außerhalb, aber sie weisen direkt nach innen. Es war so etwas wie ein immer dichter werdender Strahlenkranz aus unsichtbaren Fäden, der hier entstand, und jeder dieser Fäden ging mitten in mich hinein und verband mich mit einer Idee, einer Regung, Sehnsucht, Erfahrung oder Erinnerung – diese Fäden hielten jeder für sich einen Satelliten meiner Innenwelt an ihrem Ende, und je mehr dieser Satelliten in die Regale wanderten, desto wohler und sicherer und weniger einsam fühlte ich mich hier.

Fünfter Dezember

Ich hatte mir beim Schlafengehen noch überlegt, ob ich den Wecker diesmal auf drei Uhr stellen sollte, aber die Idee wieder verworfen. Warum musste ich diesen geheimnisvollen Geschichtenüberbringer stellen, wenn er doch geheimnisvoll bleiben wollte. Inzwischen glaubte ich nicht mehr, einem irgendwie gestörten Menschen ausgeliefert zu sein, sondern sah das Ganze als liebenswürdiges Unterfangen an. Jemand, der es ganz offenbar heftig mit Katzen hatte, wollte mir auf diesem Weg entweder etwas zu verstehen geben oder einfach Gutes tun. Ein Stück Lektüre jeden Morgen zum Frühstück für den Neuankömmling, der sich erst noch in seine ungewohnte und unfertige Umgebung eingewöhnen musste.

Ich machte mir in Erwartung einer umfangreichen Geschichte diesmal ein richtiges Frühstück mit Cappuccino, Orangensaft, Eiern im Glas, Toast und Orangenmarmelade. Es hatte noch keinen Namen – vielleicht konnte ich es Al-Pacino-Frühstück nennen, zu dem würde es passen. Aber dann erwies sich die Geschichte als eher schlank. Immerhin war sie da. Ich wäre enttäuscht gewesen, wenn die Serie schon aufgehört hätte.

Margaret Atwood

Unser Kater kommt in den Himmel

Unser Kater wurde ergriffen und in den Himmel entführt. Höhen hatte er noch nie gemocht, also versuchte er seine Krallen in das zu schlagen, was immer ihn da unsichtbar emportrug, Schlange, Riesenhand oder Adler, aber er hatte damit kein Glück.

Bei seiner Ankunft erwies sich der Himmel als weites Feld. Da gab es eine Menge von kleinen rosa Wesen, die unablässig herumliefen, und zuerst dachte er, dass es Mäuse wären. Dann sah er Gott, der auf einem Baum saß. Engel flogen mit ihren flatternden weißen Flügeln hin und her; sie gaben Laute von sich wie Tauben. Immer mal wieder streckte Gott eine große, fellbedeckte Pfote aus und griff sich einen aus der Luft und zermalmte ihn zwischen den Zähnen. Der Boden unter dem Baum war bedeckt von abgebissenen Engelsflügeln.

Unser Kater ging höflich zu dem Baum hinüber. Miau, sagte unser Kater.

Miau, sagte Gott. Eigentlich war es mehr ein Brüllen.

Ich hab mir schon immer gedacht, dass du eine Katze sein müsstest, sagte unser Kater, aber ich war mir nicht sicher.

Im Himmel werden alle Dinge offenbar, sagte Gott. Dies ist die Gestalt, in der es mir beliebt, vor dir zu erscheinen.

Ich bin froh, dass du kein Hund bist, sagte unser Kater. Was meinst du, könnte ich meine Hoden wiederhaben?

Aber natürlich, sagte Gott. Sie sind hinter dem Busch da. Unser Kater hatte schon immer gewusst, dass seine Hoden irgendwo sein mussten. Eines Tages war er aus einem ziemlich unangenehmen Traum erwacht und hatte festgestellt, dass sie weg waren. Er hatte sie überall gesucht – unter Sofas, unter Betten, in Schränken, und die ganze Zeit über hatten sie sich hier befunden, im Himmel! Er ging zu dem Busch hinüber, und tatsächlich, da lagen sie. Sie ließen sich sofort wieder anbringen.

Unser Kater war sehr erfreut. Danke, sagte er zu Gott. Gott putzte sich gerade die eleganten langen Barthaare.

De rien, sagte Gott.

Kann ich dir vielleicht dabei helfen, ein paar von den Engeln zu fangen?, sagte unser Kater.

Du hast Höhen noch nie gemocht, sagte Gott, während er sich im Sonnenlicht auf seinem Ast streckte. Ich habe vergessen, das Sonnenlicht zu erwähnen.

Das ist wahr, sagte unser Kater. Die mochte ich nie. In diesem Zusammenhang gab es einige unerfreuliche Episoden, die er lieber vergessen wollte. Na gut, wie wär's mit ein paar von diesen Mäusen? Das sind keine Mäuse, sagte Gott. Aber fang ruhig, so viele du willst. Bring sie nicht gleich um. Lass sie leiden.

Du meinst, mit ihnen spielen?, sagte unser Kater. Es gab immer Ärger, wenn ich das gemacht hab.

Das ist eine Frage der Semantik, sagte Gott. Hier gibt's deswegen keinen Ärger.

Unser Kater beschloss, diese Bemerkung zu ignorieren, weil er nicht wusste, was »Semantik« bedeutete. Er hatte nicht die Absicht, wie ein Narr dazustehen. Wenn das keine Mäuse sind, was sind sie dann?, sagte er. Und schon hatte er einen Satz gemacht und hielt eines von den kleinen Wesen unter den Pfoten. Es strampelte und stieß winzige Schreie aus.

Das sind die Seelen von menschlichen Wesen, die auf der Erde Böses getan haben, sagte Gott und schloss die gelb-grünen Augen halb. Nun wird's Zeit für mein Nickerchen, wenn es dir nichts ausmacht.

Aber was machen die dann im Himmel?, sagte unser Kater. Unser Himmel ist ihre Hölle, sagte Gott. Ich schätze ein Universum, in dem sich alles ausgleicht.

Den Nachmittag verbrachte ich damit, einen Weihnachtsbaum auszusuchen. Es war zwar noch ein bisschen früh, aber ich wollte einen schönen und möglichst kleinen, und man versicherte mir, ich könne ihn im Keller bis Heiligabend deponieren, ohne dass er vertrocknete. Hinterher fuhr ich noch mal los, um das ganze Zubehör zu kaufen. Ständer, Kerzenhalter, Kerzen, Kugeln, Strohsterne und eine kitschige pseudogoldene Spitze. Ich packte alles in einen der leeren Umzugskartons, stellte es zu dem Baum in den Keller und fühlte mich gerüstet.

Mit dem Einräumen der Bücher war ich doch nicht fertig geworden – es war einfach zu verlockend, hier in eins hineinzulesen, dort in einem das eine oder andere Bild zu betrachten und wieder woanders nach der Anmerkung zu suchen, von der ich wusste, dass ich sie irgendwann einmal an den Rand einer Seite notiert hatte. Ich musste mich auch nicht beeilen. Ich musste mich ab jetzt nie mehr beeilen. Meine Zeit gehörte mir, und ich würde sie ausfüllen, wie es mir gefiel.

An diesem Abend gefiel es mir zum Beispiel, eine Kartoffelsuppe mit getrockneten Steinpilzen zu kochen und danach einen alten Jean-Gabin-Film im Fernsehen anzuschauen. Hinterher löschte ich noch den ganzen Unsinn aus meinem Mail-Account, der sich in den letzten Tagen angesammelt hatte, und googelte den Namen meiner Tochter. Das machte ich seit Jahren mindestens einmal in der Woche. So blieb ich wenigstens ein bisschen auf dem Laufenden über ihre Karriere. Von ihrem Leben wusste ich nichts, aber über ihre beruflichen Fortschritte erfuhr ich auf diesem Wege immerhin dies und jenes und fühlte mich nicht ganz so abgeschnitten.

Weil ich vergessen hatte, Kaffee nachzukaufen, musste es heute das Bogart-und-Bacall-Frühstück sein. Orangensaft und Zigarette.

Christa Schmitt

Tinni-Minni
Oder: Wie man auf die Katze kommt

Karl saß im Wohnzimmer und sah zu, wie es schneite, die frisch gestopfte Pfeife in der Hand, und ruhte sich aus: Gerade hatte er die buschige Fichte mit einiger Mühe in den Christbaumständer gespannt, ein wenig schief, wie Tochter Carla behauptete. Doch dem konnte er nicht zustimmen; für ihn stand die Fichte da wie eine Eins. Carla und ihr Bruder Thomas begannen unter Gekicher, den Baum zu schmücken. Die Musik, die dabei zu hören war, erschien Karl nicht gerade weihnachtlich, doch wenigstens war sie gegenüber der sonst von den Kindern bevorzugten Lautstärke eher zu ertragen. Zufrieden rekelte er sich im Sessel und schaute dem Rauch nach.

Diese eigenartige Stimmung, die ihn am Heiligen Abend immer überfiel, hatte ihn auch heuer wieder ergriffen. Es war eine seltsame Mischung aus Aufgeregtsein und Vorfreude, wenn er auch durch die Menge des erbetenen Sondertaschengeldes und diverser Bastel-Werkstoff-Reste in etwa wusste, was sich die Kinder für ihn und seine Frau Lena hatten einfallen lassen. Dann auch das angenehme Gefühl, seinen Lieben in Kürze einige Geschenkwünsche zu erfüllen, für Kinder in Krisengebieten gespendet zu haben und überhaupt ein ganz passabler, ordentlicher Mensch zu sein. Dennoch war da so ein Rest – so ein Loch in all den Gefühlen, er wusste selbst nicht so recht, was das war.

Er begann an früher zu denken, Weihnachten zu Hause bei der Mutter. Kleine Heimlichkeiten, kaum Geld für die heute üblichen Geschenke, aber so viel Gemütlichkeit, so viel Geborgenheit, ja fast schon: Frieden. Schon in der Adventszeit hingen ein paar Tannenzweige an der Wand und dufteten in der Wärme des Feuers, das einen hellen Schein durch die Ringe der Ofenplatte warf und durch sein Flackern huschende Schatten über die Wände schickte. Und dann der Geruch der Bratäpfel aus der Röhre, die kleinen roten Äpfelchen vom Baum oben am Hausacker, die plötzlich ganz anders schmeckten, und dann nicht zuletzt die Katze, meist bei der Mutter auf dem Schoß, zufrieden zusammengerollt, leise schnurrend oder auch wohlig schlafend …

Währenddessen kniete Lena in der Küche vor dem Bratrohr und schaute nach der Weihnachtsgans, die schon fast gar war. Leise seufzend richtete sie sich auf, strich sich die Haare aus der Stirn und schaute auf die Uhr: noch etwa zwanzig Minuten, dann konnte sie die Gans herausnehmen und kaltstellen, um sie dann für morgen gleich zu zerlegen. Sie seufzte wieder. Weihnachten – ein wenig wehmütig war ihr zumute. Sie schob es beiseite und überprüfte nochmals in Gedanken, ob alles erledigt war. Sie wusste die Geschenke ordentlich verpackt, beschriftet und gut versteckt. Der Sud für die traditionell am Heiligen Abend zu servierenden blauen Bratwürste war fertig, der ebenso traditionell aufzutragende Selleriesalat für morgen auch, die Kartoffeln für die Klöße waren gerieben, das Klößbrot geröstet, die Pfannkuchen für die Suppe gebacken und geschnitten – nein, sie war gut gerüstet. Das Fest konnte kommen. Dennoch: Irgendwie war sie unruhig.

Karl zog genüsslich den Duft des Gänsebratens ein, der aus der Küche wehte …

Gut hatte man es doch: eine ordentliche, sichere Arbeit, das noch nicht ganz abbezahlte Häuschen, die beiden gut geratenen Kinder … man hatte sein Auskommen. Und sogar ein bisschen mehr als das, grübelte er vor sich hin, nickte kurz ein und wachte wieder auf, weil die Begleitmusik zum Baumschmücken nun doch etwas zu laut geworden war. Wenn er an die herrliche Ruhe zu Hause dachte, diese knisternde Stille, das Zischen der Bratäpfel und das Schnurren der Katze …

Die Katze! Jetzt wusste er, warum er nicht ganz zufrieden war: Beim Bäcker hatte er seit etwa zehn Tagen früh beim Brötchenholen immer eine kleine Katze auf dem Kellerschacht kauern sehen, ein kleines schwarzes Ding, das sich an der warmen Abluft aus dem Schacht wärmte. Manchmal stand auch ein leeres Tiegelchen dort. Diese kleine Katze … jetzt schneit es … ob sie noch dort draußen sitzt? Sie wird frieren. Man sollte nach ihr sehen …

Und wenn ich die Katze jetzt hole, dachte er. Sie scheint niemandem zu gehören. Was Lena wohl sagen wird? Sie wird zuerst ein wenig brummen, sich dann aber wohl doch um das kleine Ding kümmern. Und die Kinder? Die beiden hatten sich viel mit den hungrigen Katzen auf Lanzarote beschäftigt im Urlaub. Und hatte nicht Carla den unvermeidlichen Schulaufsatz »Mein schönstes Ferienerlebnis« zum Anlass genommen, um über diese Katzen zu schreiben? Nein, da würde es wohl keinen Protest geben. Und sollte die Katze niemand versorgen wollen, dann würde er es eben übernehmen, das würde er schon schaffen …

Lena hatte sich eine Tasse Kaffee aufgebrüht, als sie den Backofen ausgeschaltet hatte. Nun saß sie unschlüssig am Küchentisch und wusste nicht recht, was sie tun sollte. Sie hatte keine Lust, beim Baumschmücken zu helfen, und so begann sie, das Brot für den Abend aufzuschneiden. Als sie das knusprige Bauernbrot im Körbchen arrangierte, fiel ihr plötzlich der Bäcker ein, genauer gesagt das kleine Kätzchen, das dort seit Tagen herumsaß und niemandem zu gehören schien. Schwarz war es, klein, dünn und zerzaust – und jetzt schneite es draußen. Da wird die Kleine frieren, auch wenn sie sich auf den Schacht setzt, aus dem die warme Luft aus der Backstube kommt …

Warum haben wir eigentlich keine Katze, dachte sie. Die Kinder würden sich über eine Katze bestimmt freuen, aber Karl? Sie hatte bisher zwar keine Abneigung gegen Katzen bei ihm bemerkt, aber auch keine besondere Zuneigung – er schien in Bezug auf Katzen so eine Art Neutrum zu sein. Aber ein Neutrum könnte man positiv beeinflussen, und dann könnte sie sich um das Kätzchen kümmern, wenn die Familie in der Schule und im Betrieb ist. Sie sieht sich schon mit der kleinen Schwarzen auf dem Schoß im Wohnzimmer sitzen und stricken, und die Kleine kuschelt sich an sie und schnurrt und schläft ein, wenn sie lange genug mit dem Wollknäuel gespielt hat ... Warum sollten sie nicht auch eine Katze haben?

Karl wird immer unruhiger in seinem Sessel. Die kleine Katze! Die holt er jetzt. Und wenn es Ärger geben sollte, dann wird er darauf bestehen, dass sie wenigstens über die Feiertage bleiben darf, und sie dann, wenn es unbedingt sein muss, eben ins Tierheim bringen. Das ist immer noch besser, als wenn sie den ganzen Winter da draußen hockt oder vielleicht gar erfriert oder verhungert.

Wie hieß noch die Katze zu Hause? Mieze, Mausi, Minni – ja, Minni hieß sie, und so sollte auch die Kleine heißen.

»Minni«, murmelte er.

Carla sah ihn erstaunt an. »Bitte, Vati?«

»Ach nichts«, sagt er entschlossen und stand auf, »macht schön weiter, ich muss noch etwas besorgen.« Er nahm die große Schilftasche, zog den Parka über, öffnete die

Küchentür nur so viel, um den Kopf durchzuschieben, und sagte: »Du, Lena, ich muss noch einmal weg, bin aber gleich wieder da!«

Lena schaute ihn nachdenklich an. »Karl, ich glaube, ich muss auch noch etwas besorgen!«

»Kann ich dir das nicht abnehmen, dann musst du nicht mehr in das Schneetreiben hinaus?«

Nein, dankte Lena, aber das müsse sie schon selbst erledigen.

Kaum hatte Karl die Haustür hinter sich ins Schloss gezogen, wurde Lena hektisch: Mantel an, Kopftuch um, den Korb mit dem Deckel, ein Handtuch hinein, zusätzlich die große graue Tasche gegriffen – und schon war sie auf dem Weg. Bis Karl wieder zurück ist, hab ich es geschafft, dachte sie, wenn sie noch dort ist. Doch erst muss ich Futter kaufen und Streu. Als Katzenklo nehmen wir fürs Erste die große blaue Schüssel, die brauchen wir sowieso nicht. Und als Schlafkörbchen wird sich auch etwas finden, eine Schachtel, schön warm ausgepolstert ... Und dann muss sie noch einen Namen bekommen, die kleine, dünne Mieze. »Dünni?« Nein, das klingt zu negativ, und sie wird ja auch nicht dünn bleiben bei ihnen, nein, sicher nicht. Wie wäre es mit »Tinni«? Gut. Der Buchstabe »i« muss in einem Katzennamen enthalten sein, hatte sie irgendwann gehört, und in »Tinni« sind es gleich zwei ... Lena war richtig froh, dass sie sich für die kleine Katze entschieden hatte, und nahm es kaum zur Kenntnis, dass man sie im Supermarkt leicht belustigt angesehen hatte, als sie gerade noch vor Ladenschluss nach Katzenfutter und Streu suchte. Sie hastete weiter in Richtung Bäcker.

Karl hatte einen Umweg zum Metzger gemacht. Was fressen kleine Katzen? Gekochten Schinken vielleicht oder Rinderhack? Ihm fiel ein, dass sein früherer Kollege, der Konrad, immer Rinderhack für seinen alten Perserkater gekauft hatte, und was für so einen alten vornehmen Kerl gut war, würde dem kleinen schwarzen Fräulein sicher auch nicht schaden. Fräulein? Ist es denn ein Mädchen? Ach, notfalls geht »Minni« als Name für Kätzchen und Katerchen – wenn das kleine Ding nur noch da ist, jetzt, wo ihm vielleicht das Glück seines Lebens winkt. Das Hackfleisch steckte sicher in der Tasche, Karl fühlte sich viel, viel besser, und er steuerte auf den Bäckerladen zu.

Als er in die Nähe des Ladens kam, sah er, dass sich eine Person vor dem Laden aufhielt, das heißt, sie beugte sich dort, wo der Schacht war, hinunter und streckte die Hand aus. Jetzt ging sie in die Hocke.

Da würde doch nicht jemand seine Minni wegholen, ausgerechnet jetzt, wo er sie gewissermaßen bereits adoptiert hatte und bereit war, sie gegen die restliche Familie zu verteidigen? Er ging schneller. Etwas an dieser Person dort irritierte ihn. Hatte nicht Lena auch so einen Mantel? Und so ein Kopftuch? Er war unsicher, rannte aber die letzten paar Meter.

»Lassen Sie meine Minni …«, rief er.

Da hob die Person in Lenas Mantel den Kopf und fauchte: »Von wegen, Ihre Minni, das ist meine Tinni!«

Sie erstarrten beide mitten in der Bewegung. »Was – du auch?!«, riefen sie gleichzeitig. Lena hob die kleine schwarze Katze auf ihren Arm, streichelte sie und strahlte ihren Mann an: »Dann eben Tinni-Minni.«

Und Karl strahlte auch. Nur »Tinni-Minni« waren so viele Menschen auf einmal und ein so langer Name mit vier »i« wohl doch etwas zu viel, und sie legte die winzigen schwarzen Öhrchen an. Doch das offensichtlich geplante Fauchen blieb irgendwo in der kleinen Kehle stecken, und unter dem Streicheln von Karl und Lena verwandelte es sich in ein zaghaftes, leises Schnurren.

Karl und Lena hätten schwören können, dass sie auch geblinzelt hat.

Das Einbauen der Türklinken ging schnell. In einer Stunde waren die Handwerker wieder draußen, und ich konnte die restlichen Bücher verstauen. Leider hatte ich keine Zeit, den Anblick erst mal eine Weile zu genießen, denn der Wochenendeinkauf ließ sich nicht länger aufschieben, wenn ich nicht riskieren wollte, vor verschlossenen Ladentüren zu stehen.

Als ich danach vom Auto zu meinem Häuschen zurückging, suchte ich aus dem Augenwinkel nach Zeichen, die auf die Anwesenheit von Katzen hinweisen konnten, aber ich sah nichts, keine Leiter, keine Tür, nur eine Nachbarin, die sich in der Küche zu schaffen machte, und jemanden, der Werbebroschüren verteilte.

Siebter Dezember

Nicht dass ich zu den Menschen gehören würde, die sonntags immer klassische Musik zum Frühstück auflegen, aber an diesem Sonntag tat ich es, weil mir vor ein paar Tagen beim Einräumen der CDs ein Album mit vierhändigen Schubert-Stücken aufgefallen war, das ich zur Seite gelegt hatte, um es bald einmal zu hören.

Natürlich holte ich vorher die Geschichte aus dem Briefkasten und las sie bei einem weiteren Al-Pacino-Frühstück, diesmal mit Grapefruit.

Patricia Highsmith

Der leere Nistkasten

Als Edith es zum ersten Mal sah, lachte sie und traute ihren Augen nicht.

Sie trat einen Schritt zur Seite und sah noch einmal hin; es war noch immer da, wenn auch weniger deutlich zu erkennen. Ein Gesicht wie das eines Eichhörnchens – allerdings dämonisch in seiner Intensität – sah sie durch das runde Loch im Nistkasten an. Das war natürlich eine Täuschung oder eine Art Schatten, oder es hing mit der Maserung des Holzes auf der Rückseite des Nistkastens zusammen. Dieser war fünfzehn Zentimeter breit und fünfundzwanzig Zentimeter hoch und hing im vollen Sonnenlicht in der Ecke, wo der Geräteschuppen an die Gartenmauer stieß. Edith ging darauf zu, bis sie nur noch drei Meter entfernt war. Das Gesicht verschwand.

Komisch, dachte sie, als sie wieder ins Haus ging. Das mußte sie heute abend Charles erzählen.

Doch sie vergaß, es Charles zu erzählen.

Drei Tage später sah sie das Gesicht abermals, und zwar, als sie sich aufrichtete, nachdem sie zwei leere Milchflaschen auf die Treppe zur Hintertür gestellt hatte. Zwei schwarze Knopfaugen sahen sie unverwandt aus dem Nistkasten an, und sie schienen von bräunlichem Fell umrahmt zu sein. Edith zuckte zusammen und erstarrte. Sie glaubte zwei runde Ohren und ein Maul erkennen zu können, das weder einem Vogel noch einem anderen Tier gehörte, sondern einfach grimmig und grausam aussah.

Dabei wußte sie, daß der Nistkasten leer war. Die Blaumeisenfamilie war vor Wochen ausgeflogen, und für die Jungvögel war es auch höchste Zeit gewesen, denn die Katze der Masons nebenan hatte sich für sie interessiert; sie konnte das Flugloch, das Charles ein wenig zu groß gemacht hatte, vom Dach des Geräteschuppens aus mit der Pfote erreichen. Doch Edith und Charles hatten Jonathan immer wieder verscheucht, bis die Vögel ausgeflogen waren. Danach, Tage später, hatte Charles den Nistkasten abgenommen – er war wie ein Bild mit einem Draht an einem Nagel befestigt – und ihn geschüttelt, um die Reste des Nestes zu entfernen. Blaumeisen zogen manchmal noch eine zweite Brut auf, sagte er. Bis jetzt hatten sie es allerdings nicht getan – das wußte Edith genau, denn sie hatte den Nistkasten beobachtet.

Und Eichhörnchen benutzten keine Nistkästen. Oder doch? Jedenfalls gab es in dieser Gegend keine Eichhörnchen. Und Ratten? Die würden niemals einen Nistkasten bewohnen. Und wie sollten sie auch hineinkommen – sie konnten ja nicht fliegen.

Dies alles ging Edith durch den Kopf, während sie auf das dämonische braune Gesicht starrte und die durchdringend blickenden schwarzen Augen zurückstarrten.

Ich werde einfach hingehen und nachsehen, was es ist, dachte Edith und trat auf den Weg, der zum Geräteschuppen führte. Doch nach nur drei Schritten blieb sie stehen. Sie wollte nicht den Nistkasten anfassen und gebissen werden – womöglich von den schmutzigen Zähnen eines Nagetiers. Sie würde es heute abend Charles sagen. Jetzt, da sie näher gekommen war, konnte sie das Tier deutlicher sehen. Es war keine optische Täuschung.

Ihr Mann Charles Beaufort war Computerfachmann und arbeitete in einer acht Meilen entfernten Fabrik. Als Edith ihm erzählte, was sie gesehen hatte, runzelte er leicht die Stirn und lächelte. »Tatsächlich?« sagte er.

»Vielleicht habe ich mich ja getäuscht. Aber ich möchte trotzdem, daß du das Ding noch mal schüttelst und nachsiehst, ob irgendwas darin ist«, sagte Edith. Auch sie lächelte jetzt, aber ihr Ton war ernst.

»Na gut«, sagte Charles schnell und wechselte das Thema. Sie waren beim Abendessen.

Als sie die Teller in die Geschirrspülmaschine stellten, mußte Edith ihn an sein Versprechen erinnern. Sie wollte, daß er nachsah, bevor es dunkel wurde. Also ging Charles hinaus, und Edith stand in der Tür und sah zu. Er klopfte an den Nistkasten und lauschte mit schief gelegtem Kopf. Dann nahm er den Kasten von der Wand, schüttelte ihn, drehte ihn langsam, bis das Loch nach unten zeigte, und schüttelte ihn abermals.

»Absolut nichts«, rief er Edith zu. »Nicht mal ein Strohhalm.« Er lächelte seiner Frau breit zu und hängte den Nistkasten wieder auf. »Ich frage mich, was du gesehen haben könntest. Du hattest vorher nicht zufällig ein paar Gläser Scotch getrunken?«

»Nein. Ich hab's dir doch beschrieben.« Edith fühlte sich plötzlich leer, als hätte man ihr etwas weggenommen.

»Der Kopf war etwas größer als der eines Eichhörnchens, und es hatte schwarze Knopfaugen und einen irgendwie ernsten Mund.«

»Einen ernsten Mund!« Charles warf den Kopf in den Nacken und lachte, als er ins Haus trat.

»Einen angespannten Mund. Es sah grimmig aus«, sagte Edith mit Nachdruck.

Und dann sprach sie nicht mehr darüber. Sie setzten sich ins Wohnzimmer. Charles blätterte die Zeitung durch und nahm sich dann einen Aktenordner vor, den er von der Arbeit mitgebracht hatte. Edith hatte einen Katalog vor sich und versuchte, Kacheln für die Küchenwand auszusuchen. Blau und weiß oder rosa, weiß und blau? Sie war nicht in der Stimmung für eine Entscheidung, und Charles war nie eine große Hilfe, denn er sagte immer nur freundlich: »Ich bin mit allem einverstanden, was du aussuchst.«

Edith war vierunddreißig. Sie und Charles waren seit sieben Jahren verheiratet. Im zweiten Jahr ihrer Ehe war Edith schwanger gewesen, hatte das Kind aber verloren. Sie hatte panische Angst vor der Geburt gehabt und das Kind im Grunde absichtlich verloren. Das sollte heißen, daß sie sich, wenn sie ehrlich war, mit voller Absicht die Treppe hinuntergestürzt hatte. Die Fehlgeburt war auf diesen Unfall zurückgeführt worden. Sie hatten nie versucht, ein zweites Kind zu bekommen. Sie und Charles sprachen nicht einmal über diese Möglichkeit.

Sie fand, daß sie und Charles ein glückliches Paar waren. Charles verdiente gut bei Pan-Com Instruments, und sie hatten mehr Geld und mehr Freiheit als mehrere ihrer Nachbarn, die mit zwei oder mehr Kindern belastet waren. Beide hatten gern Gäste – Edith bewirtete sie zu Hause und Charles auf dem Boot, einer Zehn-Meter-Motoryacht mit vier Betten. Bei schönem Wetter fuhren sie an den Wochenenden auf dem Fluß und den Kanälen herum. Edith konnte an Bord beinahe ebenso gut kochen wie in ihrer Küche, und Charles kümmerte sich um die Drinks, die Angelausrüstung und den Plattenspieler. Und auf Wunsch tanzte er auch einen Hornpipe.

Während des nächsten Wochenendes – sie fuhren nicht mit dem Boot, weil Charles einige Arbeit zu erledigen hatte – warf Edith immer wieder einen Blick auf den leeren Nistkasten. Sie war jetzt beruhigt, denn sie *wußte*, daß nichts darin war. Wenn die Sonne darauf schien, sah sie durch das Loch nur das blassere Braun der Rückwand, und wenn der Kasten im Schatten lag, war das Loch einfach schwarz.

Am Montagnachmittag wechselte sie die Bettwäsche, damit der Wäschereifahrer, der um drei Uhr kam, sie mitnehmen konnte, und als Edith eine Decke vom Boden aufhob, sah sie etwas darunter hervorflitzen. Es rannte durch den Raum und zur Tür hinaus – es war braun und größer als ein Eichhörnchen. Edith schnappte nach Luft und ließ die Decke fallen. Auf Zehenspitzen ging sie zur Schlafzimmertür, blickte in den Flur und die Treppe hinunter, deren oberste fünf Stufen sie sehen konnte.

Was für ein Tier machte keinerlei Geräusch, nicht einmal auf nackten Holzstufen? Hatte sie wirklich etwas gesehen? Eigentlich war sie sicher. Sie hatte sogar die kleinen schwarzen Augen erkannt. Es war das Tier, das aus dem Nistkasten gespäht hatte.

Ihr blieb nichts anderes übrig, als es zu finden, sagte sie zu sich selbst. Sogleich dachte sie an den Hammer, der ihr im Notfall als Waffe dienen konnte, doch der Hammer war unten. Darum nahm sie statt dessen ein schweres Buch und ging vorsichtig hinunter, und als ihr Blickfeld sich am Fuß der Treppe weitete, blickte sie sich nach allen Seiten um.

Im Wohnzimmer war nichts zu sehen. Aber das Tier konnte ja unter dem Sofa oder dem Sessel sitzen. Edith ging in die Küche und nahm den Hammer aus der Schublade. Dann kehrte sie ins Wohnzimmer zurück und verschob den Sessel mit einer raschen Bewegung um einen Meter. Nichts. Sie stellte fest, daß sie zuviel Angst hatte, sich zu bücken und unter das Sofa zu sehen, dessen Behang beinahe bis zum Boden reichte, doch sie schob es ein paar Zentimeter zur Seite und lauschte. Nichts.

Vielleicht hatten ihre Augen ihr ja doch einen Streich gespielt, dachte sie, und es war bloß so etwas wie ein Schatten gewesen, der durch ihr Blickfeld geschwebt war, nachdem sie sich über das Bett gebeugt hatte. Sie beschloß, Charles nichts davon zu sagen. Dennoch war das, was sie im Schlafzimmer gesehen hatte, in gewisser Weise wirklicher gewesen als das, was sie im Nistkasten gesehen hatte. Ein junges Yuma, dachte sie eine Stunde später, als sie in der Küche einen Braten mit Mehl bestäubte. Ein Yuma. Woher hatte sie diesen Namen nur? Gab es ein solches Tier überhaupt? Hatte sie in einer Illustrierten ein Foto davon gesehen oder das Wort irgendwo gelesen?

Edith zwang sich, alles, was sie in der Küche hatte tun wollen, zu Ende zu bringen, bevor sie an das Regal mit dem großen Wörterbuch ging und das Wort nachschlug. Doch es stand nicht im Wörterbuch. Eine Täuschung, dachte sie. So wie das Tier wahrscheinlich eine Sinnestäuschung gewesen war. Dennoch war es seltsam, wie gut die beiden Täuschungen zusammenpaßten – als wäre dieser Name genau der richtige für dieses Tier.

Zwei Tage später, als Edith und Charles ihre Kaffeetassen in die Küche brachten, sah sie es unter – oder hinter – dem Kühlschrank hervorschießen und schräg über die Schwelle ins Eßzimmer rennen. Sie hätte beinahe Tasse und Untertasse fallen lassen, konnte sie jedoch gerade noch auffangen. Sie klirrten in ihrer Hand.

»Was ist los?« fragte Charles.

»Ich hab's wieder gesehen!« sagte Edith. »Das Tier.«

»Was?«

»Ich hab dir das nicht erzählt«, begann sie, und ihre Kehle war mit einemmal wie ausgetrocknet, als wäre sie im Begriff, ein peinliches Geständnis zu machen. »Ich glaube, ich habe das Ding – das Ding, das im Nistkasten war – am Montag oben in unserem Schlafzimmer gesehen. Und ich glaube, jetzt habe ich es wieder gesehen. Gerade eben.«

»Edith, Liebling, im Nistkasten war nichts.«

»Als du nachgesehen hast, nicht. Aber dieses Tier ist blitzschnell. Beinahe, als würde es fliegen.«

Charles' Gesicht nahm einen besorgteren Ausdruck an. Er blickte dorthin, wohin sie blickte: zur Schwelle der Küchentür. »Du hast es gerade eben gesehen? Ich werde mal nachschauen«, sagte er und ging ins Eßzimmer.

Er ließ den Blick über den Boden schweifen, drehte sich kurz zu seiner Frau um, bückte sich lässig und sah unter den Tisch und die Stühle. »Also wirklich, Edith ...«

»Und im Wohnzimmer?« sagte Edith.

Charles verschwand für etwa fünfzehn Sekunden im Wohnzimmer und kehrte dann, ein leises Lächeln auf den Lippen, zurück. »Tut mir leid, Schätzchen, aber ich glaube, du siehst Gespenster. Es sei denn, es war eine Maus. Vielleicht haben wir Mäuse. Ich hoffe nicht.«

»Aber es ist viel größer. Und es ist braun. Mäuse sind grau.«

»Ja«, sagte Charles abwesend. »Na ja, keine Angst, Schatz, es wird dich nicht angreifen. Es läuft ja davon.« Und mit zweifelnder Stimme fügte er hinzu: »Wenn es sein muß, können wir einen Kammerjäger kommen lassen.«

»Ja«, sagte sie sogleich.

»Wie groß ist es?«

Sie hielt ihre Hände etwa fünfzehn Zentimeter auseinander. »So groß.«

»Es könnte ein Frettchen sein«, sagte er.

»Aber es ist schneller. Und es hat schwarze Augen. Vorhin ist es kurz stehengeblieben und hat mir gerade ins Gesicht gesehen. Wirklich, Charles.« Ihre Stimme zitterte. Sie zeigte auf eine Stelle neben dem Kühlschrank. »Genau da ist es ganz kurz stehengeblieben und –«

»Edith, nimm dich ein bißchen zusammen.« Er drückte ihren Arm.

»Ich kann dir gar nicht sagen, wie böse es aussieht.«

Charles sah sie schweigend an.

»Gibt es ein Tier namens Yuma?« fragte sie ihn.

»Ein Yuma? Davon habe ich noch nie gehört. Warum?«

»Weil mir dieser Name heute ganz plötzlich eingefallen ist. Ich dachte ... weil ich über dieses Tier nachgedacht habe und weil ich noch nie ein solches Tier gesehen habe, könnte es doch sein, daß ich den Namen irgendwo gelesen habe.«

»Y-u-m-a?«

Edith nickte.

Charles lächelte jetzt wieder, weil das Ganze sich zu einem lustigen Spiel entwickelte, nahm das Wörterbuch, wie Edith es getan hatte, und schlug das Wort nach. Dann klappte er das Buch zu, zog einen Band der *Encyclopaedia Britannica* aus dem untersten Fach des Bücherregals und blätterte darin. Nach einer Minute sagte er zu Edith: »Es steht nicht im Wörterbuch und auch nicht in der *Britannica.* Ich glaube, das Wort hast du dir ausgedacht.« Er lachte. »Oder es ist ein Wort aus *Alice im Wunderland.*«

Es gibt dieses Wort, dachte Edith, doch sie hatte nicht den Mut, es Charles zu sagen. Er würde es einfach leugnen.

Edith fühlte sich erschöpft und ging um zehn Uhr mit einem Buch zu Bett. Sie las noch, als Charles kurz vor elf ins Schlafzimmer trat. In diesem Augenblick sahen sie es beide: Es sprang vom Fußende des Betts auf den Boden, huschte vor Charles' und Ediths Augen über den Teppich und verschwand unter der Kommode und, wie Edith glaubte, zur Tür hinaus. Auch Charles schien diesen Eindruck zu haben, denn er fuhr herum und sah in den Flur.

»Jetzt hast du es gesehen!« sagte Edith.

Charles' Gesicht war ausdruckslos. Er schaltete das Flurlicht an, sah sich um und ging die Treppe hinunter.

Er blieb etwa drei Minuten lang weg, und Edith hörte, daß er Möbel hin und her schob. Schließlich kam er wieder ins Schlafzimmer.

»Ja, ich hab's gesehen.« Er wirkte blaß und müde.

Doch Edith seufzte und hätte beinahe gelächelt, denn sie war froh, daß er ihr endlich glaubte. »Jetzt siehst du, was ich meine. Ich habe keine Gespenster gesehen.«

»Nein«, stimmte Charles ihr zu.

Edith hatte sich im Bett aufgesetzt. »Das Schlimme ist, daß es so unfangbar aussieht.«

Charles knöpfte sein Hemd auf. »Unfangbar. Was für ein Wort! Nichts ist unfangbar. Vielleicht ist es ein Frettchen. Oder ein Eichhörnchen.«

»Hast du es nicht erkennen können? Es ist doch direkt an dir vorbeigerannt.«

»Tja« – er lachte –, »es war wirklich ziemlich schnell. Du hast es ja schon zwei- oder dreimal gesehen und weißt trotzdem nicht, was es eigentlich ist.«

»Hat es einen Schwanz? Ich konnte nicht erkennen, ob es einen Schwanz hatte oder ob das alles Körper war – die ganze Länge.«

Charles schwieg. Er griff nach dem Morgenrock und zog ihn langsam an. »Ich glaube, es ist kleiner, als es aussieht. Und es erscheint so langgestreckt, weil es so schnell ist. Könnte ein Eichhörnchen sein.«

»Aber es hat die Augen vorn im Gesicht, und Eichhörnchen haben die Augen mehr an der Seite.«

Charles bückte sich am Fußende des Betts und sah darunter. Er fuhr mit der Hand über die eingeschlagene Decke und dann darunter. Schließlich stand er auf. »Also, wenn wir es noch einmal sehen … wenn wir es überhaupt gesehen haben …«

»Wie meinst du das? Du hast es doch gesehen – das hast du selbst gesagt.«

»Ich *glaube*, daß ich es gesehen habe.« Charles lachte. »Woher soll ich wissen, daß meine Augen oder mein Kopf mir keinen Streich gespielt haben? Deine Beschreibung war ja auch sehr überzeugend.« Er klang beinahe, als würde er sich über sie ärgern.

»Also … *wenn* …«

»Wenn wir es wieder sehen, werden wir uns eine Katze ausleihen. Eine Katze wird es schon fangen.«

»Aber nicht die der Masons. Die Masons möchte ich nicht gern fragen.«

Als die Blaumeisen flügge geworden waren, hatten sie kleine Steine nach der Katze der Masons werfen müssen, um sie vom Nistkasten fernzuhalten. Den Masons hatte das mißfallen. Sie standen mit ihnen zwar immer noch auf gutem Fuß, aber weder Edith noch Charles wäre es im Traum eingefallen, sie zu fragen, ob sie sich Jonathan ausleihen dürften.

»Wir könnten auch einen Kammerjäger kommen lassen«, sagte Edith.

»Ha! Und wonach sollte er suchen?«

»Nach dem Tier, das wir gesehen haben«, erwiderte Edith. Sie war verärgert, denn schließlich war es ja Charles gewesen, der vor wenigen Stunden vorgeschlagen hatte, einen Kammerjäger zu holen. Sie hatte ein Interesse an diesem Gespräch, ein sehr großes Interesse, und dennoch deprimierte es sie. Sie fand es so vage und entmutigend; am liebsten wäre sie eingeschlafen und hätte alles vergessen.

»Versuchen wir es mal mit einer Katze«, sagte Charles. »Farrow hat eine. Er hat sie von seinen Nachbarn bekommen. Du kennst doch Farrow, den Buchhalter, der in der Shanley Road wohnt? Als seine Nachbarn weggezogen sind, hat er ihre Katze übernommen. Aber seine Frau mag keine Katzen, sagt er. Und diese –«

»Ich mag Katzen auch nicht besonders«, sagte Edith. »Wir wollen uns doch keine Katze anschaffen.«

»Nein. Du hast recht. Aber diese könnten wir uns bestimmt ausleihen. Mir ist sie eingefallen, weil Farrow gesagt hat, daß sie eine hervorragende Jägerin ist. Es ist ein Weibchen, sagt er, neun Jahre alt.«

Am nächsten Abend brachte Charles die Katze mit. Er kam eine halbe Stunde später als sonst, weil er mit Farrow nach Hause gefahren war. Er und Edith schlossen alle Türen und Fenster und ließen die Katze im Wohnzimmer aus ihrem Transportkorb. Sie war weiß mit grauen Streifen und einem schwarzen Schwanz. Steif stand sie da und sah sich mürrisch und irgendwie mißbilligend um.

»Soo, Puss-Puss«, sagte Charles und beugte sich zu ihr

hinunter, allerdings ohne sie anzufassen. »Du bleibst ja nur ein, zwei Tage hier. Haben wir ein bißchen Milch, Edith? Oder besser noch Sahne.«

Aus einem Karton, in den sie ein altes Handtuch legten, machten sie der Katze ein Lager und stellten es in eine Ecke des Wohnzimmers, doch sie schien das Sofaende zu bevorzugen. Sie hatte das Haus oberflächlich inspiziert, sich dabei aber nicht, wie Edith und Charles gehofft hatten, für die Schränke und Regale interessiert. Edith sagte, sie glaube, daß die Katze zu alt sei, um irgend etwas zu fangen.

Am nächsten Morgen rief Mrs. Farrow Edith an und sagte, sie könnten Puss-Puss behalten, wenn sie wollten. »Sie ist sauber und kerngesund. Es ist nur so, daß ich Katzen nicht besonders mag. Wenn Sie sie also mögen … oder wenn sie Sie mag …«

Edith zog sich mit ungewöhnlich wortreichen Dankesbekundungen und Erklärungen, warum sie sich die Katze ausgeliehen hatten, aus der Affäre und versprach, Mrs. Farrow in den nächsten Tagen anzurufen. Sie sagte, sie habe den Eindruck, daß sie Mäuse hätten, sei sich jedoch nicht sicher genug, um einen Kammerjäger zu holen. Nach dieser verbalen Anstrengung fühlte sie sich erschöpft.

Die Katze verbrachte den größten Teil des Tages damit, auf dem Sofa oder am Fußende des Betts in der oberen Etage zu schlafen, was Edith nicht gern sah, aber ertrug, um sie nicht zu beleidigen. Sie sprach sogar freundlich mit ihr und trug sie zu geöffneten Schränken, doch Puss-Puss machte sich dann immer etwas steif – nicht aus Angst, sondern aus Desinteresse – und wandte sich sogleich ab. Den Thunfisch, den die Farrows empfohlen hatten, fraß sie mit Appetit.

Edith saß am Freitag nachmittag am Küchentisch und putzte das Silber, als das Ding an ihr vorbeirannte: Es kam von hinten und raste wie eine braune Rakete durch die offene Tür ins Eßzimmer. Dort bog es nach rechts ins Wohnzimmer ab, wo die Katze schlief.

Edith stand sofort auf und ging zur Wohnzimmertür. Dort war nichts von dem Tier zu sehen, und dic Katze lag noch immer da und hatte den Kopf auf die Pfoten gelegt. Ihrc Augen waren geschlossen. Ediths Herz klopfte wie rasend. Ihre Angst mischte sich mit Ungeduld, und einen Augenblick lang spürte sie in sich Chaos und schreckliche Verwirrung. Dieses Tier war hier im Raum! Und die Katze war zu gar nichts zu gebrauchen! Und die Wilsons würden um sieben Uhr zum Abendessen kommen. Und sie würde kaum Zeit haben, mit Charles darüber zu sprechen, denn er würde sich waschen und umziehen, und obwohl sie die Wilsons ziemlich gut kannte, wollte sie diese Sache nicht in ihrer Anwesenheit zur Sprache bringen. Aus dem Chaos wurde ohnmächtige Wut, und Tränen stiegen ihr in die Augen. Sie stellte sich vor, daß sie den ganzen Abend über nervös und ungeschickt sein würde, daß sie Dinge fallen lassen und nicht imstande sein würde zu sagen, was denn eigentlich mit ihr los war.

»Das Yuma. Dieses verdammte Yuma!« sagte sie leise und erbittert. Dann fuhr sie fort, verbissen das Silber zu putzen, und deckte den Tisch.

Das Abendessen verlief jedoch recht gut – es war nichts angebrannt, und nichts fiel auf den Boden. Christopher Wilson und seine Frau Frances wohnten am anderen Ende des Dorfes und hatten zwei Söhne, sieben und fünf Jahre alt. Christopher war Syndikus bei Pan-Com.

»Du siehst ein bißchen abgespannt aus, Charles«, sagte Christopher. »Habt ihr Lust, am Sonntag mit uns rauszufahren?« Er sah seine Frau an. »Wir wollen zum Baden nach Hadden, und danach machen wir ein Picknick. Nur wir und die Kinder. Jede Menge frische Luft.«

»Tja ...« Charles wartete darauf, daß Edith die Einladung ablehnte, doch sie schwieg. »Vielen Dank, aber ... na ja, wir wollten eigentlich einen Ausflug mit dem Boot machen, aber wir haben uns gerade eine Katze ausgeliehen, und ich finde, wir sollten sie nicht den ganzen Tag allein lassen.«

»Eine Katze?« fragte Frances. »Ausgeliehen?«

»Ja. Wir haben den Verdacht, daß wir Mäuse im Haus haben, und wollen herausfinden, ob das stimmt«, warf Edith lächelnd ein.

Frances stellte ein, zwei Fragen über die Katze, und dann wechselten sie das Thema. Puss-Puss war im Augenblick in der oberen Etage – das nahm Edith jedenfalls an. Dorthin zog sie sich immer zurück, wenn jemand, den sie nicht kannte, ins Haus kam.

Später, als die Wilsons gegangen waren, erzählte Edith

Charles, sie habe das Tier abermals in der Küche gesehen, und Puss-Puss habe sich nicht im mindesten darum gekümmert.

»Das ist das Problem. Man kann es nicht hören«, sagte Charles. Dann runzelte er die Stirn. »Bist du *sicher*, daß du es gesehen hast?«

»So sicher, wie ich bin, daß ich es überhaupt je gesehen habe«, antwortete Edith.

»Lassen wir der Katze noch ein paar Tage Zeit«, sagte Charles.

Am nächsten Morgen, es war ein Samstag, ging Edith gegen neun Uhr hinunter, um das Frühstück zu machen. Als sie sah, was auf dem Wohnzimmerboden lag, blieb sie wie angewurzelt stehen. Es war das Yuma. Es war tot und an Kopf, Schwanz und Bauch verstümmelt. Tatsächlich war der Schwanz bis auf einen etwa fünf Zentimeter langen feuchten Stummel abgebissen. Und der Kopf fehlte ganz. Doch das Fell war braun und an den blutverschmierten Stellen beinahe schwarz.

Edith drehte sich um und rannte die Treppe hinauf.

»Charles!«

Er war wach, aber noch verschlafen. »Was ist denn?«

»Die Katze hat es erwischt. Es liegt im Wohnzimmer. Los, komm mit hinunter. Ich will es gar nicht so genau sehen – ich kann das nicht.«

»Natürlich, Schatz«, sagte Charles und stieg aus dem Bett. Ein paar Sekunden später war er unten. Edith war ihm gefolgt. »Hm. Ganz schön groß«, sagte er.

»Was ist es?«

»Ich weiß nicht. Ich hole das Kehrblech.« Er ging in die Küche.

Edith stand dabei und sah zu, als er das tote Tier mit einer zusammengerollten Zeitung auf das Kehrblech schob. Er musterte den aufgerissenen Bauch, die durchgebissene Luftröhre und die bloßliegenden Knochen. An den Füßen waren kleine Klauen.

»Was ist es? Ein Frettchen?« fragte Edith.

»Ich weiß nicht. Ich weiß es wirklich nicht.« Charles wickelte das Ding rasch in eine Zeitung. »Ich werde es in den Mülleimer werfen. Der Müll wird montags abgeholt, nicht?«

Edith gab keine Antwort.

Charles ging durch die Küche, und Edith hörte den Deckel des Mülleimers vor dem Hinterausgang klappern. »Wo ist eigentlich die Katze?« fragte sie ihn, als er wieder hereinkam.

Er wusch sich an der Spüle die Hände. »Ich weiß nicht.«

Dann nahm er den Mop und ging damit ins Wohnzimmer. Er schrubbte die Stelle, wo das Tier gelegen hatte. »Nicht viel Blut. Hier ist jedenfalls nichts zu sehen.«

Während sie frühstückten, kam die Katze durch die Vordertür herein, die Edith geöffnet hatte, um das Wohnzimmer zu lüften, auch wenn sie dort keinen Geruch feststellen konnte. Die Katze sah sie müde an, hob den Kopf ein wenig und machte »Miau«. Es war das erste Geräusch, das sie seit ihrer Ankunft von sich gegeben hatte.

»Gute Puss-Puss!« sagte Charles mit Nachdruck. »Gute Puss-Puss!«

Doch die Katze duckte sich unter seiner Hand weg, die ihren Rücken streicheln wollte, und ging langsam in die Küche, um ihr Thunfisch-Frühstück zu fressen.

Charles sah Edith mit einem Lächeln an, das sie zu erwidern versuchte. Sie hatte ihr Ei noch nicht ganz gegessen und brachte keinen weiteren Bissen von ihrem Toast hinunter.

Sie nahm den Wagen und machte ihre Einkäufe, doch sie fühlte sich dabei wie in einem Nebel. Sie grüßte Bekannte, wie sie es immer tat, aber zwischen ihr und den anderen Menschen schien keinerlei Verbindung zu bestehen. Als sie nach Hause kam, lag Charles angezogen und mit hinter dem Kopf verschränkten Händen auf dem Bett.

»Ich habe mich gewundert, wo du bist«, sagte Edith.

»Ich war ein bißchen müde. Tut mir leid.« Er setzte sich auf.

»Du brauchst dich nicht zu entschuldigen. Wenn du müde bist, dann schlaf doch ein wenig.«

»Ich wollte noch die Garage gründlich ausfegen und die Spinnweben entfernen.« Er stand auf. »Aber bist du nicht auch froh, daß es weg ist, Schatz – was immer es auch war?« Er lachte gezwungen.

»Natürlich. Ja. Weiß Gott.« Dennoch fühlte sie sich deprimiert, und sie spürte, daß es Charles ebenso ging. Zögernd stand sie in der Tür. »Ich frage mich bloß, was es war.« Wenn wir nur den Kopf gesehen hätten, wollte sie sagen, brachte es aber nicht über sich. Würde der Kopf irgendwo auftauchen, im Haus oder draußen? Die Katze konnte doch nicht den Schädel gefressen haben.

»So eine Art Frettchen wahrscheinlich«, sagte Charles. »Wenn du willst, können wir die Katze jetzt zurückgeben.«

Doch sie beschlossen, mit dem Anruf bei den Farrows bis morgen zu warten.

Puss-Puss schien jetzt zu lächeln, wenn Edith sie ansah. Es war ein müdes Lächeln – oder lag die Müdigkeit nur in den Augen? Immerhin war die Katze schon neun Jahre alt. An diesem Wochenende warf Edith ihr bei der Hausarbeit oft einen Blick zu. Die Katze war irgendwie anders, als hätte sie ihre Pflicht getan und wisse es auch, sei aber nicht sonderlich stolz darauf.

Auf eine eigenartige Weise hatte Edith das Gefühl, als wäre die Katze die Verbündete des Yumas oder was immer das Tier gewesen war – als wäre sie seine Verbündete oder wäre es zumindest gewesen. Sie waren beide Tiere und hatten einander verstanden: Das eine Tier war stärker gewesen, ein Feind, und das andere war das Opfer gewesen. Und die Katze hatte das andere Tier sehen und vielleicht auch hören können und es mit ihren Krallen gepackt. Vor allem aber hatte die Katze keine Angst gehabt wie sie selbst oder wie sogar Charles, das spürte Edith. Und während sie das dachte, wurde Edith bewußt, daß sie eine Abneigung gegen Puss-Puss hatte. Die Katze wirkte düster und unzugänglich. Und sie mochte Edith und Charles ebenfalls nicht.

Edith hatte die Farrows am Sonntagnachmittag gegen drei anrufen wollen, doch Charles sagte, er werde mit ihnen sprechen. Edith graute regelrecht davor, Charles' Anteil des Gesprächs zu hören, und dennoch blieb sie mit der Sonntagszeitung auf dem Sofa sitzen und hörte zu.

Charles bedankte sich überschwenglich und sagte, die Katze habe etwas gefangen, was wie ein großes Eichhörnchen oder ein Frettchen ausgesehen habe. Sie wollten sie jedoch eigentlich nicht behalten, so nett sie auch sei – ob er sie ihnen vielleicht so gegen sechs zurückbringen dürfe?

»Na ja, sie hat ihre Aufgabe sozusagen erledigt, und wir sind Ihnen sehr dankbar ... Ich werde mich gern in der Fabrik umhören, ob jemand vielleicht eine nette Katze haben will.«

Als er aufgelegt hatte, öffnete Charles den obersten Hemdknopf. »Puh! Das war schwierig – ich bin mir vorgekommen wie ein Gauner. Aber es wäre ja wohl dumm, zu sagen, daß wir die Katze behalten wollen, wenn das gar nicht stimmt, oder?«

»Allerdings. Aber wir sollten ihnen eine Flasche Wein oder so schenken, findest du nicht?«

»Ja, natürlich. Gute Idee! Haben wir noch Wein?«

Sie hatten keinen. Sie hatten überhaupt keine ungeöffneten Flaschen außer einer Flasche Whisky, und Edith schlug bereitwillig vor, diese zu verschenken.

»Immerhin haben sie uns einen großen Gefallen getan«, sagte sie.

Charles lächelte. »Das kann man wohl sagen!« Er wikkelte die Flasche in das grüne Seidenpapier, das der Weinhändler zum Verpacken benutzte, setzte Puss-Puss in den Transportkorb und machte sich auf den Weg.

Edith sagte, sie wolle nicht mitkommen, er solle den Farrows aber auf jeden Fall auch in ihrem Namen danken. Dann setzte sie sich auf das Sofa und versuchte, die Zeitung zu lesen, stellte jedoch fest, daß ihre Gedanken abschweiften. Sie blickte sich in dem leeren, stillen Raum um, betrachtete den Fuß der Treppe und sah durch die offene Tür ins Eßzimmer.

Jetzt war es fort, das Yuma-Baby. Warum sie dachte, es sei ein Baby gewesen, wußte sie nicht. Ein Baby? Doch sie hatte immer angenommen, es sei jung – und zugleich grausam und erfüllt von einem Wissen um die Grausamkeit und das Böse in der Welt, der Welt der Tiere und der Welt der Menschen. Und sein Hals war von einer Katze durchgebissen worden. Sie hatten den Kopf nicht gefunden.

Als Charles zurückkehrte, saß sie noch immer auf dem Sofa.

Er kam mit langsamen Schritten ins Wohnzimmer und ließ sich in den Sessel fallen. »Tja ... Sie wollten sie eigentlich nicht zurückhaben.«

»Wie meinst du das?«

»Es ist nicht ihre Katze. Sie haben sie nur aus Mitleid oder so aufgenommen, als ihre Nachbarn ausgewandert sind. Die sind nach Australien gegangen und konnten die Katze nicht mitnehmen. Jetzt schleicht sie immer um die beiden Häuser herum, und die Farrows füttern sie. Eine traurige Geschichte.«

Edith schüttelte unwillkürlich den Kopf. »Ich konnte diese Katze wirklich nicht leiden. Außerdem ist sie zu alt für ein neues Zuhause, findest du nicht?«

»Wahrscheinlich hast du recht. Na ja, bei den Farrows wird sie wenigstens nicht verhungern. Was hältst du von einer Tasse Tee? Das wäre mir lieber als etwas Alkoholisches.« Nachdem er sich die Schulter mit einer Salbe eingerieben hatte, ging Charles früh zu Bett. Edith wußte, daß er fürchtete, seine Schleimbeutelentzündung oder das Rheuma könnte ihm wieder zu schaffen machen.

»Ich werde alt«, sagte er. »Heute abend jedenfalls fühle ich mich alt.«

Edith ging es ebenso. Außerdem war sie melancholisch. Vor dem Spiegel im Badezimmer hatte sie den Eindruck, die Fältchen unter den Augen hätten sich vertieft. Für einen Sonntag war es ein anstrengender Tag gewesen. Doch der Schrecken war nicht mehr im Haus. Das war immerhin etwas. Sein Schatten hatte beinahe zwei Wochen über ihr gelegen.

Jetzt, da das Yuma tot war, wurde ihr bewußt, was das Problem gewesen war – oder jedenfalls konnte sie es sich eingestehen. Das Yuma hatte das Tor zur Vergangenheit aufgerissen, und dahinter gähnte ein finsterer, beängstigender Schlund. Es hatte die Zeit wiederaufleben lassen, als sie – absichtlich – ihr Kind verloren hatte, und es hatte sie an Charles' bitteren Kummer erinnert und an seine spätere gespielte Gleichgültigkeit. Es hatte ihr Schuldgefühl wiederaufleben lassen. Und sie fragte sich, ob es Charles mit dem Tier ebenso ergangen war. In seiner Anfangszeit bei Pan-Com war er nicht gerade edelmütig gewesen. Er hatte einem Vorgesetzten die Wahrheit über einen Kollegen gesagt, und der Kollege war entlassen worden. Charles hatte seinen Posten bekommen, und der Mann hatte sich später das Leben genommen. Simpson. Damals hatte Charles nur mit den Schultern gezuckt. Aber … hatte das Yuma ihn vielleicht an Simpson erinnert? Kein Mensch, kein Erwachsener hatte eine ganz und gar makellose Vergangenheit, eine Vergangenheit ohne Schuld …

Wenige Tage später goß Charles eines Abends mit dem Gartenschlauch die Rosen, als er im Loch des Nistkastens das Gesicht eines Tiers sah. Es sah genauso aus wie das Gesicht des anderen Tiers, das Edith ihm beschrieben hatte, auch wenn er es nie so gut hatte sehen können wie jetzt. Da waren die glänzenden, unverwandt starrenden Augen, der grimmige kleine Mund, der dämonische Blick, von dem Edith gesprochen hatte. Charles vergaß den Schlauch in seiner Hand, das Wasser spritzte an die Gartenmauer. Er ließ ihn fallen und wandte sich zum Haus, um das Wasser abzudrehen; er wollte sogleich den Nistkasten abnehmen und nachsehen, ob etwas darin war, obgleich er im selben Augenblick dachte, der Nistkasten sei nicht groß genug für ein Tier von der Art, wie Puss-Puss es erlegt hatte. Bestimmt nicht.

Charles rannte und war beinahe am Haus angelangt, als er Edith in der Tür stehen sah.

Sie sah auf den Nistkasten. »Da ist es wieder!«

»Ja.« Charles drehte das Wasser ab. »Diesmal werde ich nachsehen, was es ist.«

Er ging mit schnellen Schritten auf den Nistkasten zu, blieb jedoch auf halbem Wege unvermittelt stehen und starrte auf das Gartentor.

Durch das offene Eisentor kam Puss-Puss. Sie sah erschöpft und mitgenommen, ja geradezu reumütig aus. Sie war im Schritt gegangen, doch nun trabte sie mit hängendem Kopf auf Charles zu.

»Sie ist wieder da«, sagte Charles.

Eine beklommene Düsternis legte sich über Edith. Es war alles vorherbestimmt, es war alles so schrecklich vorhersehbar. Es würden mehr und mehr Yumas erscheinen. Wenn Charles gleich den Nistkasten schüttelte, würde nichts darin sein, und dann würde sie das Tier im Haus sehen, und Puss-Puss würde es wieder fangen. Sie und Charles, sie beide, waren für immer daran gefesselt.

»Sie hat allein hierher zurückgefunden, da bin ich sicher. Drei Kilometer«, sagte Charles zu Edith und lächelte.

Doch Edith biß die Zähne zusammen, um nicht laut loszuschreien.

Ich kontrollierte, ob alle Fenster geschlossen waren, und drehte die Musik laut auf. Dann packte ich die Bilder aus und legte sie im Flur auf den Boden, reihte sie an den Wänden auf und brachte, als die erste CD zu Ende war, alles Verpackungsmaterial in den Keller, obwohl ich damit das Risiko einging, die Kartons dort dann monatelang im Weg herumstehen zu haben, aber ich wollte im Flur nur die Bilder sehen und die Musik hören.

Simone hatte eine Zeit lang Klavier gespielt. Eins der Stücke, eine Fantasie in g-Moll, kannte ich von ihr. Sie hatte es zusammen mit ihrer Lehrerin bei einem dieser Vorspielabende für Eltern gespielt. Ich war damals nicht nur stolz auf sie, wie das wohl jeder Vater gewesen wäre, ich war auch gerührt, oder besser: betroffen, oder noch besser: erschüttert von ihrer Hingabe und Konzentration. Wie sehr sie in etwas aufgehen konnte, wie sehr sie Teil einer größeren Sache war, wie schön sie als Teil dieses größeren Ganzen war und wie schön dieses durch sie erst wurde – sie leuchtete. Vielleicht leuchtete ich auch vor lauter Begeisterung über meine talentierte Tochter.

Achter Dezember

Es schneite wieder. Und vor der Tür waren wieder diese tiefen Spuren mit den Gräben von Abdruck zu Abdruck. Wer auch immer mir so treu und zuverlässig diese Geschichten einwarf, hatte Disziplin. Schlechtes Wetter hielt ihn nicht von seiner guten Tat ab. Dass es eine gute Tat war, hatte ich längst begriffen – diese Geschichten jeden Morgen, so traurig oder gespenstisch sie auch bisweilen waren, hatten sich für mich zu einer täglichen Freundlichkeit entwickelt, die ich erwartete, die mich wärmte, die mir irgendwer zukommen ließ, wieso auch immer er oder sie das tun zu müssen glaubte. Inzwischen spürte ich jedes Mal ein Lächeln auf meinem Gesicht, wenn es wieder weiß durchs Fensterchen des Briefkastens blitzte.

Norbert Silberbauer

Findel

Heute verbringt Josef zum ersten Mal in seinem Leben den Heiligen Abend allein. Dreiundsechzig ist er nun, und dreiundsechzig Jahre ist jemand bei ihm gewesen. Zuerst die Eltern, später verschiedene Frauen und in den vergangenen achtzehn Jahren seine Frau. Seit vier Monaten und elf Tagen ist sie tot, seit vier Monaten und sieben

Tagen liegt sie begraben am Friedhof. Geblieben ist ihm Findel, ihre Katze. Seine Frau hat sie gefunden. In Griechenland, während ihrer Hochzeitsreise.

Findel war bis auf die Knochen abgemagert und konnte nicht mehr stehen. Ihr Fell verfilzt und verdreckt, besonders an den Hinterbeinen, wo Klumpen in den Haaren klebten. Offensichtlich hatte die Katze Durchfall gehabt. An manchen Stellen Ekzeme und verkrustetes Blut. Ihre Augen wässrig, in den Augwinkeln eine braune Masse, die alle Haare bis zur Nase runter verklebt hatte. Der Mund ausgetrocknet. Sie stank. Ein Stück Abfall, das atmete.

So wie in den Jahren seiner Ehe kauft Josef erst am Heiligen Abend einen Christbaum. Da ist die Auswahl zwar geringer, aber immer noch groß genug, vor allem aber kosten die Bäume um einiges weniger. Anschließend fährt er in ein Fachgeschäft für Tierbedarf. Findel soll ein Geschenk bekommen. Nicht nur das teurere Futter, das seine Frau zu Weihnachten immer kaufte, sondern ein richtiges Geschenk. Josef staunt. Für Katzen gibt es mehr und besseres Spielzeug, als es in seiner Jugend für Kinder gegeben hat, die Abteilung für Katzennahrung ist größer als der erste Supermarkt, an den er sich erinnern kann und der ihm damals so groß erschien, dass er der Mutter nicht von der Seite wich. Hätte er sie verloren, er wäre im Menschengewirr untergegangen.

Was kaufen? Worüber freut sich eine Katze?

Der Tierarzt wusste sofort, was Sache war. Touristen hatten wieder einmal Mitleid gehabt und Lebensretter gespielt. Streunende Hunde und Katzen gab es in Griechenland wie Sand am Meer. Sie kommen und gehen, vergehen, verenden, manchmal, wenn sie Glück haben, füttert sie ein Tourist, wenn sie noch größeres Glück haben, rettet sie ein solcher. Während seine Frau mit der Katze im Behandlungsraum war, saß Josef im Wartezimmer. Der Tierarzt werde die Katze einschläfern, und seine Frau werde verweint aus dem Behandlungszimmer kommen, dachte er und überlegte, wie er sich in diesem Fall zu verhalten habe. Liebevoll und verständnisvoll wollte er reagieren. Findel lebte. »Brav sei sie gewesen«, sagte seine Frau.

Josef ist zum ersten Mal in einem solchen Fachgeschäft für Tierbedarf. Bislang hat seine Frau eingekauft, was eine Katze so im täglichen Leben braucht. Findel soll zu Weihnachten eine batteriebetriebene Maus, die bei jeder Berührung quietscht, und exquisites Futter, wie auf den kleinen Dosen steht, bekommen. Er rechnet nach. Zehn Deka davon kosten mehr als zehn Deka Schinken. Eine ältere Dame fragt, während er vor der Kassa wartet, ob er auch etwas für seine Katze einkaufe. »Statt meiner Frau«, sagt Josef, was das Gespräch sofort beendet. »Einpacken?«, fragt die Kassiererin. Auf diese Idee wäre Josef gar nicht gekommen. Auch gut. »Bitte einpacken.« Auf dem Weihnachtspapier sind bunte Mäuse abgedruckt – und »Frohe Weihnachten« steht da. Können Katzen lesen?

Schnell und ohne zu grüßen verlässt Josef das Fachgeschäft für Tierbedarf. Mit Würde und Schmerz trauern, denkt er, aber nicht skurril werden. Eine Katze sei kein Mensch. Eine Katze könne keinen Menschen ersetzen. Dann wirft er die weihnachtlich verpackten Geschenke für Findel in einen Abfallkorb und geht einkaufen, für sich, Lebensmittel. Er wird am Heiligen Abend Lachs essen, wie Findel, seiner vakuumverpackt, ihrer in einer Dose. Am Sonntag, am Christtag, wird er im Restaurant essen, am Stefanitag zu seinem Bruder fahren. Dazwischen spazieren gehen, fernsehen, Rätsel in der Zeitung lösen, ein Buch lesen, schlafen, nichts tun. Fast so wie Findel. Die ihr ganzes Leben nichts anderes getan hat als schlafen, fressen und dazwischen scheißen. Er hat sie manchmal beneidet, wenn er in die Arbeit musste, es draußen kalt und finster war, die Scheiben des Autos zugefroren, und sie auf dem Heizkörper lag.

Um die Katze nicht allein im Hotelzimmer lassen zu müssen, entfielen die Besichtigungen antiker Stätten des klassischen Altertums. Und ohne seine Frau wollte Josef nicht fahren. Dabei hatten sie extra einen kombinierten Bade- und Kultururlaub gebucht, denn nur baden war ihnen zu langweilig und zu krebsfördernd (hautkrebsfördernd!) erschienen. Nun gab es einen kombinierten Bade- und Katzenurlaub. Am Abend las ihm seine Frau aus dem Reiseführer vor, was er tagsüber hätte sehen können. Dabei lagen beide im Bett, nackt. Wie hätte er ihr da böse sein können? Indirekt forderte so die Katze ihr Sexualleben. »Mein Kater«, sagte seine Frau zu ihm. Er schnurrte.

Sogar in Buchhandlungen drängen sich vor Weihnachten die Kunden. Josef mag Krimis. Hat man sie fertig gelesen, beschäftigen sie einen nicht weiter. Sie hinterlassen nichts, sie tun nicht weh. Seit seine Frau gestorben ist, wünscht er sich manchmal, ermordet zu werden. Die Ermordeten haben alles hinter sich. Die Verlierer sind die Polizisten, sie haben den Fall noch vor sich – und den nächsten Fall und den übernächsten. Er würde gern erschossen werden, denkt Josef manchmal, erschossen, während er ein Kind aus den Klauen von Entführern rettet. Das wäre ein Abgang. Als Held. »Einpacken?«, fragt die Buchhändlerin. »Ja«, antwortet Josef. Als eine Hilfskraft die Bücher in Weihnachtspapier packt, fällt ihm erst die Absurdität seiner Antwort auf. Die Bücher sind doch für ihn bestimmt. Wozu sie einpacken? Da müsste er an Alzheimer leiden, um fünf Stunden später vom Inhalt seines Geschenks überrascht zu sein. Alzheimer – auch eine Möglichkeit, der Gegenwart zu entkommen. Josef geht zum Fachgeschäft für Tierbedarf zurück. Und stöbert in einem Abfalleimer. Nach den Geschenken für die Findel. Beide sind noch da. Die quietschende Maus und die exquisite Katzennahrung. Ein paar Passanten beobachten ihn. Auch egal, denkt er.

Josef gönnt sich sein Nachmittagsschläfchen. So vergeht der Tag schneller, zu versäumen gibt es ohnehin nichts mehr. Kaum sieht Findel, dass er sich hingelegt hat, springt sie auf das Sofa und legt sich auf seine Schulter. Manchmal kriecht sie hinter seinem Rücken unter die Decke und unter der Decke über seinen Bauch, hinauf zu seinem Gesicht. Josef macht ihr Platz. Findel riecht an ihm, berührt mit ihrer Schnauze seine Nase und schleckt schließlich sein Gesicht. Ihre Zunge ist rau und kitzelt. Etwas Lebendiges, Warmes liegt neben ihm. Nicht so groß wie ein Mensch, den man von der Zehenspitze bis zum Gesicht spürt, aber immerhin etwas, vielleicht drei Handteller groß. Draußen ist es noch hell. Josef steht auf, bringt den kleinen Christbaum in die Wohnung und montiert das Christbaumkreuz. Das ist immer sein Teil der Arbeit gewesen. In diesem Jahr aber muss er den Baum auch noch schmücken. Selber und ganz allein, zum ersten Mal in seinem Leben. Erst fünfzehn Uhr.

Die Katze musste geglaubt haben, in Griechenland gestorben und in den Katzenhimmel gekommen zu sein. Besser konnte es ihr im Himmel auch nicht gehen. Seine Frau war ein nachsichtiger, alles verzeihender, liebevoller Gott, Findel hingegen wäre im Mittelalter, in der Zeit des Hexenwahns, sofort als Verkörperung des Leibhaftigen verbrannt worden. Nur ein kleiner Teufel schaffte es, in so kurzer Zeit so viel kaputt zu machen. »Ist sie nicht geschickt?«, fragte seine Frau.

Findel erholte sich prächtig. Von der Unterernährung

direkt ins Übergewicht. Rührte die Katze ihr Dosenfutter nicht an, bekam sie von seiner Frau Steaks, Putenschnitzel oder Hühnerflügel serviert. Alles, was ihr, seiner Frau, schmeckte und wovon sie annahm, es würde daher auch der Katze schmecken. Welche Logik. Am liebsten aber lebte Findel vom Schnorren. Beim Essen saß sie neben Josef und seiner Frau am Tisch und hypnotisierte so lange das Essen, bis sie etwas abbekam. Gab ihr Josef einen Schubs, schaute ihn seine Frau böse an. Bis es ihm reichte. Katzen seien blöd und ungezogen, sagte er, daher gebe es auch keine Blindenkatzen oder Lawinenkatzen oder Drogenkatzen, wohl aber Blinden-, Lawinen- und Drogenhunde. Der einzige ernsthafte Streit ihrer Ehe folgte. Katzen hätten deswegen sieben Leben, sagte er, weil sie zu dämlich seien, auf ein Leben aufzupassen. Seine Frau nahm Findel in den Arm, drückte sie an ihre Wange, stand wortlos auf und ließ ihn am Tisch sitzen.

Sechzehn Uhr. Zeit, den Baum zu schmücken. Den Weihnachtsschmuck zu suchen. Säuberlich geordnet liegen die Kugeln, Figuren, Kerzen und Kerzenhalter in den Schachteln. Und überall Katzenhaare. Josef muss lachen und weinen. In den Kästen liegt und hängt noch immer die Wäsche seiner Frau. Nichts davon hat er, obwohl er sich das immer vorgenommen hat, entsorgt. Sie könnte doch verreist sein und morgen schon wieder nach Hause kommen, sie könnte auf Kur sein. Ihrer Bandscheiben wegen. Noch hat er dieses Gefühl, aber er weiß, so lange, wie ihre

Ehe gedauert hat, so lange wird er um sie trauern, so viel Kraft, wie seine Frau ihm gegeben hat, so viel Kraft wird ihn nun ihr Tod kosten. Achtzehn schreckliche Jahre liegen vor ihm. Für den kleinen Baum gibt es viel zu viel Schmuck. Die Katze spielt mit einer Kugel. Schießt sie mit ihren Pfoten durch das Zimmer und läuft hinterher. Im Grunde dämlich. Auch egal, wenn eine Glaskugel zerbricht. Findel gibt schnell auf. Sie ist nicht mehr die Jüngste. Er spielt doch auch nicht mehr Fußball. »Wohin mit der roten Kugel?«, fragt Josef, »hierher?« Das Schweigen Findels deutet er als Zustimmung.

Drei Monate nach seinem Pensionsantritt ist seine Frau gestorben. An Krebs. An der Krankheit, die sie ihm prophezeit hat. Weil er raucht. Trotzdem hat sie ihm zwei Aschenbecher und ein vergoldetes Feuerzeug geschenkt und immer ein Päckchen versteckt, in Reserve gehabt. Wer ein Haustier hat, lebt länger, sagt die Statistik; wer verheiratet ist, lebt länger; wer nicht raucht, lebt länger. Bei seiner Frau war alles anders. Seine Frau starb zu Hause. Von der Diagnose bis zu ihrem Tod vergingen knappe vier Monate. Immer lag Findel in ihrem Bett oder auf ihr. Vorm Bett standen der Fressnapf und das Katzenklo. Seine Frau wollte das so. Ihre beste Medizin. In Anbetracht ihrer Krankheit spielte Hygiene keine Rolle mehr. Die Katze tat ihr gut, sie erschrak nicht vor der Todkranken. Die wenigen Besucher aber schon.

Da sitzt er nun. Vor dem Christbaum. Zwölf Kerzen brennen. Die Katze springt zu ihm hinauf. Manchmal legt sie sich in seinen Schoß, manchmal auf seinen Brustkorb. Atmet er dann zu kräftig, suchen ihre Krallen in seinem Hemd und darunter, in seiner Haut, nach Halt. Josef streichelt sie. Ganz allein ist er nicht.

Dann öffnet er die Pakete. Ein Buch hat er bekommen, Findel eine quietschende, batteriebetriebene Maus und besonders gutes Futter. Die Maus rennt durch das Zimmer. Er findet das Spielzeug lustig, die Katze hingegen fürchtet sich und springt auf den Heizkörper. Im Winter ihr Lieblingsplatz. Der heiße Heizkörper. Sie kocht sich fast selbst. Josef geht in die Küche und öffnet den Kühlschrank. »Pass auf die Kerzen auf«, sagt er. Teures Roastbeef gönnt er sich, weil Heiliger Abend ist. Das Geräusch der sich öffnenden Kühlschranktür lockt die Katze augenblicklich von ihrem heißen Platz weg. Essen gibt es, Futter, Fressen. Einiges hat sie ja doch in den Jahren gelernt. Und Josef auch. Er weiß, dass sie ihr Futter nicht anrühren wird, solange er isst. Würde sie aber nicht auf den Tisch springen, ihm beim Essen zusehen und schnorren, er würde sie rufen. So sehr hat er sich daran gewöhnt, was andere als Unsitte abtun. Findel bekommt auch Roastbeef. Mahlzeit. Die Freude, wenn es ihr gelingt, ein Stück Fleisch zu bekommen, ist ihr anzusehen. Ein letzter Rest ihrer Wildheit. Sofern sie überhaupt noch etwas Wildes in sich hat.

Fast jedes Mal, wenn Josef irgendwo in der Wohnung, auf Knien, die Katzenpisse mit einer Küchenrolle wegwischte, fing er zu weinen an. Die Trauer ist immer da und kommt, wenn man nicht mit ihr rechnet, wenn man ihr schutzlos ausgeliefert ist, weil einen anderes schwächt. Wie lange hatte er am Boden gelegen, schluchzend und heulend, nach Luft ringend, am ganzen Körper zitternd? Eine Minute? Eine Stunde? So lange, dass die Katze seinen Anfall schon wieder vergessen hatte und zu ihm kam? Angebrüllt hatte er sie, weil er in die Katzenpisse gestiegen war. Ein paar Schritte war er ihr brüllend nachgerannt. Nun drückte er sie an sich und ließ sie nicht mehr los. Könnte die Katze denken, sie würde sich nicht auskennen mit den Menschen, dachte Josef, aber vermutlich sei das Katzenweltbild ohnehin einfacher. Gut sei der, der zu fressen gibt, böse, der nicht gibt. Oder sei ihre Gabe des Vergebens größer? Eine Dose Futter versöhnt sie wieder. Käufliches Luder.

Für Findel ist alles, was ihr nach den Qualen in Griechenland zugestoßen ist, der Himmel, für ihn alles, was ihm nach dem Tod seiner Frau zugestoßen ist, die Hölle. Josef denkt an die vergangenen Weihnachtsfeste mit seiner Frau; an die zukünftigen ohne sie und daran, wie er sich damals, noch vor zwei Jahren, die Zukunft, das Altwerden, mit ihr vorgestellt hat. Das Gemeinsame hätte die Schrecknisse des Alters gemildert. Die Schrecknisse sind geblieben, und die Einsamkeit ist dazugekommen. Katzen hätten es besser, denkt Josef, Katzen könnten sich vermutlich weder erinnern, noch könnten sie hoffen. Aber auch da ist er sich nicht mehr sicher. Der Heilige Abend will und will nicht vergehen. Erst neunzehn Uhr. Und schon alles erledigt. Findel schläft schon wieder. Er kann nicht schlafen. Geht er zu früh ins Bett, wird der Vormittag zur Qual, schläft er vormittags länger, wird der Abend zur Qual. Ist man allein, wird einem die Zeit zu lang, ist man zu zweit, wird sie zu kurz. Josef zündet einen Sternspritzer an. Das zischende Geräusch weckt Findel, das helle Brennen macht ihr Angst. Wie schon im Vorjahr. Stille Nacht, heilige Nacht, alles schläft – vor allem die Katzen schlafen.

Das Leben funktionierte als Überleben, die Pension wurde überwiesen, und die Rechnungen wurden abgebucht. Findel nervte. Am meisten nervte sie, wenn ihr Fressnapf voll war und sie trotzdem vor dem Kästchen, in dem ihre Katzendosen waren, saß. Stundenlang konnte sie so sitzen und so tun, als würde sie verhungern. Diese Demutshaltung hasste Josef mehr als den Dreck, den sie machte. Im Geduldwettkampf verlor er stets gegen sie. Also wischte er das mittlerweile vertrocknete Futter aus dem Napf und öffnete eine neue Dose. Findel kam, roch am frischen Futter, nahm einen Bissen, und das war's dann. Beleidigt war sie und gekränkt. Mistvieh, dachte Josef. Eines Tages verließ ihn die Kraft, sich zu beherrschen. Er ließ die Eingangstür offen. Betrog seine Frau. Hatte sie ihn doch täglich ermahnt, die Tür immer zu schließen, die Katze nicht rauszulassen, auf die Straße, in den Verkehr. Sie hatte sogar einen Zettel an die Tür geklebt, auf dem stand: Tür schließen! Mehr noch. Er schloss die falsche Tür, jene zur Küche, und setzte Findel vor die offene Eingangstür in das Vorzimmer. Der Vorgarten sah genauso verlockend aus wie der hintere Garten. Verlockender sogar, weil er nicht katzensicher, nicht eingezäunt war. Josef ging ins Wohnzimmer, passte auf, dass ihm die Katze nicht folgte, in die Sicherheit entwischte. Nach zehn Minuten, die ihm vorkamen wie eine Stunde, ging er nachsehen. Findel saß immer noch im Vorzimmer. Ebenso nach fünfzehn Minuten. Sie saß da, in ihrer Demutshaltung, mit ihrem Demutsblick. Josef schloss die Eingangstür und öffnete jene zum Wohnzimmer. Findel blieb sitzen. Erst nach einer halben Stunde kam sie nach, ganz langsam ging sie. Im Demutsgang – obwohl sie gewonnen hatte.

Josef bläst die Kerzen aus. Sicherheitshalber. Er spürt, dass er müde wird, einschlafen könnte. Der Baum könnte zu brennen beginnen. Zwei Tage später würde in der Zeitung stehen, ein Pensionist sei eingeschlafen, sein Christbaum habe zu brennen begonnen, und der Pensionist sei an den Rauchgasen erstickt. Die Zeitung spricht eine Warnung aus und gibt Verhaltensregeln. Aber was wissen schon die Zeitungen? Der Pensionist hat die Kerzen absichtlich nicht gelöscht. Absichtlich. Weil der Pensionist allein ist und das Leben allein nicht mehr aushält. So etwas steht nie in den Zeitungen. Josef isst noch einmal, holt sein Roastbeef aus dem Kühlschrank. Was Findel sofort bemerkt. Sie kann sogar im Schlaf riechen und hören. Sofort springt sie auf den Tisch. Und wird für ihre Klugheit belohnt. »Friss langsam«, sagt Josef. Noch vier Stunden dauert der Heilige Abend.

Findel ist nicht nur alt, sondern auch übergewichtig. Eine Kugel mit Haaren, eine Figur wie ein Luftschiff oder eine Mohnnudel. Eine Fressmaschine. Ein Biostaubsauger. Sie darf so viel fressen, wie sie will. Liebesbeweise in Kalorien ausgedrückt.

Josef legt sich auf das Sofa. Halb elf Uhr abends. Er könnte sich ausziehen, ins Bett gehen, aber das Sofa ist ihm lieber. Das Doppelbett im Schlafzimmer macht ihn traurig, seit auf der Seite seiner Frau nur mehr die Bügelwäsche liegt. Die er weder bügelt noch in den Kasten räumt. Wozu? Das Licht des Fernsehapparats erhellt ein wenig das Zimmer. So verliert die Nacht ihren Schrecken. Josef ruft nach Findel. Pfeift ihr. Sie kommt, springt auf das Sofa und legt sich auf seine Schulter. »Gute Nacht«, sagt er. »Gute Nacht«, antwortet die Findel. – »Du kannst sprechen?« – »Es ist doch die heilige Nacht.« – »Aber noch nicht vierundzwanzig Uhr.« – »Wir Tiere sprechen bereits um dreiundzwanzig Uhr. Da passen aber die Menschen noch nicht auf. Nur die Einsamen hören uns.« – »Sehr raffiniert.«

Ein Katzenleben lang ist Josef verheiratet gewesen. Viel zu kurz.

Schon wieder Einsamkeit. Und Trauer. Ich wünschte manchmal, ich hätte um meine Frau trauern können. Ich konnte es nicht. Und zwar nicht deshalb, weil sie nicht gestorben war, sondern nur von mir geschieden, es hatte einen anderen Grund: Über alle Erinnerungen an unsere gute Zeit, die Zeit, als Simone klein war, vielleicht bis zu ihrem elften Lebensjahr, als die Sache mit dem Kätzchen einen ersten grellen Blitz in unsere gemeinsame Innenwelt hatte einschlagen lassen, über all diese schönen Reminiszenzen an eine glückliche Familie hatte sich eine Art Schmierfilm gelegt. Ein dünner, aber dichter Film aus Verachtung, Scham, Wut und Frustration, durch den nichts mehr hindurchzuschimmern vermochte.

Bis zum vorigen Abend hatte ich die Schlafzimmerwände mit Bildern behängt und mich der Vollendung eines Ensembles fürs Arbeitszimmer genähert, das aber noch im Flur auf dem Boden lag. Im Wohnzimmer, das eher eine Bibliothek mit Fernseher war, hatten nur zwei große Bilder Platz, die standen dort an die Wand gelehnt und warteten geduldig.

Im Briefkasten lag diesmal neben der obligatorischen Geschichte noch ein weiterer Umschlag. Die Rechnung des Elektrikers. Meine erste wirkliche Post im neuen Leben.

Marianne Gruber

Gilbert und Sullivan

Jetzt muss ich noch die Namen eintragen. Wie sollen sie heißen?

Fiona dachte nach. Dann sagte sie, tapfer gegen das Hindernis der Zahnspangen ankämpfend: Schilbert und Schullivan.

Gilbert und Sullivan wiederholte die Ärztin fragend.

Fiona nickte. Während sie zuschaute, wie der schwarze Filzstift in der Hand der Ärztin Buchstabe für Buchstabe die Namen aus dem Papier wachsen ließ, trippelte sie ungeduldig hin und her. Sie hatte über zwei Stunden geduldig gewartet, nun war ihre Geduld erschöpft.

Gilbert und Sullivan also, untersucht und geimpft, jetzt gehören sie zu deiner Familie. Die Ärztin versuchte ein Lächeln, das kläglich misslang, als sie die Geburtsurkunde, wie sie das Papierblatt nannte, überreichte. Konnte gut sein, dass die beiden ihr neues Zuhause kaum länger als eine Woche überlebten. Sie traute dem Mädchen nicht allzu viel zu, genau genommen auch nicht dieser Gluckhenne von Mutter, die vermutlich keinen Fehler auslassen würde, den sie machen konnte. Sei's drum, auf der Straße waren die Überlebenschancen von Sullivan und Gilbert in jedem Fall null gewesen.

Fiona studierte das Dokument mit gerunzelter Stirn und formte die einzelnen Buchstaben der Namen mit den Lippen nach. Dann tappte sie mit schweren Schritten zu dem Körbchen und holte Sullivan heraus, der die erhöhte Position sofort dazu benützte, die Umgebung zu inspizieren. Er reckte seinen kleinen Hals in die Höhe und stemmte sich mit den Beinen gegen Fionas Brust. Gilbert, so plötzlich allein gelassen, wimmerte jämmerlich. Fiona drückte ihre Wange gegen das weiche Fell und gab brummende Laute von sich, ehe sie ihn zu seinem Bruder in den Transportkorb legte. Sie spürte, dass irgendetwas nicht stimmte, und wollte rasch weg von hier.

Die beiden werden ihr guttun, sagte die Ärztin. Man konnte am Tonfall hören, dass sie an keine Zukunft für Gilbert und Sullivan glaubte.

Das Gesicht der Mutter versteinerte. Die beiden werden der ganzen Familie guttun, sagte sie gereizt.

Sullivan war schwarz, ein kleiner Teufel, stolz und ein Kämpferherz, Gilbert getigert, anschmiegsam, schüchtern und – obwohl der Größere – seinem Bruder völlig ergeben, wie sich nach und nach herausstellte. Er war sein Vasall, der ständig hinter ihm herlief, nie vor oder neben ihm, immer einen Schritt hinter ihm. In der ersten Zeit geschah nichts Erwähnenswertes, außer, dass die Kater zwischendurch noch ein Fläschchen brauchten. Fiona saß geduldig bei ihnen, fütterte, überwachte sie, kraulte sie hinter den Ohren und unter dem Kinn. Nachts stand das Körbchen mit den Tieren neben ihrem Bett, tagsüber wanderte es mit ihr durchs Haus, von Zimmer zu Zimmer oder in den Garten. Läutete es an der Türe, packte sie die beiden und versteckte sie auf dem Dachboden in dem Abteil, das über ihrem Zimmer lag.

Niemand wird sie dir wegnehmen, versuchte die Mutter zu besänftigen, als der Vater wieder einmal die Hausschlüssel vergessen hatte und läuten musste. Fiona schaute mit zusammengepressten Lippen auf die Türe. Sie glaubte ihr nicht.

Nach ein paar Wochen hatten die Kater das Haus erobert, bald auch den Garten, und Fiona hatte aufgehört, nach dem Vater zu fragen, der so selten zu Hause war. Sie verbrachte Stunde um Stunde mit den Katern, die wie neugierige Kinder ihre Welt mit Zungen, Pfoten, Nasen eroberten, ein Paradies im Vergleich zu dem kümmerlichen

Dasein im Straßengraben, der ihnen nach dem Willen des Rohlings, der sie dort ausgesetzt hatte, den Tod bescheren sollte. Immerhin waren sie nicht ertränkt worden. Sie kamen wie Hunde, wenn man sie rief, und schrien, wenn sie allein gelassen wurden. Gilbert lief den Nachhausekommenden jedes Mal miauend entgegen, um sich die ihm zustehende Portion Zärtlichkeit als Entgelt für die trostlosen Stunden des Alleinseins zu holen. Sullivan hingegen stellte sich mit hoch erhobenem Schweif in die Mitte des Wohnzimmers, ein Monument gekränkten Stolzes, musterte jene, die ihn zur Einsamkeit verdammt hatten, und verschwand danach irgendwohin, man fand nie heraus, wo er sich verkroch. Erst nach einer guten Stunde konnte man mit ihm wieder reden.

Fiona schien zu verstehen, was er sagte. *Dass du uns das antust. Wir sind noch zu klein, um allein auszukommen. Aber wenn es sein muss, dann komme ich immer ohne dich aus. Ich gehe. Sieh her, ich gehe einfach weg.* Durch das schwarz schimmernde Fell sah man das Spiel seiner Muskeln.

Die Mutter beobachtete ihn amüsiert und gleichzeitig Fionas wegen besorgt. Was, wenn die Schule wieder begann? Fiona antwortete nie darauf.

Einige Male beobachtete die Mutter, wie das Mädchen eines der Tiere hochhob, vorsichtig und gleichzeitig energisch, und es Aug in Aug fixierte. Der Vorgang wiederholte sich, bis Fiona entdeckte, dass sie bei ihrem Ritual beobachtet wurde. Danach verschwand sie von Zeit zu Zeit auf dem Dachboden, auch wenn es nicht läutete. Noch einige Wochen später waren die Kater Halbwüchsige, richtige Rabauken, vor deren Krallen weder Tapeten, Teppiche noch Möbelstücke sicher waren, während sie der Katzenbaum kalt ließ.

So geht das nicht, sagte die Mutter und seufzte. Wenn die Mutter seufzte, signalisierte das Erschöpfung und Ratlosigkeit.

Fiona starrte sie mit bebenden Lippen und vor Angst eingefallenen Wangen an. Isch werde mit ihnen reden, nuschelte sie. Schie werden esch bleiben lassen, beschtimmt.

Am Abend dieses Tages beobachtete die Mutter wieder jenes seltsame Ritual, das sie früher öfter gesehen hatte. Fiona lag bäuchlings auf dem Boden vor den Katzen, die wie Statuen dasaßen, und schien sie mit den Augen zu beschwören.

Schi werden esch nicht wieder tun, sagte sie nach einer Weile. Schi haben es verschprochen.

Irgendwann dann geschah etwas, nicht zu sagen, was. Es fiel erst auf, als der Nachbar anrief und bat, man möge den schwarzen Kater wegsperren, er wäre gern vorbeigekommen, um wie versprochen den tropfenden Wasserhahn in der Küche zu reparieren, aber das Vieh, so was habe er noch nie erlebt, das Vieh greife ihn an, kaum dass er einen Fuß in den Garten setze.

Läuten Sie doch einfach an, antwortete die Mutter. Sie empfing den Nachbarn am Tor, doch ihre Begleitung half in diesem Fall nicht. Sullivan griff den Mann wie von Sinnen an, als er das Haus betrat, sprang von der Kleiderablage auf dessen Kopf und riss ihm ein Haarbüschel aus. Fluchend verließ der Nachbar das Haus. Fiona hörte noch etwas wie *einschläfern lassen, diese Katzenbrut einschläfern, vergiften, vertilgen, ersäufen, verbrennen.* Ihr Gesicht wurde dabei ganz blass und klein, und der Mutter war, als habe sie jemand in die Magengrube getreten. Vor dem Schlafengehen erklärte ihr Fiona ernst und mit zu wissendem, altem Gesichtsausdruck, Sullivan habe ihr gesagt, dass der Nachbar ein böser Mensch sei.

Am nächsten Tag brachte Sullivan, assistiert von Gilbert, einen toten Vogel ins Haus und zeigte an, dass man ihm in den Garten folgen möge. Neben dem Zaun lag ein zerstörtes Vogelnest, unweit davon war gelbliches Pulver verstreut. Die Mutter ließ es analysieren. Es war Gift. Der Nachbar hatte es ausgelegt.

Danach hatte die Mutter eine lange Unterredung mit der Polizei, Fiona mit Gilbert und Sullivan.

Ab da begannen Gilbert und Sullivan das Haus ständig zu bewachen. Inzwischen waren sie fast so groß wie kleinere Hunde. Gilbert saß in der Regel auf einem Aussichtsposten im Geäst eines Baumes oder auf den Mülltonnen vor dem Küchenfenster. Näherte sich jemand, gab er einen seltsamen Ton von sich, der Sullivan auf den Plan rief. Wie von einer Bogensehne abgeschossen, schnellte er auf jeden Neuankömmling zu, umrundete ihn pfauchend und katzbuckelnd mit gesträubtem Fell, ein schwarzer Ritter, der von seinem Opfer erst abließ, wenn ihm Fiona oder die Mutter bedeutete, dass alles in Ordnung sei. Gilbert beobachtete währenddessen in sicherer Entfernung vom Haus aus, was geschah. Als der Vater nach Wochen von einer Reise oder von sonst wo zurückkam, wurde er wie ein Fremder mit Pfauchen begrüßt. Fiona nickte ihm zwar zu, ging aber, so rasch sie konnte, mit trotzig zusammengekniffenem Mund in ihrem seltsamen Gang auf ihr Zimmer, im Schlepptau die Kater. Sie spürte, dass irgendetwas nicht stimmte. Wenn der Vater ins Haus kam, stimmte irgendetwas nicht mehr. Gilbert und Sullivan wussten, was er über sie dachte, und sie selbst wusste es auch. Wenn sie ihn anschaute, konnte sie seine Gedanken lesen, darum hatte sie ihn nie ansehen mögen. *Zurückgeblieben, dumm, ungeschickt, eine Enttäuschung.* Es tat weh, wenn sich sein Gesicht verzerrte, zerfloss und die Worte auf sie zusprangen. Manchmal kamen sie auch aus dem Spiegelbild des Vaters. Sie selbst war darin klein, geisterhaft, verzerrt, aber sie fürchtete sich jetzt nicht mehr davor. Seit Sullivan und Gilbert im Haus waren, fürchtete sie sich nicht mehr vor den Worten und konnte den Vater ansehen.

Sie werden sich trennen, wir werden ohne Vater leben. Ich weiß es. Aber Sullivan wird auf uns aufpassen.

Es war Gilbert, der das sagte.

Am nächsten Morgen standen Koffer vor der Haustüre, eine Polizistin redete auf den Vater ein und hielt ihm ein Schreiben hin, das er lesen sollte. Gilbert saß auf der Mülltonne, Sullivan lauerte im Gras. Die Mutter drängte Fiona in die Küche. Sie versuchte zu erklären, was gerade geschah, rang stattdessen aber nur die Hände.

Sie sieht die Wörter, aber sie weiß im Moment nicht, was sie bedeuten. Fiona streichelte ihr übers Haar. *Sie kann sich nicht genug erinnern. Es ist wie beim Schwimmen, wo ich untergetaucht bin und nicht atmen und nicht denken konnte.*

Atme, Mami, sagte sie, atme bitte.

Vor der Türe versuchte die Polizistin den Vater dazu zu bewegen, seine Koffer zu nehmen und wegzugehen. Fiona hörte, wie Sullivan pfauchte: *Hau ab, hau endlich ab, lass uns in Ruhe,* und Gilbert schnurrte, dass alles gut werde, alles ganz gut, nicht nur gut, sondern heil. Fiona horchte dem Wort nach, ein neues Wort, ein bedeutsames, und nahm es in sich auf: *heil,* während die Mutter langsam wieder zu atmen anfing.

Er will das Haus nicht verlassen, dachte Fiona, *gut, dann bleibt er eben, aber Mami hält es nicht aus.* Sie wandte sich an Sullivan, der unter dem großen Rhododendron lauerte, und blickte ihm tief in die Augen. *Hilf ihr, bitte, hilf ihr.* Und Sullivan verstand. Er setzte sich auf die Koffer und fixierte Vater. Seine Pupillen waren dunkel wie der Schlamm auf dem Grund eines langsam fließenden Gewässers. Unter seinem Blick schien der Vater zu schrumpfen. Aber dann sagte der Vater etwas, das nicht zu verstehen war, blähte sich auf, wuchs in die Höhe und schleuderte eines der Gepäckstücke zurück in den Flur.

Gerade da, als er mit seinem Schatten die Haustüre zu verschließen drohte, packte ihn die Polizistin am Arm und zog ihn zum Gartentor, während sie in ihr Walkie-Talkie sprach, um Verstärkung anzufordern. Gilbert strich um Fionas Beine. *Sei ruhig, sei ruhig, gleich ist alles vorbei,* schnurrte er.

Ein Sommer löste den nächsten ab. Gilbert und Sullivan bewachten das Haus. Die meisten Besucher gewöhnten sich an das seltsame Benehmen der Kater, nur manche mieden das Haus und den Garten, in dem die Rhododendrenbüsche Höhlen und geheime Pfade bildeten. Der Nachbar war fortgezogen, der Vater betrat das Haus nicht mehr. Hin und wieder sah Fiona im Spiegel noch sein zerfließendes Gesicht, aber immer seltener, hin und wieder traf sie ihn. Sie gingen ins Kino oder einkaufen, der Vater steckte ihr Geld zu und nannte sie manchmal eine junge Dame, die Mutter nannte sie fast erwachsen.

Und dann passierte wieder etwas, nicht zu sagen, was. Der Postbote kam, um ein Päckchen zuzustellen. Zum ersten Mal sprang ihm Sullivan nicht entgegen. Er blieb verschwunden. Gilbert führte Fiona auf den Dachboden, wohin sich Sullivan zurückgezogen hatte. Er atmete schwer und schien Schmerzen zu haben. Fiona wusste, dass es ernst war. Noch am gleichen Tag brachte ihn die Mutter in die Tierklinik.

Er muss hierbleiben, sagte die Ärztin. Es war eine andere als jene, die vor ein paar Jahren Gilberts und Sullivans

Geburtsurkunde ausgefüllt hatte. Nach drei Tagen rief sie an, man möge den Kater abholen, er sei zwar nicht gesund, aber es gehe ihm besser, und er sehne sich, wie ihr vorkam, nach seinem Zuhause. Stumm nahm ihn Fiona in Empfang, stumm nahm sie die Medikamente entgegen, die Sullivan zu verabreichen waren. Es sind die Nieren, sagte die Ärztin. Sie sind kaputt.

Gift, fragte die Mutter?

Die Ärztin verneinte. Auch keine Entzündung. Die Nieren arbeiten nicht mehr ausreichend. Nennen Sie es, wenn Sie wollen, ein verhauchendes Leben.

In den Garten ging Sullivan nicht mehr. Allein inspizierte Gilbert die Pfade und Höhlen zwischen den Rhododendronbüschen, aber er blieb nie lang. Nach zwei Wochen ging es Sullivan wieder so elend, dass er erneut in die Tierklinik gebracht werden musste. Die Ärztin gab ihm eine Spritze und deutete zum ersten Mal an, dass man daran denken sollte, dem Leiden des Tieres ein Ende zu bereiten. Fiona fühlte sich wie damals, als sie nahe am Ertrinken war. Sie konnte nicht atmen und nicht denken. Sie starrte auf den Medikamentenschrank und von dort ins Leere. Weit hinter der Spiegelung der Glastüren sah sie einen müden, fast reglosen Sullivan, der nicht mehr die Kraft hatte, ihr in die Augen zu schauen.

Die Spritze half ein paar Tage lang. Dann konnte Sullivan nicht einmal mehr trinken. Beide, die Mutter und Fiona, wussten, dass es nun so weit war, und auch Gilbert schien zu wissen, dass nichts mehr helfen würde. Er gab auf seine Art auf, leckte nicht mehr Sullivans Fell und zog sich zurück.

Der Garten lag stumm und verschlafen in der Septembersonne, als sich Sullivan hinausschleppte unter die Rhododendronbüsche. Eine Weile lag er still da, dann schrie er. Die Mutter brachte ihn ein viertes Mal in die Tierklinik. Die Ärztin fragte nichts mehr. Sie richtete wortlos eine Spritze her. Sullivan schlief ein, schlief tiefer ein, schlief fort.

Als Fiona von der Schule kam, war alles vorbei. Gilbert saß hinter der Eingangstüre, und da wusste sie es.

Er ischt?, fragte sie. Sie konnte noch immer nicht klar artikulieren.

Die Mutter nickte.

Wo ischt er?

Noch in der Tierklinik, sagte die Mutter. Wir holen ihn jetzt.

Wir müssen ihn begraben.

Wiederum nickte die Mutter.

Ob sie sein Fell noch einmal berühren könne?

Nein, antwortete die Mutter, Sullivan sei eingeäschert worden.

Man übergab ihr in der Tierklinik ein kleines Holzkästchen, in das Sullivans Name eingraviert war. Zu Hause öffnete sie es. In einem Säckchen lag etwas Asche. Sie nahm es heraus. Das Säckchen lag leicht wie Luft in der Hand. Das, sagte Fiona, das? Sie starrte es mit einem Ausdruck im Gesicht an, der bedeutete, dass sie versuchen wollte, nicht zu weinen, und es dann doch tun würde. Die Wörter purzelten in ihrem Kopf hin und her. Keine Augen mehr und keine Wörter, die sich ordnen und verstehen ließen, aber Sullivan im Kopf, wie er schrie. Wie er den Nachbarn verjagte. Wie er sie lehrte, sich nicht mehr zu fürchten. Und dann kein Bild mehr im Spiegel.

Das ist alles?, fragte sie endlich.

Das ist alles, sagte die Mutter.

Ich hörte mich lachen, als mir klar wurde, dass ich weinte. Es war ein gutturales und unschönes Lachen, verlegen und von Scham verfärbt. Die Träne, die aus meinem Gesicht gefallen war, hatte ein Loch im Milchschaum meines Cappuccinos hinterlassen.

Natürlich war meine Rührung dem Tod der Katze geschuldet und dem Kummer dieses tapferen und unglücklichen Mädchens, aber die Beklemmung, die mich beim Lesen der Geschichte erfasst hatte, kam von der Vertreibung des Vaters. So war es bei uns nicht gewesen. Mich hatte meine Frau nicht erst vertreiben müssen. Und Simone war schon Assistentin bei ihrem Professor, als ich auszog. Ihr hatten wir, so lang es ging, die Eltern vorgespielt, die zusammenhalten, auch wenn sie einander fremd geworden waren. Ein Theaterstück. Aber als unser Publikum woanders lebte, hatten wir das Stück abgesetzt.

Ich fuhr in die sechzig Kilometer entfernte Hauptstadt, ins Ministerium, um meinen Schreibtisch zu räumen, und als ich abends nach Hause kam, war es schon so etwas wie ein Zuhause.

Zehnter Dezember

Wieder richtige Post im Briefkasten. Eine kostenlose Zeitung und eine weitere Handwerkerrechnung. Diesmal vom Bodenleger. Und zum Glück auch wieder eine Geschichte. Hoffentlich würde das nie mehr aufhören.

Colette

Saha

An einem Juliabend, als sie beide die Rückkehr Alains erwarteten, ruhten Camille und die Katze auf dem gleichen Geländer, die Katze hockend, Camille auf ihre verschränkten Arme gestützt. Camille liebte diese Balkonterrasse nicht, die der Katze reserviert war, von zwei Scheidewänden begrenzt, die sie vor dem Wind und vor aller Verbindung mit der Terrasse der Vorderseite schützten.

Sie wechselten einen forschenden Blick. Camille sprach Saha nicht an. Auf die Ellbogen gestützt, neigte sie sich vor, als wollte sie die Stockwerke der orangefarbenen Jalousien zählen, die von oben nach unten an der schwindelnden Fassade hinunterschossen, und streifte an die Katze an, die sich erhob, um ihr Platz zu machen, und sich etwas weiter weg wieder hinsetzte.

Sobald Camille allein war, ähnelte sie stark dem kleinen Mädchen, das nicht guten Tag sagen wollte; ihr Gesicht wurde wieder kindlich durch den Ausdruck unmenschlicher Naivität und Härte, der Kindergesichter veredelt. Sie ließ ihren Blick über Paris schweifen, über den Himmel, von dem sich das Licht täglich früher zurückzog; es war ein unparteiisch strenger Blick, der nichts tadelte, nichts lobte. Sie gähnte nervös, richtete sich auf und machte einige zerstreute Schritte, beugte sich wieder vor und zwang die Katze, herunterzuspringen. Saha entfernte sich mit Würde und wollte lieber ins Zimmer zurückgehen. Aber die Tür der Langseite war geschlossen. Saha setzte sich geduldig hin. Einen Augenblick später mußte sie Camille den Weg freigeben, die begann, von einer Wand zur anderen zu gehen, mit heftigen, langen Schritten. Die Katze sprang wieder auf das Geländer. Wie im Spiel vertrieb Camille sie, als sie sich wieder aufstützte. Saha rettete sich wieder zur geschlossenen Tür.

Den Blick in die Ferne gerichtet, unbeweglich, wandte Camille ihr den Rücken zu. Die Katze schaute Camilles Rücken an, und ihr Atem ging schneller. Sie erhob sich, drehte sich zwei- oder dreimal um sich selbst, schaute fragend die geschlossene Tür an. Camille hatte sich nicht gerührt. Saha blähte die Nüstern, zeigte eine Angst, die einem würgenden Ekel nahe kam; ein untröstliches, verzweifeltes Miauen, die verzweifelte Antwort auf einen drohenden und stummen Plan, entschlüpfte ihr, und Camille drehte sich um.

Sie war ein bißchen blaß, das heißt, ihre Schminke zeichnete sich in zwei ovalen Monden auf den Wangen ab. Sie mimte einen zerstreuten Ausdruck, wie sie es unter einem menschlichen Blick getan hätte. Sie begann sogar mit geschlossenen Lippen zu summen und nahm ihren Spaziergang von einer Wand zur andern wieder auf, im Rhythmus ihres Liedes, aber die Stimme versagte ihr. Sie zwang die Katze, die ihr Fuß getreten hätte, mit einem Sprung auf ihren engen Beobachtungsposten zurück, dann wieder, sich gegen die Tür zu pressen.

Saha hatte sich gefaßt und wäre eher gestorben, als einen zweiten Schrei zu tun. Die Katze hetzend, ohne sie anscheinend überhaupt zu sehen, ging und kam Camille in völliger Stille. Saha sprang auf die Brüstung nur, wenn die Schritte Camilles auf sie zukamen, und sie sprang auf den Boden des Balkons nur, um den ausgestreckten Arm zu vermeiden, der sie vom neunten Stockwerk hinuntergeworfen hätte.

Sie floh mit Methode, sprang sorgfältig, hielt ihre Augen auf die Gegnerin geheftet und ließ sich weder zu Wut noch zu Flehen herbei. Die äußerste Erregung, die Todesfurcht, netzte die feinfühlige Sohle der Pfote mit Schweiß, der auf dem Stuckbalkon blumenartige Spuren zurückließ.

Camille schien als erste zu erlahmen und ihre Kraft zum Verbrechen zu verlieren. Sie beging den Fehler zu bemerken, daß die Sonne erlosch, blickte auf ihre Armbanduhr, wandte das Ohr nach einem Klirren von Kristall in der Wohnung. Einige Augenblicke noch, und ihr Entschluß würde sie verlassen, wie der Schlaf den Schlafwandler verläßt, würde sie unschuldig und erschöpft zurücklassen ... Saha fühlte die Festigkeit ihrer Feindin wanken, zögerte auf der Brüstung, und Camille stieß sie mit beiden Armen ins Leere.

Sie hörte noch das Kratzen der Krallen auf dem Anwurf der Mauer, sah noch den blauen Körper Sahas S-förmig verdreht sich an die Luft anklammern, die sie gierig wegriß, mit der Kraft einer Forelle, die stromaufwärts schnellt; dann taumelte Camille zurück und lehnte sich an die Wand.

Es kam sie nicht die Versuchung an, in den kleinen, von neuen Bruchsteinen eingefaßten Gemüsegarten hinunterzuschauen. Als sie im Zimmer zurück war, legte sie die Hände über die Ohren, zog sie zurück, schüttelte den Kopf, als hörte sie das Sirren einer Mücke, setzte sich und wäre fast eingeschlafen; aber weil die Nacht hereinbrach, setzte sie sich auf und verjagte die Dämmerung, indem sie Glaskacheln anzündete, leuchtende Streifen, blendende Pilze und auch das lange Chromlid, das einen opalisierenden Blick über das Bett warf.

Sie bewegte sich beschwingt, behandelte die Dinge mit leichten, geschickten, verträumten Händen.

»Ich bin wie gewichtslos ...«, sagte sie laut.

Sie zog sich um und kleidete sich in Weiß.

»Meine Fliege in der Milch«, sagte sie, die Stimme Alains nachäffend. Die Farbe kehrte bei der vorüberhuschenden sinnlichen Erinnerung in ihre Wangen zurück, die sie in die Wirklichkeit zurückbrachte; und sie erwartete die Ankunft Alains. Sie neigte den Kopf gegen den brummenden Lift, erzitterte bei allen Geräuschen, dem dumpfen Pochen, dem metallischen Klatschen und Kreischen, der gurgelnden vieltönigen Musik, die das disharmonische Leben in einem neuen Haus hervorbringt. Aber sie war nicht erstaunt, daß das hohe Schellen der Türklingel im Vorzimmer statt des Tastens eines Schlüssels im Schloß erklang. Sie lief und machte selbst auf.

»Schließ die Tür hinter mir«, befahl Alain, »damit ich vor allem sehe, ob sie nicht verletzt ist. Komm, du wirst mir leuchten.«

Er trug die lebende Saha in seinen Armen. Er ging geradewegs ins Zimmer, stieß die Sachen auf dem ›unsichtbaren‹ Toilettentisch zur Seite, legte die Katze sanft auf das Glasbrett. Sie hielt sich aufrecht und sicher auf den Pfoten, aber ließ den Blick ihrer Augen tief gehetzt um sich irren, wie sie es in einem fremden Raum getan hätte. »Saha!« rief Alain halblaut. »Wenn sie sich nichts getan hat, ist es ein Wunder. Saha!«

Sie hob den Kopf, wie um ihren Freund zu beruhigen, und schmiegte ihre Wange an seine Hand.

»Geh ein bißchen, Saha ... Sie geht! Oh – sechs Stockwerk tief fallen ... Die Jalousie von dem Kerl im zweiten Stock hat sie aufgefangen ... Von dort sprang sie auf den kleinen Rasen des Hausmeisters. Er hat sie durch die Luft vorbeifliegen gesehen. Er sagte mir: ›Ich habe geglaubt, es ist ein Schirm, der herunterfiel ...‹ Was hat sie da am

Ohr ... Nein, es ist nur weiß von der Mauer. Wart einmal, ich horche ihr das Herz ab ...«

Er legte die Katze auf die Seite und befragte die fliegenden Flanken, das winzige, wirre Räderwerk.

Als er mit geschlossenen Augen horchte und die blonden Haare auseinanderfielen, schien er auf der Flanke Sahas zu schlafen, mit einem Seufzer zu erwachen und nun erst Camille zu sehen, die aufrecht und schweigend die beiden betrachtete.

»Stell dir vor! ... Sie hat nichts – wenigstens kann ich nichts an ihr entdecken als ein schrecklich erregtes Herz, doch das Herz einer Katze ist auch normalerweise bewegt. Aber wie hat das nur geschehen können? Ich frage dich, als könntest du es wissen, meine arme Kleine. Sie ist von dieser Seite aus hinuntergefallen –«, sagte er und sah die offene Fenstertür an ... »Spring auf die Erde, Saha, wenn du kannst.«

Sie sprang nach einem kleinen Zögern, legte sich jedoch sofort auf den Teppich hin. Sie atmete schnell und fuhr fort, das Zimmer mit einem unsicheren Blick zu betrachten.

»Ich möchte am liebsten Chéron anrufen ... Aber schau, sie wäscht sich ja! Sie würde sich nicht waschen, wenn sie eine innere Verletzung hätte! Ach, lieber Gott!«

Er streckte sich, warf seine Weste aufs Bett, kam zu Camille.

»Welch ein Schrecken! ... Du siehst hübsch aus, so ganz in Weiß ... Küß mich, meine Fliege in der Milch!«

Sie überließ sich den Armen, die sich endlich ihrer erinnerten, und konnte ein trockenes Schluchzen nicht unterdrücken.

»Aber nein! Du weinst?!«

Nun überkam ihn das Bangen, und er verbarg seine Stirn in den weichen schwarzen Haaren.

»Ich – ich wußte nicht, daß du so gut bist, stell dir vor ...«

Sie brachte den Mut auf, sich bei diesen Worten nicht abzuwenden. Alain kehrte überdies schnell zu Saha zurück, die er wegen der Hitze auf die Terrasse führen wollte. Aber die Katze sträubte sich, gab sich zufrieden, neben der Schwelle zu liegen, dem Abend zugewandt, der blau war wie sie. Von Zeit zu Zeit erzitterte sie kurz und überblickte wachsam die Tiefe des dreieckigen Zimmers hinter sich.

»Es ist die Erregung«, erklärte Alain. »Ich wollte sie draußen unterbringen ...«

»Laß sie da«, sagte Camille schwach. »Wenn sie doch nicht will!«

»Ihre Launen sind Befehle. Noch dazu heute! Was gibt es wohl so spät noch Eßbares? Halb zehn!«

Mère Buque rollte den Tisch auf die Terrasse. Beim Essen hatten sie das östliche Paris vor sich, aus dem die meisten Lichter strahlten. Alain sprach viel, trank Rotwein mit Wasser verdünnt, zieh Saha der Ungeschicklichkeit, der Unvorsichtigkeit, der ›Katzenirrtümer‹.

»Katzenirrtümer, das sind so einc Art Sportfehler, Schwächen der Zivilisierung und Domestizierung ... Sie haben nichts gemein mit Ungeschicklichkeiten und den fast gewollten Heftigkeiten.«

Aber Camille fragte ihn nicht mehr: »Wieso weißt du das?«

Nach dem Essen trug er Saha in das Wohnzimmer, wo sie sich herabließ, die Milch zu trinken, die sie abgelehnt hatte. Während sie trank, zitterte sie am ganzen Körper, wie Katzen, denen man zu kalte Getränke vorsetzt.

»Die Erregung«, wiederholte Alain. »Ich werde Chéron auf alle Fälle bitten, morgen früh vorbeizukommen und sie zu untersuchen. Oh, ich vergesse alles!« rief er fröhlich. »Telefonier doch mit dem Hausmeister. Ich habe die Rolle in der Portierloge gelassen, die Massart, unser verflixter Innenarchitekt, hinterlegt hat.«

Camille gehorchte, während Alain müde, entspannt in einen der herumstehenden Fauteuils sank und die Augen schloß.

»Hallo!« telefonierte Camille. »Ja ... Sie muß dort sein ... eine große Rolle ... Danke schön.«

Mit geschlossenen Augen lachte er.

Sie war zu ihm zurückgekommen und sah ihn lachen.

»Dieses feine Stimmchen, das du machen kannst! Was bedeutet dieses neue Stimmchen? ›Eine große Rolle ... danke schön‹«, sagte er geziert. »Reservierst du ein so zartes Stimmchen für die Hausmeisterin? Komm, zu zweit werden wir die letzten Schöpfungen Massarts gerade noch ertragen können.«

Er entrollte auf dem Ebenholztisch ein großes Zeichenblatt. Sofort sprang Saha, verliebt in alles Papierene, auf die Tuschzeichnung. »Wie reizend sie ist!« rief Alain aus. »Sie will mir zeigen, daß ihr nichts weh tut. O meine Wiedergewonnene! Hat sie denn da nicht eine Beule am Kopf? Camille, taste einmal ihren Kopf ab … Nein, sie hat keine Beule. Taste sie trotzdem ab, Camille …«

Eine arme, kleine, gehorsame Mörderin versuchte der Verbannung zu entkommen, die sie sich selbst auferlegt hatte, streckte die Hand aus und berührte sanft, in demütigem Haß, den Schädel der Katze …

Ein grelles Fauchen, ein Schrei, ein hektischer Sprung antwortete der Geste. Camille schrie leise auf, als hätte sie sich verbrannt. Die Katze stand starr auf der ausgebreiteten Zeichnung, eine einzige flammende Anklage gegen die junge Frau, sträubte das Fell, entblößte die Zähne und das trockene Rot ihres Rachens …

Alain war aufgesprungen, um die eine gegen die andere zu schützen, Saha und Camille.

»Vorsicht! Sie ist … sie ist vielleicht toll … Saha …«

Sie blickte ihn heftig, aber so klar an, daß jeder Zweifel an ihrer Vernunft ausgeschlossen war.

»Was war los? Wo hast du sie berührt?«

»Ich habe sie nicht berührt …«

Sie sprachen leise, bewegten nur die Lippen.

»Also so etwas …«, sagte Alain. »Ich verstehe das nicht. Streck die Hand noch einmal aus.«

»Nein! Ich will nicht!« protestierte Camille. »Sie hat vielleicht die Tollwut …«, fügte sie hinzu.

Alain riskierte es, Saha zu streicheln, die ihr gesträubtes Fell glättete, sich an die vertraute Hand schmiegte, aber das Licht ihrer Augen auf Camille zurückwandte.

»Also so etwas …«, wiederholte Alain langsam. »Halt, da hat sie ja einen Kratzer an der Nase, ich habe das vorher nicht gesehen. Es ist trockenes Blut. Saha, brav …«, sagte er, als er die Wut in den gelben Augen wieder anwachsen sah.

Mit geblähten Wangen, in erstarrter Kampfstellung, die gesträubten Barthaare nach vorn gerichtet, schien die wütende Katze zu lachen. Die Kampfeslust verzog die gelblichen Winkel des Mauls und spannte die Muskeln des Kinns; das ganze Katzengesicht schien um eine Universalsprache zu ringen, um ein Wort, das die Menschen vergessen haben …

»Was ist denn das hier?« sagte Alain brüsk.

»Was denn?«

Unter dem Blick der Katze gewann Camille wieder Mut und den Instinkt der Verteidigung zurück. Über die Zeichnung gebeugt, versuchte Alain feuchte Abdrücke zu deuten, vier kleine Flecken um einen unregelmäßigen zentralen Fleck gruppiert.

»Ihre Pfoten – naß?« murmelte Alain.

»Sie wird ins Wasser getreten sein«, sagte Camille. »Du machst um nichts ein Theater!«

Alain hob den Kopf gegen die trockene blaue Nacht. »In Wasser, in was für Wasser …?«

Er wandte sich seiner Frau zu; er war plötzlich eigentümlich häßlich, als er sie aus großen Augen anstarrte.

»Du weißt nicht, was diese Spuren da bedeuten?« sagte er rauh. »Nein, du weißt nichts. Es ist die Angst. Verstehst du? Angst! Angstschweiß. Der einzige Schweiß der Katzen. Sie hat also Angst gehabt ...«

Sehr zart hob er eine Vorderpfote Sahas auf und wischte mit dem Finger über die fleischige Sohle. Dann schob er die weiße lebendige Hülle zurück, in der die beweglichen Nägel gebettet sind.

»Sie hat alle Krallen gebrochen ...«, sagte er mehr zu sich. »Sie hat sich angehalten ... angeklammert ... sie hat den Stein zerkratzt, als sie sich anhielt ... Sie ...«

Er unterbrach sich, nahm ohne ein weiteres Wort die Katze unter den Arm und trug sie in das Badezimmer.

Allein, unbeweglich, horchte Camille. Sie hielt ihre Hände unverschlungen und frei und schien doch mit Fesseln beladen.

»Mère Buque«, sagte Alains Stimme, »haben Sie Milch?«

»Ja, gnädiger Herr, im Eiskasten.«

»Da ist sie also eiskalt?«

»Aber ich kann sie ja auf der Kochplatte wärmen ... Das ist so schnell getan wie gesagt, schauen Sie ... Für die Katze? Sie ist doch nicht krank?«

»Nein, sie ist ...«

Alains Stimme hielt inne und änderte sich.

»... sie ist ein bißchen angewidert vom Fleisch bei dieser Hitze ... Danke, Mère Buque ... Ja, Sie können gehen. Auf Wiedersehen morgen früh.«

Camille hörte ihren Gatten gehen und kommen, einen

Hahn öffnen, wußte, daß er die Katze mit frischem Wasser versorgte.

Ein wandernder Schatten der Metalljalousie huschte über ihr Gesicht, in dem sich nur ihre großen Pupillen langsam bewegten.

Alain kam zurück, zog nachlässig seinen Ledergürtel fester und setzte sich an den Ebenholztisch. Aber er rief Camille nicht neben sich, und sie mußte als erste sprechen.

»Du hast Mère Buque weggeschickt?«

»Ja. Hätte ich nicht sollen?«

Er zündete eine Zigarette an und schielte auf die Flamme des Feuerzeugs.

»Ich wollte, daß sie morgen früh ... Oh, es ist nicht wichtig, entschuldige dich nicht ...«

»Aber ich entschuldige mich ja nicht. Eigentlich hätte ich es sollen.«

Er ging bis zum offenen Türrahmen, von der Bläue der Nacht angezogen. Er empfand einen Schauer in sich, der nicht von der eben erlebten Erregung kam, einen Schauer, der vielmehr dem Tremolo eines Orchesters glich, dumpf, voll Ankündigung. Von der Folie-Saint-Jammes stieg eine Rakete auf, zerbarst in leuchtende Blätter, die im Fallen nacheinander verblichen, und wieder war das nächtliche Blau Frieden, bestäubte Tiefe. Im Park der Folie leuchteten weißglühend eine Muschelgrotte, eine Säulenreihe, ein Wasserfall auf, und Camille trat zu ihm.

»Geben sie ein Fest? Warten wir auf das Feuerwerk ... Hörst du die Gitarren?«

Er antwortete nicht, ganz mit dem seltsamen Schauer beschäftigt. Die Gelenke und die Hände kribbelten, die Lenden waren müde, von tausend Stichen gequält. Sein Zustand erinnerte ihn an die äußerste Ermattung, die Ermüdung ehemaliger Wettkämpfe in der Sporthalle – Laufen, Rudern –, von denen er feindselig, mit Herzklopfen und todmüde zurückkam. Nur eine einzige Stelle in ihm war friedlich, jene, wo er sich nicht mehr um Saha sorgte. Seit langem, oder auch seit kurzem – seit der Entdeckung von Sahas gebrochenen Krallen, seit der wütenden Angst Sahas –, hatte er die Zeit nicht mehr genau gemessen.

»Das ist kein Feuerwerk«, sagte er. »Eher Tanz …«

An der Bewegung, die Camille neben ihm im Dunkel machte, verstand er, daß sie keine Antwort mehr erwartet hatte. Aber sie ermannte sich und näherte sich wieder. Er fühlte sie ohne Bedrückung kommen, sah den Schimmer des weißen Kleides, einen nackten Arm, ein halbes Gesicht im Gelb der Lampen im Zimmer, ein halbes Gesicht, blau, von der klaren Nacht verschluckt, zwei Hälften eines Gesichtes, von der kleinen regelmäßigen Nase geteilt, jede mit einem großen Auge versehen, das nur selten blinzelte.

»Ja, Tanz«, stimmte sie zu. »Es sind Mandolinen, nicht Gitarren … Horch … *Les donneurs … de sérénades, et les belles écouteu – …*« Auf dem höchsten Ton stolperte ihre Stimme, und sie hüstelte, um ihr Versagen zu kaschieren.

Was für ein dünnes Stimmchen …, staunte Alain. Was hat sie bloß mit ihrer Stimme gemacht, die so schallend ist wie ihre Augen groß und aufgerissen? Sie singt mit der Stimme eines kleinen Mädchens und wird heiser …

Die Mandolinen schwiegen, der Lufthauch trug schwache menschliche Geräusche von Unterhaltung und Beifall herbei. Kurz danach stieg eine Rakete hoch, zersprang in einen Schirm von gelblichen Strahlen, an denen Tränen aus lebhaftem Rot hingen.

»Oh!« rief Camille.

Sie waren beide wie zwei Statuen aus dem Schatten aufgetaucht, Camille aus lila Marmor, Alain weißer, die Haare grünlich und die Augensterne fahl. Als die Rakete erlosch, seufzte Camille.

»Es ist immer zu kurz«, sagte sie weinerlich.

Die Musik in der Ferne begann wieder. Aber eine Laune des Windes wandelte den Klang der Instrumente in spitze Resonanzen, und die starken Schläge einer Paukenbegleitung auf zwei Tönen stiegen schwerfällig bis zu ihnen herauf.

»Schade«, sagte Camille. »Sie haben zweifellos den besten Jazz. Sie spielen *Love in the night …*«

Sie summte die Melodie mit einer unbegreiflich zitternden und hohen Stimme, wie sie dem Weinen folgt. Diese neue fürchterliche Stimme verdoppelte das Unbehagen Alains, entzündete in ihm ein Bedürfnis nach Enthüllung, die Lust, endlich zu zerbrechen, was sich – seit langer Zeit oder sehr kurzer Zeit? – zwischen Camille und ihm erhoben hatte, was noch keinen Namen besaß, aber schnell wuchs, was ihn hinderte, Camille beim Hals zu packen wie einen Knaben, etwas, das ihn unbeweglich an die Wand gedrückt hielt, die noch lau von der Hitze des Tages war, etwas, was ihn wach und aufmerksam hielt ... Er wurde ungeduldig und sagte:

»Sing weiter ...«

Ein langdauernder dreifarbiger Regen, der wie das Geäst der Trauerweiden niedersank, malte Streifen auf den Himmel über dem Park und zeigte Alain eine erstaunte, leicht mißtrauische Camille.

»Was denn singen?«

»*Love in the night* oder irgend etwas ...«

Sie zögerte, lehnte ab.

»Laß, damit man den Jazz hören kann ... sogar hier heroben hört man, daß er weich klingt ...«

Er bestand nicht darauf, zügelte seine Ungeduld, bezähmte den Schauer, der durch seinen ganzen Körper rann.

Ein Schwarm fröhlicher kleiner Sonnen, die leicht durch die Nacht kreisten, nahm Form an. Alain verglich sie heimlich mit den Sternbildern seiner Lieblingsträume. Die hier kann man sich merken ... ich werde versuchen, sie mit hinüberzunehmen, nahm er sich ernst vor. Ich habe meine Träume zu sehr vernachlässigt ... Zum Schluß ging in dem Himmel über der Folie eine Art vagabundierender Morgenröte auf, blähte sich, wurde gelb und rosa, zerplatzte in Emailmedaillen, in knallende Farnkräuter, in Bänder aus blendendem Metall ...

Kindergeschrei auf den unteren Terrassen grüßte das Lichtwunder, in dem Alain Camille zerstreut, beschäftigt, von einem anderen Leuchten in sich gerufen, betrachtete …

Er zögerte nicht mehr, als sich die Nacht wieder um sie geschlossen hatte, und ließ seinen nackten Arm unter den Arm Camilles gleiten. Als er sie berührte, schien er zugleich den Arm zu sehen, von einem Weiß, das vom Sommer kaum getönt war, eingehüllt in einen Flaum feiner Härchen, die auf der Haut lagen, goldkäferfarben auf dem Vorderarm, blässer zur Schulter hinauf …

»Dir ist kalt«, murmelte er. »Bist du krank?«

Sie weinte ganz leise, so prompt, daß Alain sie im Verdacht hatte, ihre Tränen bereitgehalten zu haben.

»Nein. Du bist schuld … Du … du liebst mich nicht.«

Er lehnte sich mit dem Rücken an die Mauer, drückte Camille an seine Hüfte. Er spürte, daß sie zitterte und kalt war von der Schulter bis zu den Knien, die nackt über den niedergerollten Strümpfen waren, Sie schmiegte sich eng an ihn und hielt ihr Gewicht nicht zurück. »So, so. Ich liebe dich nicht. Gut. Wieder eine Eifersuchtsszene wegen Saha?«

Er spürte, wie eine Welle durch alle Muskeln des Körpers, den er stützte, lief, eine Wiederaufnahme der Verteidigung und Energie; begünstigt durch die Stunde und Gelegenheit, fuhr er hartnäckig fort:

»Anstatt dieses charmante Tier anzunehmen wie ich … Sind wir denn das einzige junge Paar, das eine Katze, einen Hund aufzieht? Willst du einen Papagei, einen Seidenaffen, ein Paar Tauben, einen Hund, damit ich meinerseits recht eifersüchtig werde?«

Sie schüttelte die Schultern und protestierte mit geschlossenen Lippen und einem bekümmerten Laut. Mit hocherhobenem Kopf überwachte Alain seine eigene Stimme und feuerte sich an: Vorwärts, vorwärts ... noch zwei oder drei Kindereien, etwas Füllwerk, und wir werden zu etwas kommen ... Sie ist wie ein Krug, den ich umkehren muß, um sie ganz zu leeren ... Weiter, weiter ...

»Willst du einen kleinen Löwen, ein Krokodilbaby, nicht ganz fünfzig Jahre alt? Nein? ... Dann mußt du also lieber doch Saha adoptieren ... Wenn du dir etwas Mühe gibst, wirst du sehen, daß ...«

Camille riß sich so derb aus seinen Armen, daß er schwankte. »Nein!« schrie sie. »Das niemals! Hörst du? Niemals!«

Sie seufzte wütend auf und wiederholte leiser: »O nein! Niemals!«

Jetzt sind wir soweit, sagte sich Alain genußvoll.

Er drängte Camille ins Zimmer, ließ den äußeren Vorhang fallen, zündete das Viereck im Plafond an und schloß das Fenster. Mit einer tierhaften Bewegung näherte sich Camille dem Ausgang, den Alain wieder öffnete:

»Unter der Bedingung, daß du nicht schreist«, sagte er.

Er rollte Camille den einzigen Lehnsessel hin, setzte sich rittlings auf den einzigen Stuhl am Fußende des frischüberzogenen Bettes. Im Widerschein der Chintzvorhänge, die schon für die Nacht zugezogen waren, erschienen die Blässe Camilles und ihr weißes, verdrücktes Kleid grün.

»Also?« begann Alain. »Nicht einzurenken? Gräßliche Sache – entweder sie oder du?«

Sie nickte kurz. Alain sah, daß er den tändelnden Ton fallenlassen mußte.

»Was soll ich dir also sagen?« fing er nach einer Stille wieder an. »Das einzige, was ich dir nicht sagen will? Du weißt sehr gut, daß ich auf diese Katze nicht verzichten werde. Ich würde mich schämen. Schämen vor mir und vor ihr ...«

»Ich weiß«, sagte Camille.

» ... und vor dir«, beendete Alain.

»Oh, ich ...!« sagte Camille und hob die Hand.

»Du zählst auch«, sagte Alain hart. »Im ganzen genommen bist du auf mich allein bös. Du hast Saha nichts vorzuwerfen als die Liebe, die sie für mich empfindet.«

Sie antwortete nur mit einem bekümmerten und zögernden Blick, und er war gereizt, daß er noch weiter in sie dringen mußte. Er hatte gedacht, daß eine heftige und kurze Szene alle Themen forcieren würde, und hatte sich auf diese Leichtigkeit verlassen. Aber nach dem ersten Schrei hatte sich Camille wieder gesammelt und lieferte keinerlei Scheite für die Glut. Er wandte Geduld an:

»Sag mir, Kleines – was denn? Darf ich dich nicht ›mein Kleines‹ nennen? – sag mir, wenn es sich um eine andere Katze als Saha handelte, wärst du weniger intolerant?«

»Natürlich, ja«, antwortete sie sehr schnell. »Du würdest sie nicht so lieben wie diese.«

»Das stimmt«, sagte Alain mit berechnender Loyalität.

»Selbst eine Frau«, ereiferte sich Camille, »selbst eine Frau würdest du zweifellos nicht so sehr lieben.«

»Auch das stimmt«, sagte Alain.

»Du bist nicht wie die Leute, die Tiere lieben, du nicht … Patrick liebt auch Tiere. Er nimmt die großen Hunde um den Hals, er balgt sich mit ihnen, er ahmt die Katzen nach, um zu sehen, wie sie dabei dreinschauen, er pfeift den Vögeln …«

»Ja. Schließlich ist er kein schwieriger Fall«, sagte Alain.

»Aber du – das ist etwas anderes; du liebst Saha …«

»Das habe ich dir niemals verborgen, aber ich habe dich auch nicht angelogen, als ich dir sagte: Saha ist nicht deine Rivalin …« Er unterbrach sich und schlug die Lider über seinem Geheimnis nieder, das ein Geheimnis der Reinheit war.

»Es gibt Rivalinnen und Rivalinnen«, sagte Camille sarkastisch. Sie wurde plötzlich rot, entzündete sich an einer plötzlichen Berauschung, ging auf Alain zu.

»Ich habe euch gesehen!« schrie sie. »Am Morgen, wenn du die Nacht auf deinem kleinen Diwan verbringst … Bevor der Tag anbricht, habe ich euch gesehen, euch beide …«

Sie streckte einen zitternden Arm gegen die Terrasse.

»Dort habe ich euch sitzen sehen, alle beide … ihr habt mich nicht einmal gehört! Ihr seid Wange an Wange dagesessen …«

Sie ging bis zum Fenster, holte Atem und kam wieder auf Alain zu.

»Es liegt an dir, aufrichtig zu sagen, wenn ich unrecht habe, diese Katze nicht zu mögen, wenn ich unrecht habe, darunter zu leiden.«

Er wahrte die Stille so lange, daß sie von neuem gereizt wurde.

»Also sprich doch schon! Sag etwas! An dem Punkt, an dem wir angelangt sind ... Worauf wartest du?«

»Auf die Fortsetzung«, sagte Alain. »Den Rest.«

Er erhob sich sachte, beugte sich über seine Frau und senkte die Stimme, während er auf die Fenstertür wies:

»Das warst du, nicht wahr? Du hast sie hinuntergeworfen ...?«

Mit einer prompten Bewegung brachte sie das Bett zwischen sich und ihn, aber leugnete nicht. Er lächelte etwas, als er sie flüchten sah.

»Du hast sie hinuntergeworfen«, sagte er versonnen. »Ich habe wohl gefühlt, daß du alles zwischen uns verändert hast ... Sie hat sich die Krallen gebrochen, als sie sich an die Mauer anzuklammern versuchte ...«

Er senkte den Kopf, stellte sich das Attentat vor.

»Aber wie hast du sie hinuntergeworfen? Hast du sie bei der Nackenhaut gehalten? Hast du ihren Schlaf auf der Brüstung dazu ausgenützt? Hast du deinen Anschlag lange vorbereitet? Habt ihr nicht miteinander gekämpft – vorher?«

Er hob die Stirn, betrachtete die Hände und Arme Camilles.

»Nein, du hast keine Spuren. Sie hat dich gut angeklagt,

nicht wahr, als ich dich gezwungen habe, sie zu berühren … Sie ist großartig …«

Sein Blick glitt von Camille ab und umfaßte die Nacht, den Sternenstaub, die Wipfel der drei Pappeln, die im Licht des Zimmers schimmerten.

»Also«, sagte er einfach, »ich gehe.«

»Oh! Höre … hör …«, flehte Camille wild, ganz leise.

Dennoch ließ sie ihn aus dem Zimmer gehen. Er öffnete die Wandschränke, sprach mit der Katze im Badezimmer. Das Geräusch seiner Schritte sagte Camille, daß er Straßenschuhe angezogen hatte, und mechanisch schaute sie auf die Uhr. Er kam zurück und trug Saha in einem bauchigen Korb, den Mère Buque benützte, wenn sie auf den Markt ging. Hastig angezogen, die Haare schlecht frisiert, sein Seidentuch lose um den Hals geschlungen, sah er aus wie in der Unordnung der Liebe, und die Lider Camilles schwollen. Aber sie hörte Saha sich im Korb rühren und preßte die Lippen zusammen.

»Also, ich gehe«, wiederholte Alain.

Er senkte die Augen, hob den Korb etwas und korrigierte mit berechnender Grausamkeit: »Wir gehen.«

Er befestigte den Deckel des Weidenkorbes und erklärte:

»Ich habe nur das hier in der Küche gefunden.«

»Du gehst nach Haus?« fragte Camille, indem sie sich zwang, die Ruhe Alains nachzuahmen.

»Aber natürlich.«

»Wirst du denn … kann ich rechnen, dich dieser Tage einmal zu sehen?«

»Aber gewiß.«

Vor Überraschung wurde sie noch einmal weich und hätte fast gebeten, geweint, sich angestrengt verteidigt.

»Und du«, sagte Alain, »bleibst du heute nacht allein hier? Fürchtest du dich nicht? Wenn du darauf bestehst, würde ich bleiben, aber ...«

Er drehte den Kopf zur Terrasse.

»Aber offen gesagt, liegt mir nichts daran ... Was gedenkst du denn bei dir zu Hause zu sagen?«

Verletzt, daß er sie ausdrücklich den Ihren zurückschickte, richtete sich Camille auf.

»Ich habe ihnen nichts zu sagen. Das sind Dinge, die nur mich allein angehen, glaube ich ... Ich habe durchaus keine Lust auf Familienrat.«

»Ich gebe dir vollkommen recht – vorderhand.«

»Außerdem können wir ja von morgen an entscheiden ...«

Er hob seine freie Hand, um diese Bedrohung der Zukunft abzuwehren. »Nein, nicht morgen. Das Heute hat kein Morgen.«

Auf der Schwelle des Zimmers wandte er sich um. »Im Badezimmer habe ich meinen Schlüssel gelassen und das Geld, das wir hier haben ...«

Sie unterbrach ihn ironisch:

»Warum nicht eine Kiste Konserven und einen Kompaß?«

Sie spielte die Tapfere und maß ihn mit den Augen, eine Hand in der Hüfte, den Kopf aufrecht auf ihrem schönen Hals. Sie genießt meinen Abgang, dachte Alain. Er wollte mit einem analogen Theater der letzten Stunde antworten, seine Haare in die Stirn werfen, den zwischen Wimpern schmachtenden Blick einschalten und Verächtlichkeit posieren; aber er verzichtete auf eine Mimik, die sich mit dem Einkaufskorb schlecht vertrug, und begnügte sich mit einem vagen Gruß in die Richtung Camilles.

Sie wahrte ihre Haltung, ihre theatralische Pose.

Bevor er hinausging, sah er aus der Entfernung die Ringe um ihre Augen deutlicher und die Nässe, die ihre Schläfen und ihren faltenlosen Hals bedeckte.

Auf der Fahrt ins Ministerium – ab heute würde ich meinen Nachfolger in seine Aufgaben und die Prozeduren im Hause einführen – hatte ich Mühe, die düsteren Gedanken abzuschütteln, die mir von der Geschichte eingepflanzt worden waren. Dieser Hass der Frau auf die Liebe des Mannes zu seiner Katze lag mir wie eine Garotte um den Hals. So war es bei uns zum Glück nicht gewesen. In der Liebe zu Simone waren wir uns immer einig und einander sicher gewesen. Nur alles andere war irgendwo unterwegs weggebrochen und in irgendeine abgründige Leere verschwunden, aus der wir es nicht mehr heben konnten, als wir merkten, dass da nichts mehr war, das uns verbunden hätte, außer einer abwesenden Tochter, die ihr eigenes Leben lebte und uns nicht mehr zusammenhalten konnte.

Am Abend betrank ich mich. Ich hörte erst auf, als die Flasche leer war und der Boden schwankte. Auch das Bett schwankte, und ich musste einige Zeit lang die Augen aufreißen, obwohl ich todmüde war, damit ich nicht Achterbahn fuhr. Irgendwann gelang es mir doch noch einzuschlafen, aber die Träume bestraften mich für den Alkoholexzess.

Elfter Dezember

Mein Magen rebellierte gegen den Gedanken an Espresso oder Orangensaft, also frühstückte ich nur die Zigarette, was mir auch nicht besonders gut bekam. Dafür bekam mir die Geschichte diesmal wieder besser als die letzten beiden, weil sie mich nicht so sehr an mich selbst erinnerte.

Haruki Murakami

Herr Nakata

»Guten Tag«, sagte der alte Mann.

Die Katze, ein betagter, großer schwarzer Kater, hob kurz den Kopf und erwiderte den Gruß leise und schwerfällig.

»Schönes Wetter heute, was?«

»Mmm«, machte der Kater.

»Kein Wölkchen am Himmel.«

»... noch nicht.«

»Meinen Sie, das Wetter hält nicht?«

»Gegen Abend wird es schlechter, das hab ich im Gefühl«, sagte der schwarze Kater und streckte träge ein Bein von sich. Er nahm den Mann nochmals forschend in Augenschein.

Der Mann lächelte dem Kater freundlich zu.

Für einen Augenblick war der Kater verdutzt. »Aha, Sie können sprechen …«, sagte er dann gleichmütig.

»Ja«, erwiderte der alte Mann etwas verlegen und nahm respektvoll seine abgetragene Baumwollmütze vom Kopf. »Nicht dass Nakata immer und mit jeder Katze sprechen kann, aber wenn alles gut läuft, kann er sich einigermaßen unterhalten.«

»Hmm«, kommentierte der Kater knapp.

»Dürfte Nakata sich wohl einen Augenblick hierher setzen? Er ist ein bisschen müde.«

Der schwarze Kater richtete sich langsam auf, seine langen Barthaare zuckten. Er gähnte ausgiebig, als wolle er dabei sein Kinn aushängen.

»Bitte, bitte, setzen Sie sich, wohin Sie mögen. Da hat niemand etwas dagegen.«

»Besten Dank«, sagte der Mann und setzte sich neben den Kater.

»Uff, Nakata ist seit heute Morgen um sechs auf den Beinen.«

»Aha, Sie sind also Herr Nakata, ja?«

»Ja, der Name ist Nakata. Und Sie, Herr Kater, wie ist Ihr werter Name?«

»Hab ich vergessen«, sagte der schwarze Kater. »Nicht dass ich keinen gehabt hätte, aber gebraucht hab ich ihn nie. Also hab ich ihn mit der Zeit vergessen.«

»Ja, was man nicht braucht, ist gleich vergessen. Nakata geht's genauso«, sagte der Mann und kratzte sich am

Kopf. »Übrigens gehören Sie doch sicher jemandem, nicht wahr?«

»Früher hatte ich in der Tat einen Herrn, aber jetzt nicht mehr. Ein paar Leute aus der Nachbarschaft geben mir hin und wieder zu fressen. Aber gehören tu ich keinem ...«

Nakata nickte und schwieg eine Weile. »Dürfte Nakata Sie vielleicht Otsuka nennen?« fragte er dann.

»Otsuka?« Der Kater sah ihn verblüfft an. »Was soll das? Wieso wollen Sie mich Otsuka nennen?«

»Ach, das hat nichts zu bedeuten. Ist Nakata nur gerade so eingefallen. Ohne Namen kann er sich nicht erinnern, also sucht er sich einfach die passenden Namen. Es ist praktischer mit Namen. Ein Dummkopf wie Nakata kann sich alles besser merken, wenn es heißt: Am Nachmittag von dem und dem Tag in dem und dem Monat hat Nakata auf dem leeren Bauplatz in ** den Kater Otsuka kennengelernt.«

»Hm«, machte der schwarze Kater. »Versteh ich nicht. Katzen brauchen so was nicht. Uns reicht der Geruch und das Aussehen oder so. Das ist weniger umständlich, was?«

»Stimmt, das leuchtet ein. Aber wissen Sie, Herr Otsuka, Menschen sind da anders. Sie müssen sich unbedingt solche Sachen wie das Datum und den Namen merken.«

Der Kater schnaubte. »Wie umständlich!«

»Genau. Zu viel zu behalten. Das ist so unpraktisch. Wenn Nakata bestimmen könnte, würde er sich bloß den Namen von dem Herrn Gouverneur und die Busnummern merken. Stört es Sie, wenn Nakata Sie Otsuka nennt? Sind Sie vielleicht beleidigt?«

»Ich bin nicht gerade begeistert … aber auch nicht beleidigt. Eigentlich ist mir das schnurz. Also, nennen Sie mich Otsuka, wenn Sie wollen. Obwohl ich das Gefühl habe, dass ich nicht Otsuka bin.«

»Darüber ist Nakata sehr froh. Vielen, vielen Dank, Herr Otsuka.«

»Selbst wenn man berücksichtigt, dass Sie ein Mensch sind, kommt mir Ihre Art zu reden ein bisschen sonderbar vor«, sagte Otsuka.

»Ja, das sagen alle. Aber Nakata kann nur so sprechen. Es kommt immer so raus. Weil er schwach im Kopf ist. Früher war er nicht so, aber als Kind hatte er einen Unfall, und danach ist er dumm geworden. Nakata kann nicht schreiben und auch keine Bücher und Zeitungen lesen.«

»Ich bin nicht stolz darauf, aber ich kann auch nicht schreiben«, sagte der Kater und leckte sich ein paarmal die Innenseite seiner rechten Pfote. »Ich bin ganz normal im Kopf, trotzdem macht mir das nichts aus.«

»In der Katzenwelt ist es ja auch so üblich«, sagte Nakata. »Aber wer in der Menschenwelt nicht schreiben kann, ist dumm. Wer keine Bücher und Zeitungen lesen kann, ist dumm. Das steht fest. Noch dazu, wo Nakatas Vater – er ist längst gestorben – ein erstklassiger Universitätsprofessor war. Fachmann für Finanzen. Außerdem hat Nakata zwei Brüder, und beide sind intelligent. Der eine ist

Abteilungsleiter bei Itochu, der andere arbeitet im Ministerium für Handel und Industrie. Beide wohnen in großen Häusern und essen Aal. Nur Nakata ist dumm.«

»Sie können immerhin die Katzensprache.«

»Ja«, sagte Nakata.

»Außer Ihnen kann bestimmt kein Mensch mit Katzen reden.«

»Das ist normal.«

»Da kann man doch nicht sagen, dass Sie dumm sind.«

»Doch, nein, doch – mit so was kennt Nakata sich nicht aus. Aber alle sagen, dass er dumm ist, also kann das nur heißen, dass er wirklich dumm ist. Weil er die Namen von den Haltestellen nicht lesen kann, kann er keine Fahrkarte kaufen und nicht Bahn fahren. Aber Nakata kann Bus fahren, mit seinem Behindertenausweis.«

»Aha«, sagte Otsuka unbeeindruckt.

»Wer nicht lesen und schreiben kann, findet keine Arbeit.«

»Und wovon leben Sie dann?«

»Von der Unterstützung.«

»Unterstützung?«

»Das Geld, das der Herr Gouverneur Nakata schenkt. Nakata wohnt in einem kleinen Zimmer in einem Wohnblock in Nogata und bekommt dreimal am Tag zu essen.«

»Kein übles Leben … könnte ich mir auch vorstellen.«

»Wie Sie sagen, nicht übel«, sagte Nakata. »Vor Regen und Wind geschützt, kann Nakata sorgenfrei leben. Und manchmal – wie jetzt – bekommt er den Auftrag, eine

Katze zu suchen. Dafür ist Nakata dankbar. Aber das hält er vor dem Herrn Gouverneur geheim. Deshalb sagen Sie bitte keinem etwas davon. Wenn Nakata Extrageld verdient, kriegt er vielleicht weniger Unterstützung. Und so kann er ab und zu mal Aal essen. Nakata isst gern Aal.«

»Ich esse auch gern Aal. Obwohl es lange her ist, dass ich welchen gegessen habe, und nicht mehr genau weiß, wie er geschmeckt hat.«

»Ja, Aal ist was Besonderes. Anders als anderes Essen. Auf der Welt gibt es viele gute Sachen, aber – soviel Nakata weiß – nichts Besseres als Aal.«

Auf der Straße vor dem Bauplatz führte ein junger Mann einen großen Labrador mit einem roten Halstuch vorbei. Der Hund warf einen Seitenblick auf Otsuka, ging jedoch anstandslos weiter. Otsuka und Nakata schwiegen einen Moment und warteten, bis Herr und Hund vorübergegangen waren.

»Sie suchen also Katzen?«, fragte Otsuka schließlich.

»Ja, Katzen, von denen niemand weiß, wo sie sind. Und weil Nakata ein bisschen Katzensprache kann, sammelt er überall Spuren, die helfen, die verschwundenen Katzen zu finden. Nakata ist Katzensuchexperte geworden, und viele wollen jetzt, dass er ihre Katze sucht, wenn sie weggelaufen ist. In letzter Zeit war Nakata fast jeden Tag auf Katzensuche. Aber er mag nicht weit fortgehen. Er sucht nur in Nakano. Sonst verläuft er sich selber.«

»Sie sind also jetzt auf der Suche nach einer Katze?«

»Ja, genau. Nakata sucht eine einjährige weiß-schwarzbraun gefleckte Katze. Sie heißt Goma. Hier ist ein Foto von ihr.«

Nakata holte ein Farbfoto aus der Stofftasche über seiner Schulter und zeigte es Otsuka.

»Das ist sie. Sie trägt ein braunes Flohhalsband.«

Otsuka reckte den Hals, um sich das Foto anzusehen. Dann schüttelte er den Kopf.

»Nö, nie gesehen. Ich kenne so gut wie alle Katzen in dieser Gegend, aber die da nicht. Nie gesehen ... und nie gehört.«

»Aha.«

»Suchen Sie sie schon lange?«

»Mal überlegen ... eins, zwei, drei – heute sind es drei Tage.«

Otsuka dachte nach. »Sie wissen es wahrscheinlich«, sagte er dann, »aber wir Katzen sind Gewohnheitstiere, die am liebsten ein geregeltes Leben führen und größere Veränderungen meiden, wenn nichts Außergewöhnliches vorliegt. Etwas Außergewöhnliches könnte der Sexualtrieb sein oder ein Unfall – meist ist es eins von beiden.«

»Ja, daran hat Nakata auch schon gedacht.«

»Der Sexualtrieb lässt nach einer Weile nach, und die Katze kommt zurück. Wissen Sie, was Sexualtrieb ist?«

»Ja, Nakata hat zwar keine Erfahrung damit, aber er versteht ungefähr, was das ist. Es hat mit dem Pimmel zu tun, stimmt's?«

»Genau. Mit dem Pimmel.« Otsuka nickte brav. »Aber

wenn die Katze einen Unfall hatte, kann sie schwerlich zurückkommen.«

»Ja, genau.«

»Andererseits kommt es auch vor, dass eine läufige Katze zu weit wegläuft und nicht mehr zurückfindet.«

»Wenn Nakata einmal aus Nakano draußen ist, findet er den Rückweg auch nicht mehr.«

»Mir ist das auch schon ein paarmal passiert. Allerdings als ich noch sehr jung war.« Otsuka kniff nachdenklich die Augen zusammen. »Wenn man nicht mehr nach Hause findet, gerät man in Panik. Es wird einem schwarz vor Augen, man weiß überhaupt nichts mehr. Grässlich ist das. Dieser Sexualtrieb ist eine echte Plage. Aber in solchen Zeiten kann man nichts anderes denken. Weder an vorher noch an nachher. Das ist ... eben der Sexualtrieb. Wie hieß noch mal die verschwundene Katze?«

»Goma.«

»Ich würde Ihnen gern helfen, Goma zu finden. Eine einjährige Katze, die bei einer Familie ein behütetes Leben geführt hat, weiß ja nichts von der Welt. Sie kann nicht kämpfen und findet wahrscheinlich auch nichts zu fressen. Sie tut mir leid. Leider habe ich sie nicht gesehen. Wahrscheinlich müssen Sie woanders suchen.«

»Ja, Sie haben recht. Nakata muss es mal woanders versuchen. Entschuldigen Sie die Störung bei Ihrem Mittagsschlaf. Nakata kommt wieder vorbei, und wenn Sie inzwischen Goma gesehen haben, sagen Sie ihm bitte unbedingt Bescheid. Vielen Dank schon mal.«

»Nein, nein, Sie haben mich ganz und gar nicht gestört. Ich fand unser Gespräch ausnehmend interessant. Schauen Sie doch bitte bald wieder vorbei … Bei schönem Wetter bin ich oft auf dem Grundstück hier. Wenn es regnet, bin ich an dem Schrein unterhalb der Treppe da drüben.«

»In Ordnung, vielen Dank. Es war Nakata eine große Freude, sich mit Herrn Otsuka unterhalten zu dürfen. Er kann zwar die Katzensprache, aber nicht mit jeder Katze versteht er sich so gut. Manche Katzen sind misstrauisch, sagen nichts und verschwinden einfach, wenn Nakata sie anspricht. Auch wenn er bloß Guten Tag sagen wollte …«

»Kann sein. Nicht nur die Menschen sind verschieden, Katzen auch.«

»Genau. Das hat Nakata sich auch schon gedacht. Auf der Welt gibt es so viele Menschen und Katzen.«

Otsuka streckte sich und sah in den Himmel hinauf. Die Nachmittagssonne tauchte den Bauplatz in goldgelbes Licht. Ein bisschen sah es auch nach Regen aus. Wie er es vorausgesehen hatte.

»Sie sagten doch, dass Sie als Kind einen Unfall hatten und deshalb nicht besonders hell im Kopf sind?«

»Ja, genau. Nakata war damals neun.«

»Was war das für ein Unfall?«

»Es war – Nakata kann sich überhaupt nicht daran erinnern. Es wird erzählt, es war so etwas wie ein Fieber, für das keiner den Grund wusste. Nakata soll drei Wochen lang bewusstlos gewesen sein. Die ganzen drei Wochen hat

Nakata im Krankenhaus im Bett gelegen und am Tropf gehangen. Als Nakata wieder zu sich kam, hatte er alles vergessen, was bis dahin gewesen war. Vater, Mutter, Lesen, Rechnen, seine Adresse, sogar seinen eigenen Namen hatte Nakata vergessen. Wie wenn jemand den Stöpsel aus der Badewanne zieht, ist aus seinem Kopf restlos alles ausgelaufen. Vor dem Unfall soll Nakata gut in der Schule gewesen sein. Aber irgendwann fiel er um, und als er wieder aufwachte, war er dumm. Mutter ist schon lange tot, aber sie hat deshalb viel geweint. Sie musste weinen, weil Nakata so dumm geworden war. Vater hat nicht geweint, aber er war immer böse.«

»Aber stattdessen haben Sie die Katzensprache gelernt.«

»Ja, genau.«

»Aha.«

»Außerdem ist Nakata kerngesund und war noch nie krank. Keine Zahnschmerzen, keine Brille.«

»Soweit ich sehen kann, sind Sie auch nicht dumm.«

»Wirklich?«, sagte Nakata verdutzt. »Aber Herr Otsuka, Nakata ist schon über sechzig. Über sechzig! Und er ist daran gewöhnt, dumm zu sein. Alle sind daran gewöhnt. Auch ohne Straßenbahn zu fahren, kann man leben. Vater ist tot und kann mich nicht mehr schlagen. Mutter ist tot und weint nicht mehr. Wenn jetzt plötzlich einer zu Nakata sagt: *Du bist nicht dumm*, dann ist das ein Problem für Nakata. Wenn er jetzt doch nicht dumm ist, bekommt er vielleicht keine Unterstützung mehr vom Herrn Gouverneur und kann nicht mehr mit dem Sonderausweis Bus fahren. Was soll Nakata antworten, wenn Herr Gouverneur schimpft, weil er gar nicht dumm ist? Am besten ist, Nakata bleibt weiter dumm.«

»Was ich sagen will, ist, dass Dummsein nicht Ihr Problem ist«, sagte Otsuka mit ernstem Gesicht.

»Ach, wirklich?«

»Ihr Problem, meine ich wenigstens, besteht darin, dass … Ihr Schatten irgendwie schwach ist, oder? Das ist mir gleich aufgefallen, als ich Sie sah. Der Schatten, den Sie auf den Boden werfen, ist nur halb so dicht wie bei normalen Menschen.«

»Ja.«

»Wissen Sie, ich bin so jemandem schon mal begegnet.«

Nakata starrte Otsuka mit offenem Mund an. »Sie meinen, Sie haben schon einmal einen Menschen gesehen, der wie Nakata ist?«

»Ja, deshalb war ich auch gar nicht so überrascht, als Sie mich angesprochen haben.«

»Wann ist das gewesen?«

»Vor sehr langer Zeit, als ich noch ganz jung war. Aber an das Gesicht, den Namen, den Ort und die Zeit erinnere ich mich nicht mehr. Wie gesagt, wir Katzen haben für solche Dinge kein Gedächtnis.«

»Ja.«

»Aber es schien, als wäre der Schatten dieser Person zur Hälfte verloren gegangen. Er war ebenso dünn wie bei Ihnen.«

»Aha.«

»Statt verirrte Katzen zu suchen, sollten Sie sich lieber ernsthaft auf die Suche nach der anderen Hälfte Ihres Schattens machen.«

Nakata zupfte nervös an der Krempe seiner Baumwollmütze herum. »Ehrlich gesagt, hat Nakata es schon geahnt. Dass sein Schatten zu schwach ist. Andere haben nichts gemerkt, aber er weiß es.«

»Wenn das so ist«, sagte die Katze.

»Aber Nakata ist schon alt und wird sowieso bald sterben. Mutter ist schon gestorben, und Vater auch. Ob einer klug ist oder dumm, ob er schreiben kann oder nicht, ob er einen anständigen Schatten hat oder nicht, sterben tun doch alle. Dann werden sie verbrannt. Sie werden zu Asche und kommen in ein Grab am Krähenberg. Der Krähenberg ist in Setagaya. Aber wenn die Leute im Grab am Krähenberg sind, denken sie wahrscheinlich nichts mehr. Und wer nicht denkt, ist auch nicht verwirrt. Deshalb reicht es doch für Nakata, so wie es ist. Solange Nakata noch lebt, möchte er in Nakano bleiben. Nach dem Tod kann er ruhig auf den Krähenberg kommen. Das schadet nichts.«

»Wie Sie darüber denken, ist natürlich Ihre Sache«, sagte Otsuka und leckte sich wieder die Pfote. »Aber Sie sollten die Angelegenheit mal aus der Sicht des Schattens überdenken. Vielleicht fühlt er sich klein. Also, wenn ich der Schatten wäre, würde ich nicht … halbiert sein wollen.«

»Ja«, sagte Nakata. »Das stimmt. Das könnte sein. Darüber hat Nakata noch nie nachgedacht. Er geht nach Hause und überlegt in Ruhe.«

»Überlegen ist gut.«

Nachdem die beiden eine Weile geschwiegen hatten, stand Nakata ruhig auf, bürstete sich gründlich die Grashalme von der Hose und setzte seine abgetragene Mütze wieder auf. Er rückte sie mehrmals zurecht, bis die Krempe den gewohnten Winkel hatte. Dann hängte er sich den Stoffbeutel über die Schulter. »Herzlichen Dank. Ihre Meinung war für Nakata von großem Wert. Bitte bleiben Sie gesund und passen Sie auf sich auf.«

»Sie auch.«

Als Nakata fort war, legte Otsuka sich wieder ins Gras und schloss die Augen. Bis Wolken aufzogen und der Regen kam, war noch Zeit. Ohne an etwas zu denken, fiel Otsuka sogleich in einen kurzen Schlummer.

Ich musste die nächsten Tage ins Ministerium, also blieben die Bilder im Flur einfach liegen – ich hatte einen Gang dazwischen freigelassen, damit ich nicht auf eines treten würde. Ein Glück, dass mir das bei dem kräftigen Seegang gestern Nacht gelungen war.

Zwölfter Dezember

Wieder Schnee. Wieder Fußspuren. Die Schneewälle am Straßenrand waren mittlerweile einen Meter hoch – es hatte nicht getaut in den letzten Tagen –, der neue Schnee war immer auf den alten gefallen und wurde immer auf den alten Wall geschippt.

Eva Demski

Albumblatt für Adele

Wie lange hatte ich nicht an sie gedacht! All die vielen Katzenerinnerungen, die Geschichten und zärtlichen Nachrufe, die im Lauf der Jahre entstanden waren, verschwiegen sie, es war, als hätte es sie in meinem Leben nicht gegeben – Adele. Warum war ausgerechnet sie so gründlich in Vergessenheit geraten? Ich weiß nicht, wieso sie mir plötzlich ganz deutlich vor Augen stand, nach immerhin vierzig Jahren, jedes Fleckchen auf ihrem Fell war plötzlich sichtbar, ihr schiefer Schnurrbart, die ganze, unglückselige Figur. Mein Vater hatte sie sich schenken lassen, ein kleines, etwas dürftiges Herbstkätzchen mit einem etwas kümmerlichen Gesichtchen. Sie hatte eine kuhartige Zeichnung, schwarz, grau und weiß gefleckt, und sie war sicher das einzige Überlebende dieses Herbstwurfs, mit dem auf dem Hof, wo sie herkam, kurzer Prozeß gemacht worden war, wie in jedem Jahr. Sie habe ihm leid getan, sagte mein Vater, und meine Mutter war fest entschlossen, dem armseligen Tier jede nur mögliche Liebe entgegenzubringen. Damit etwas Edles sie umgäbe, erhielt sie den stolzen Namen Adele. Adele wuchs. Sie spielte nicht viel, dafür fraß sie um so lieber, mit jener geduldigen und verzweifelten Dauerhungrigkeit, wie man sie von ganz armen Leuten kannte. Sie ißt wie eine Sudetendeutsche, sagte meine Mutter, um meinen Vater zu ärgern, der einige Tanten und Onkel hatte, bei denen tatsächlich die gleiche Art, sich Speisen einzuverleiben, beobachtet werden konnte. Ja, das, was Adele tat, muß »einverleiben« genannt werden. Jedes Krümelchen Nahrung diente dazu, einer feindlichen Welt ein Stückchen Kraft abzutrotzen, sich zu wappnen für einen lebenslangen Kampf, der nicht zu gewinnen war. Adele fraß fast alles. Es war ja noch längst nicht die Zeit der tausend bunten Sorten von Katzenfutter, und wenn man damals jemandem gesagt hätte, daß die kätzischen Freßgewohnheiten dereinstens ein riesiger Markt bedienen würde, mit aufwendiger Werbung und der Behauptung, Katzen würden grade dieses und kein anderes Futter kaufen, wäre man für nicht bei Trost gehalten worden. Essen war damals, für Mensch und Tier, eine ernste und mit Dankbarkeit bedachte Angelegenheit, die dauernde, vierundzwanzig Stunden währende und tausendfältige Verfügbarkeit von Nahrungsmitteln lag noch in weiter Ferne, und keiner konnte sie sich auch nur vorstellen. Adele bekam also Essensreste und manchmal ein bißchen Fleischabfall und fraß alles dankbar und mit sichtbarem Ergebnis auf. Sie hatte ein kleines Gesicht behalten, ein immer ein wenig verdutzt wirkendes kleines Gesicht mit riesengroßen Ohren. Ihr schwerer, sackförmiger Leib paßte überhaupt nicht dazu, und mein Vater nannte sie Dumbo, weil ihr eigentlicher Name nie recht zu ihr gepaßt hatte. Ihr war es gleich. Sie schien es auch nicht übelzunehmen, wenn man über sie lachte. Das taten manche Erwachsene leider gern, sie machten Bemerkungen über Adeles Ungeschlachtheit und ihr pomadiges Naturell. Warum waren die Erwachsenen so? Warum wollten sie immer, daß ihnen etwas gefiel? Als sei die Welt dazu da, hübsch und angenehm zu sein, gerade damals, wo überall noch die Trümmer herumlagen, die sie nur wenige Jahre zuvor angerichtet hatten. Uns Kindern machten die Trümmer ebensowenig aus wie die Häßlichkeit der Katze Adele, ich glaube nicht einmal, daß wir sie häßlich fanden. Ich kann mich jedenfalls nicht erinnern, daß irgendein Kind unfreundlich oder höhnisch mit ihr umgegangen wäre. Wir mochten sie. Sie ließ sich widerspruchslos spazierenfahren und -schleppen, schwer und behaglich hing sie einem über dem Arm und ließ die Pfoten baumeln. Sie war nicht niedlich, sie war verläßlich. Abenteuer reizten sie nicht, eher versehentlich hatte sie einmal eine Maus gefangen, die sie vor sich hinlegte und den ganzen Tag tiefsinnig betrachtete. Es kam nie wieder vor. Nur ein Problem gab es, mit dem keiner fertig wurde.

Adele war nicht sauber. Vielleicht war sie zu jung von ihrer Mutter weggekommen, vielleicht begriff sie einfach nicht, was da von ihr verlangt wurde – sie lernte es nicht, und ihre Seen waren in der ganzen Wohnung verteilt. Bei aller, ja, der wirklich allergrößten Tierliebe meiner Mutter – da machte sie nicht mit. Beratungen wurden abgehalten, alte Erziehungsmethoden ausprobiert – es nützte nichts. Adele pinkelte, wo sie ging und stand, mit ihrem kleinen, erstaunten Gesicht lauschte sie den Beschimpfungen nach und begriff sie nicht. Ich paktierte mit ihr. Ich ließ die Spuren ihrer Schande verschwinden, wann immer ich sie fand, manchmal dachten die Erwachsenen ein paar Tage lang, nun sei es geschafft – ach, ich wußte es besser! Im Sommer ging es, da waren Kinder und Tier die ganze Zeit in den Gärten, aber im Winter! Es wurde beschlossen, daß Adele in den Keller umzuziehen hätte. Das klang grausamer, als es tatsächlich war. Es handelte sich nicht um ein kaltes, finsteres Verlies, sondern um einen ganz kommoden, gemütlichen Heizungskeller, in den meine Mutter Körbchen und Decken geschleppt hatte. Ihr machte das alles am meisten zu schaffen, sie war bekümmert darüber, daß dieses gleichmütige und verschlossene Wesen keine Gefühle in ihr auslöste, wie es sonst jeder Katze gelang – sie hatte Adele gegenüber ein schlechtes Gewissen, weil sie sie nicht genug liebte. Vielleicht hatte sie sich auch immer ein bißchen für sie geschämt, vor all den schicken und künstlerisch ambitionierten Freundinnen und Freunden, Theaterleute, die Ästhetik und Modernität mit Löffeln gefressen hatten und Lebensart Tag für Tag neu erfanden. Alles stimmte doch bei uns daheim, der blaugrüne Mosaiktisch und der Berberteppich, die selbstentworfenen Samtsessel und die Muranoglasvasen, die weißen Bücherregale, das Klavier – irgendwie hatte Adele in all der liebevoll arrangierten Pracht nicht ganz passend gewirkt. Natürlich hätte das nie jemand von uns gesagt, vielleicht nicht einmal gedacht, aber nun ging es eben nicht anders, und Adele bezog ohne erkennbare Trauer ihre Portiersloge neben der Heizung. Sie lebte neben uns her, bekam ihr Futter und manchmal ein bißchen was extra, und sie schien ganz zufrieden zu sein mit ihrer Unscheinbarkeit. Es fiel niemandem auf, daß sie noch dicker wurde. Schleppend gegangen war sie schon immer, und man war an die langsame, weißgefleckte Kugel so gewöhnt, daß es gar nicht auffiel, als sie sich ein paar Tage nicht sehen ließ. Meine Mutter fand dann das Wochenbett hinter der Heizung, und Adele, die trotz ihres Äußeren offenbar einen sehr attraktiven Liebhaber gefunden hatte, entpuppte sich als so gute Mutter, wie es alle Katzen sind. Ihre Kinder waren von Anfang an sehr hübsch, und Adele stand ein glückliches Staunen im großohrigen kleinen Gesicht. Ich erinnere mich nicht, was aus Adeles Kindern wurde – aber ich bin sicher, daß wohlanständige, bürgerliche Plätze für sie gefunden wurden, zumal Adele ihre Schwäche nicht weitergab, sondern eine rabiate Sauberkeitserziehung vornahm. Nach allen Regeln der Kunst packte sie die Kleinen im Nacken und ließ sie unsanft ins Katzenklo fallen, bis sie begriffen – es schien, als wollte

Adele mit aller Konsequenz die Voraussetzungen für eine Karriere ihrer Kinder schaffen. Meine Eltern hatten ein schlechtes Gewissen und trugen den Korb mit Mutter und Nachwuchs in unsere Küche. Das war aber sinnlos, denn Adele schleppte ihre Kleinen, Kätzchen für Kätzchen, wieder hinunter in den Heizungskeller. Was in ihrem Kopf vorging, weiß ich nicht. Als zwei oder drei Monate später die Katzenkinder abgeholt wurden, schien Adele kaum zu trauern. Sie fand wieder in ihren traumverlorenen Rhythmus von Fressen, Dösen und Schlafen zurück, zufrieden in ihrem Keller, dem sie einen ganz unverwechselbaren Geruch verliehen hatte. Die Städte wurden aufgebaut. Die Väter, soweit man sie zurückbekommen hatte, machten Karriere. Die des meinen führte dazu, daß wir umziehen mußten. Es war gar nicht leicht, in der anderen Stadt eine so schöne Wohnung zu finden, wie wir sie hatten, nein, falsch – es ging gar nicht. Ob wir einen Garten haben würden? Ja, eine Art Garten sei schon dabei, also eher ein Hof, aber dafür sei die Stadt viel aufregender und ganz leicht mit der Straßenbahn zu erreichen, und die neue Schule versprach interessanter zu sein als die alte. Das Klavier müßten wir allerdings verkaufen, aber dafür gäbe es in der neuen Wohnung eine Ölheizung und nicht mehr so ein altes Koksding, das man zu den unmöglichsten Zeiten zu füttern hatte. Heizung. Ja, da war es herangekommen, das Schweigen, man war der Frage bisher ausgewichen, aber nun ließ sie sich nicht mehr umgehen. Es wurde, kann ich mich erinnern, viel gehustet bei diesem Gespräch. Es sei mit den Nachmietern vereinbart, daß sich für Adele nichts ändern werde. Man habe auch eine Summe Geld für ihren Unterhalt hinterlegt. Ich sähe doch gewiß ein, daß es so für alle das beste sei. Damals habe ich diesem Satz zum erstenmal mißtraut.

An den Abschied kann ich mich nicht mehr erinnern. Bald darauf bekam ich einen Siamkater. Einmal, Jahre später, sagte meine Mutter, wenn sie sich wegen irgend etwas vor Gottes Thron werde verantworten müssen, dann wegen Adele. Ja, ich hatte sie vergessen, aber nun ist sie wieder da, in meinem Kopf, und sie wird nicht mehr daraus verschwinden, auch wenn ich es mir wünsche.

Auf der Fahrt in die Hauptstadt kam mir der Gedanke, dass diese Geschichten auch eine Art Gehirnwäsche sein konnten. Oder eine Therapie. Abschied, Verlust, Trauer, ich wurde mit diesen verschiedenen Katzen und Menschen in meine eigene Vergangenheit zurückgeschickt. Wozu? Sollte mir das alles etwas sagen? Dass ich meine Frau verloren hatte und meine Tochter hinterher? Das wusste ich selbst. Das brauchte mir niemand erst auf literarischem Umweg unter die Nase zu reiben.

Mein Nachfolger war mir unangenehm. Und er war misstrauisch. Er hörte mir auf eine Art zu, die mir zeigte, dass er das alles noch überprüfen würde. Als könnte ich ihm Verfahrensweisen und Abläufe erklären, mit deren Anwendung er sich später blamieren musste. Als wäre ein Landesverkehrsministerium ein Schulhof, auf dem man einander Streiche spielt, und ein Oberregierungsrat, der wegen des Wahlausgangs in Frührente geht, ein Rabauke, der den nächsten Rabauken hereinlegen will. Dummkopf.

Ich war froh, wieder zu Hause zu sein, aber zu müde, um noch mit den Bildern weiterzumachen. Diesmal passte ich allerdings auf, dass ich nicht zu viel trank. Diese schlechte Angewohnheit war ich los. Die wollte ich nicht mehr wiederhaben.

Dreizehnter Dezember

Keine Post. Aber die Geschichte. Und leider Regen, der schon in der Nacht angefangen haben musste und den Schnee zu einer hässlichen Masse verunstaltete.

Philip J. Davis

Wie Thomas Gray zu ihrem Namen kam

Die Universität Cambridge ist eine der ältesten und berühmtesten der Welt. Das Pembroke College, ein Teil der Universität, ein College unter vielen, wurde 1351 gegründet. Innerhalb der Grenzen von Pembroke finden sich Studenten, Dozenten, Pförtner, Köche, Kellner, Sekretäre, Aufwartefrauen, Hausmeister, Hausburschen, Gärtner, eine außerordentliche Bibliothek mit uralten Büchern, die heutzutage niemand liest, und ein Weinkeller, der allerwenigstens vierzigtausend Flaschen Wein und zwanzigtausend Flaschen Port beherbergt. Außerdem gibt es dort eine Hauskapelle von Christopher Wren – der erste seiner Entwürfe, der ausgeführt wurde – und einen recht hübschen Glockenturm, der an Big Ben erinnert, jedoch unglücklicherweise auf Ansichtspostkarten zugunsten einiger bemooster, archäologisch angehauchter Bachsteine ignoriert wird.

Zur Zeit unserer Geschichte wurde dieses kleine Königreich mit fester und kluger Hand von Lord Eftsoons (eigentlich Ian Dunbar) regiert, dem Rektor des Pembroke College. Lord Eftsoons war zugleich, rein zufällig, Vizekanzler der gesamten Universität, eine Stellung, die zu bekleiden ihn glücklich machte und die er, wie er behauptete, ebensogern wieder losgeworden wäre. Auf die Frage, wie er es fertigbringe, auf so vielen Hochzeiten gleichzeitig zu tanzen, war er geneigt zu antworten: »Fabelhaft.«

Der Schatzmeister von Pembroke war ein gewisser Roderick Haselmere, Magister Artium, der mit Sparsamkeit und Hingabe über die Pounds und Pennies wachte. Der Hauptpförtner von Pembroke und Hüter des Tores war H. J. Stevens, ein entgegenkommender Mann, dessen Radio der Rennergebnisse wegen immer eingeschaltet war. Und diese drei nun wohnten im College: der Rektor, der Schatzmeister und der Pförtner. Und der wichtigste von ihnen war – praktisch genommen – der Pförtner.

Eines strahlenden Morgens, in Cambridge ein meteorologisches Ereignis von beträchtlicher Seltenheit, begab sich Roderick Haselmere durch das äußere Tor von Pembroke, schritt durch das innere Tor am Speisesaal vorbei hinauf in sein Amtszimmer im ersten Stock. Und dort, wie wenn sie mit ihm verabredet wäre, erwartete ihn eine junge Katze.

Thomas Gray war nach der Bootsfahrt ein wenig leidend. Sie war hungrig, doch auf keine Weise heruntergekommen, mit anderen Worten: Sie präsentierte sich den kritischen Augen Roderick Haselmeres als eine durch und durch respektable Katze. Der Schatzmeister war ein freundlicher Mann und ließ aus der Küche ein Schälchen Milch bringen; er nahm vielleicht an, die Katze auf diese Weise zu bestechen, so daß sie bald wieder verschwinde. Die Katze dachte aber nicht daran zu verschwinden und schien sich in der Eingangshalle vollkommen wohl zu fühlen; sie rollte sich in einer Ecke zusammen und überließ sich dem Schlaf. Am frühen Nachmittag erwachte die Katze und gab den Sekretären im Erdgeschoß zu verstehen, daß sie hungrig und, um Leib und Seele zusammenzuhalten, für einen Bissen fester Nahrung dankbar wäre.

»Schafft sie rüber ins Peterhouse«, schlug einer der Sekretäre vor, womit er das älteste College von Cambridge meinte, das just auf der anderen Straßenseite lag. »Ich habe gehört, sie könnten dort ein paar Katzen brauchen.«

H.J. Stevens, der Hauptpförtner, wurde hinzugezogen und die Tat heimlich vollbracht. Doch binnen einer halben Stunde fand sich die Katze erneut vor dem Amtszimmer des Schatzmeisters ein, weitaus hungriger als vorher. Der Schatzmeister rief den Chefkoch an, der eine Portion *Ragout Montmorency* schickte, die alsdann auf kleiner Flamme gewärmt wurde. Diese Mahlzeit mißfiel der Katze, worauf sich eine spürbare Bestürzung ausbreitete. Als dieser Vorfall Monate später zur Sprache kam, verkündete der Chefkoch gebieterisch, daß man einer Katze nicht erlauben dürfe, die Maßstäbe für die Hohe Tafel zu setzen. Der Schatzmeister blieb gelassen, begab sich persönlich zu

Smiley's Delikatessengeschäft in Trumpington Street und kaufte der Katze eine Büchse *Kittikid* (wobei es sich um die Katzenversion von Dosenfleisch handelt). Diese Speise sagte der Katze zu, und sie war dem Schatzmeister in der Tat zu großem Dank verpflichtet.

Was bei all dem am Ende herauskam, war das folgende: Die Katze richtete sich auf Dauer im Vorzimmer des Schatzmeisters ein und wurde von seinen Mitarbeitern gefüttert. Und für ihren Unterhalt richtete man im Budget einen Haushaltsposten unter ›Verschiedenes‹ ein, dem das Finanzkomitee des Colleges auf der darauffolgenden Sitzung seine Zustimmung erteilte.

Die Katze bezeugte ein ungeheures Interesse am Universitätsleben und erforschte die Umgebung von Pembroke College überaus gründlich. Man ließ sie gewähren, wenn sie über Trumpington Street und Kings Parade spazierte, vorbei an Fitzbillies' Konditorei, vorbei am Café Kupferkessel bis nach Market Hill, wo sie gelegentlich gesichtet wurde, als sie sich in die Schlange vor der Fischbude einreihte. Sie drang durch das große Tor ins Trinity College und bis in dessen vornehme Bibliothek vor. Gegen zwei Uhr nachmittags war sie jedesmal in das Vorzimmer des Schatzmeisters zurückgekehrt, wo sie sich in ihrem Eckchen einem tiefen Schlaf überließ.

Sie war der Liebling der Studenten, und mehr noch: Bald fiel sie dem ständigen Strom von Touristen auf, die ihre Köpfe in den alten Bogengang steckten, um pflichtschuldigst einen Blick auf die alten Bauwerke zu werfen, die den viereckigen Hof umschlossen. Natürlich blieb es nicht aus, daß die Touristen H.J. Stevens, den Pförtner, nach dem Namen der Katze fragten. Der Portier konnte ihnen lediglich erklären, daß die Katze keinen Namen trage, und das verdroß ihn erheblich. Es war vielleicht die Folge seiner Vorliebe für Rennplätze, daß die Vorstellung von einem Tier ohne Namen so alarmierend auf ihn wirkte. Der Tatsache eingedenk, daß es ein schwieriges Unterfangen ist, einer Katze einen Namen zu geben – es ist weit mehr als eine bloße Wortspielerei –, schlug er einer Gruppe von Studenten vor, sich einen geeigneten Namen einfallen zu lassen.

Diese, mit der Geschichte Pembrokes wohlvertraut, dachten an Edmund Spenser, den Verfasser von *Fünf Gcsänge der Feenkönigin*, der dieses College besucht hatte. Sie faßten William Pitt den Jüngeren ins Auge – als fünfundzwanzigjährigen Premierminister – einen weiteren Pembroke-Mann. Ein Student wies drauf hin, daß man im Elisabethanischen England Katzen traditionsgemäß nahrungsbezogene Namen wie ›Giermagen‹ oder ›Jollypudding‹ gegeben habe, doch dieser Vorschlag wurde mit der Begründung niedergestimmt, das Tier habe sich als Renaissancekatze noch keinen Ruf erworben.

Der Name Roger Williams kam ins Gespräch, der sich um die Immatrikulation am Pembroke beworben hatte, nach Westen gesegelt war und in Neuengland die Ansiedlung Providence begründet hatte. Doch dieser Vorschlag wurde wegen einer Reihe von Einwendungen Andersgläubiger zurückgewiesen.

Schließlich einigten sich die Studenten auf Thomas Gray*, einen weiteren Pembroke-Mann, wenngleich ein Flüchtling aus Peterhouse. Er war der Verfasser der allseits beliebten *Elegie, auf einem Dorfkirchhof gedichtet.* Was die Entscheidung besiegelte, war die Tatsache, daß Gray überdies eine *Ode auf den Tod einer Favoritin – ertrunken im Goldfischbecken* verfaßt hatte. In seinem Exemplar des Linné hatte er überdies das Wort für Katze in zehn Sprachen zwischen die Zeilen geschrieben und eine prägnante Beschreibung der Katzenpersönlichkeit in lateinischer Sprache geliefert.

Es erhob sich der Einwand (was unvermeidlich war), die Katze sei grau und weiß und dabei überwiegend weiß. Dies wurde freilich durch die Beobachtung aufgewogen, daß Grau und Weiß, im Durchschnitt, ein helles Grau ergeben, so wie das Wetter in Cambridge sich, im Durchschnitt, als ein leichter Nieselregen darstellt. Außerdem wurde betont, daß Thomas als Name für eine Katze Namen wie Edmund oder Roger oder William bei weitem vorzuziehen sei.

Etwa vier Monate nach dieser Diskussion schenkte Thomas Gray, die Pembroke-Katze, in der Zurückgezogenheit eines Gebüsches unmittelbar vor der Tür des Schatzmeisters fünf Kätzchen das Leben.

---

* Der englische Dichter Thomas Gray (*26. 12. 1716, †30. 7. 1771) war ab 1768 Professor für Geschichte und moderne Sprachen in Cambridge.

Aus Ärger über den Dummkopf betrank ich mich aus Versehen an diesem Abend wieder und verfluchte meinen Mangel an Disziplin, als ich wieder mit aufgerissenen Augen im Bett lag und das Einschlafen hinauszögern musste.

Diesmal hatte mein Magen wenigstens nichts gegen die Adriano-Celentano-Variante. Vielleicht, weil ich nicht mehr ins Ministerium musste. Der Dummkopf konnte ab jetzt machen, was er wollte und wie er es wollte. Ohne mich. Ich hatte meine Freiheit. Und die begann jeden Morgen mit einer Geschichte.

Werner Koch

Der Heimweg

Am See hat es Aufregung gegeben. Meine alte Katze war seit drei Tagen verschwunden, und Bauer Greiffs Sohn hatte keine Erklärung dafür. Er nahm an, sie sei überfahren worden, und er schimpfte auf die Touristen; an schönen Sommertagen stellen sie ihre Autos mitten auf der Wiese ab, kippen ihre Aschenbecher am Wegrand aus und tun überhaupt so, als seien sie die neuen Herren am See. Die Touristen, sagte Bauer Greiffs Sohn, habe er allmählich dick; er wollte seinen Hof haben, sein Weideland, sein Eigenleben; die Touristen erschienen ihm als Bedrohung, und er wußte noch nicht, daß sie ihn von seinem Hof vertreiben würden.

Sein Vater versuchte ihn zu trösten; die Katze würde schon wiederkommen, meinte er, Katzen streunten eben oft umher. Bauer Greiffs Sohn glaubte das nicht. Die komme nie mehr zurück, erwiderte er, ging in die Scheune, legte sich ins Heu und unterdrückte seine Tränen. Wenn die Lebenden ihre Tränen unterdrücken, haben sie ihre wesentlichen Momente.

Die Katze war nicht überfahren worden. Ein junges Ehepaar aus Senden bei Ulm war über die Autobahn nach Lindau am See vorbeigekommen, und die Kinder zwangen ihren Vater anzuhalten, sie wollten unbedingt baden. Am Ufer war die Katze. Der neunjährige Junge streichelte sie, gab ihr von seinem Wurstbrot ab, nahm sie auf seinen Arm, brachte sie ins Auto und sperrte sie dort ein. Seine Eltern waren dagegen, die Katze mitzunehmen, der Vater hatte sogar die Einsicht, am See habe es die Katze besser, aber der Junge setzte seinen Willen durch. Die Katze ist nun in einer Etagenwohnung in Senden und sehnt sich zurück zum See. Ich bat den Meister um die Erlaubnis, sie besuchen zu dürfen. Er zögerte mit seiner Antwort, aber schließlich willigte er ein. Es fällt ihm schwer, eine Bitte abzuschlagen, obschon es manchmal nicht anders geht.

Die Katze sagte: Gut, daß du endlich kommst.

Das war gar nicht so einfach, antwortete ich.

Nun wisse sie aber nicht, wie sie zum See zurückfände.

Also, erwiderte ich, das laß nur meine Sorge sein.

Sie schnurrte, machte einen Buckel und hatte diesen weltfernen Blick in ihren Augen, den nur Katzen haben.

Man ist solchen Blicken ausgeliefert. Kein Widerspruch möglich.

Gut, sagte ich, machen wir uns auf den Weg.

Es war Nacht. Manchmal denke ich, es wäre besser, wenn sämtliche Toten noch lebten und die Lebenden allesamt tot wären. Der Meister liebt solche Gedanken nicht. Die Lebenden, sagt er, müßten mit sich ins reine kommen. Der einarmige Hauptmann meint, solange es Menschen gebe, arrangierten sie Kriege. Man müsse die einen ausrotten, damit die anderen Platz zum Leben haben. Die Frage ist aber, wen es trifft. Der Schützling des einarmigen Hauptmanns war mit zweiundzwanzig Jahren gefallen, der Marinerichter lebt immer noch.

Es war Nacht, und ich brachte die Katze zum See zurück. Daß ich gestorben war, interessierte sie nicht. Ich brachte sie zu ihrer angestammten Freiheit zurück, und allein das zählt. Wir vermieden die Landstraßen und nahmen den kürzesten Weg. Dennoch sind es von Senden bis zum See, selbst wenn man querfeldein geht, fast 80 Kilometer, und kurz hinter Dietmannsried riß sich die Katze an einem Weidezaun die linke Vorderpfote auf. Ich hatte Mitleid mit ihr, aber ich ließ es mir nicht anmerken.

Willst du nun zum See, fragte ich, oder nicht?

Zum See, antwortete sie, auf jeden Fall zum See.

Dann mußt du eben hinter mir herhumpeln, sagte ich.

Ob wir eine Pause machen könnten? Bitte.

Wir saßen am Weidezaun, und die Katze leckte sich das Blut von der Pfote.

Wir könnten zur Iller gehen und die Wunde auswaschen, sagte ich.

Das wollte sie nicht.

Also blieben wir am Weidezaun und hingen unseren Gedanken nach. Die Katze leckte mit zeitloser Geduld die Wunde sauber. Ihre Ausdauer imponierte mir, aber sie wollte ja auch zum See.

Wer wollte das nicht? Nur: Hunderte Millionen von Menschen kennen den See nicht, somit haben sie weder Liebe noch Sehnsucht zum See; andererseits wäre der See nicht *der See,* wenn hundert Millionen Menschen ihn kennten und liebten.

Wie geht's dir, fragte ich.

Besser.

Glaubst du, daß du es schaffen kannst?

Sie leckte die Wunde.

Versuch aufzutreten, sagte ich.

Sie überhörte das.

Die Nacht war sternenklar. Solche Himmel geben auch den Lebenden, wenn sie wollen, eine Vorstellung von der Ewigkeit. Aber die Freiräume werden immer enger, die Welt wird verbaut. Es hat schon seine Ordnung, daß das Terrain der Toten unantastbar ist. Ich weiß wirklich nicht, was geschähe, wenn wir den Meister nicht hätten.

Hast du Schmerzen, fragte ich.

Nein.

Aber es muß doch weh tun.

Es sei auszuhalten, meinte sie.

Wenn es nicht mehr geht, mußt du es sagen.

Es geht schon.

Wirklich?

Sobald sie die Wunde saubergeleckt habe, gehe es wieder.

Die Nacht stand still. Die Menschen schlafen, die Tiere ruhen aus, die meisten Toten sind im Terrain. Ich weiß nicht, wer außer mir noch unterwegs ist. Es sind natürlich Tausende, aber die Vielzahl macht es nicht. Es kommt darauf an, was jeder einzelne bewirkt.

Ein Maulwurf gräbt. Die Katze überhört ihn. Sie hat ihre eigenen Probleme. Wenn die eigenen Kräfte nachlassen, werden die Kräfte der anderen stärker. Man muß darüber nachdenken, wer die eigenen, wer die anderen sind. Im Laufe eines Lebens wechselt das; nicht selten sind die vorzeitig Anderen am Ende die einzigen Freunde.

Die Katze ließ sich Zeit. Die Nacht dauerte an. Die Wunde an der Pfote blutete noch immer. Plötzlich sagte die Katze: Du bist doch tot, nicht wahr?

Ja sicher, antwortete ich.

Trotzdem bist du jetzt bei mir. Warum tust du das?

Ich mag dich. Weißt du das nicht?

Doch.

Aber?

Aber Tote hätten doch zu Ende gelebt; die wären starr, steif, übelriechend; jede lebende Katze gehe dem toten Kadaver aus dem Weg. Überdies habe sie noch niemals Besuch von einer toten Katze gehabt.

Ich sagte: Das ist etwas ganz anderes. Katzen leben den Augenblick. Was gestern war, haben sie vergessen; was morgen kommt, wollen sie nicht wissen. Menschen sind darin anders. Die meisten verpassen den Augenblick; entweder sind sie ihrer Zeit voraus oder hinken hinter ihr her.

Warum ist das so?

Was weiß ich. Katzen denken nicht ans Gestern, warum ist *das* so?

Weil das Gestern vergangen ist. Das hat doch gar keine Bedeutung mehr.

Das ist nicht wahr, antwortete ich. Als man dich damals nach Senden verschleppt hatte und in der Etagenwohnung gefangenhielt, warst du todunglücklich. Ich habe dich da herausgeholt, es war Liebe. Aber natürlich habe ich dabei an gestern, heute und morgen gedacht. Gestern warst du noch am See, heute in Senden, morgen wolltest du wieder am See sein. Dazwischen liegen Zusammenhänge, frühe Erfahrungen und späte Erkenntnisse. Wer nur dem Augenblick lebt, hat weder Herz noch Verstand.

Sie verlasse sich auf ihren Instinkt.

Dein Instinkt hätte dich ganz schön im Stich gelassen, sagte ich. Ohne mich wärst du immer noch in Senden und jammertest über jeden deiner Augenblicke.

Mag sein.

Na also.

Sie leckte ihre Pfote, sah mich gelangweilt an, und zwischendurch versuchte sie, für ein paar Sekunden einzuschlafen. Sie nahm es für selbstverständlich, daß ich neben ihr saß und wartete. Früher, zu meinen Lebzeiten, hätte mich das aufgeregt. Ich hätte gesagt: Entweder hörst du mir zu, oder du schläfst. Was bildest du dir eigentlich ein? Meinst du etwa, ich wäre extra zu dir gekommen, um dir beim Schlafen zuzusehen? Ich denke, du willst zum See?

Nun sehe ich die Sache anders. Wenn du schlafen willst, sagte ich, warte ich noch. Laß dir nur Zeit.

Sie gab keine Antwort.

Dann sagte sie, ich solle bald einmal mit Bauer Greiffs Sohn reden.

Warum?

Der Junge lasse ihr zu wenig Freiheit, meinte sie. Wenn er nichts Besseres zu tun habe, stöbere er sie sogar in der hintersten Ecke des Heubodens auf, um mit ihr zu spielen. Andererseits gebe es Tage, an denen er sich überhaupt nicht um sie kümmere.

Ich werde ihm ins Gewissen reden, versprach ich.

Mach's aber bald.

Ja doch! Augenblicklich kann ich überhaupt nichts tun.

Augenblicklich müsse man alles tun, gab sie zur Antwort und schlief von einer Sekunde zur anderen ein. Ich sah ihrem Schlaf zu. Seltsam, daß ausgerechnet Katzen im Schlaf die Ruhe der Ewigkeit haben.

Als sie erwachte, sah sie mich an. Was ist, fragte sie.

Gehen wir weiter?

Ja. Gehen wir weiter.

Wir lassen Kempten rechts liegen und gehen über Lenzfried, sagte ich. Was meinst du?

Das sei ihr gleich. Nur zum See, antwortete sie.

Sie humpelte immer noch. Ich wußte, daß sie zum Tierarzt mußte, aber dabei konnte ich ihr nicht helfen. »Man tut, was man kann«, sagen die Lebenden und halten sich nicht daran. Die Toten tun, was sie vermögen, und zuweilen setzen sie sich auch durch.

Wenn ich wirklich tot sei, meinte die Katze, wieso helfe ich ihr dann?

Das machen alle Toten so.

Aber sie gehöre mir doch gar nicht mehr.

Man gehört nie jemandem. Man mag ihn, liebt ihn, ist für ihn da. Keinem Menschen aber »gehört« eine Katze, keine Katze ist dem Menschen »zugehörig«.

Niemals?

Auch über den Tod hinaus nicht.

Aber vor ihr hätte ich andere Katzen gehabt.

Ja.

Und die hätte ich auch geliebt.

Ja.

Und auch die hätte ich von Senden zurück zum See gebracht.

Ja.

Also liebst du alle Katzen?

Nein.

Wieso?

Man muß zutraulich werden, erwiderte ich, sich aneinander gewöhnen. Als ich noch lebte, habe ich oft zu ihr gesagt: »Verschlaf nicht den ganzen Tag!«, und ich wußte genau, daß sie antworten würde: »Ich schlafe, solange es mir Spaß macht.« Weißt du überhaupt noch, was du zu meinen Lebzeiten geantwortet hast?

Natürlich. Geantwortet habe sie, sie schlafe genau so lange, wie es ihr Spaß mache.

Also.

Also was?

Liebe, sagte ich. Liebe ist, dem Partner die Fragen zu nehmen und die Antworten zu wissen.

Auf die Dauer langweilig, meinte sie.

Langeweile ist kein Kriterium. Es gibt Leute, die reisen zeitlebens um die Welt, heiraten sechs, sieben, acht Mal, amüsieren sich in St. Tropez oder auf Hawaii, und wenn sie im Sterben auf ihr Leben zurückblicken, empfinden sie es nur noch als langweilig.

Also wäre Schweigen die bessere Lebensmöglichkeit.

Gemeinsames Schweigen, erwiderte ich.

Ist es noch weit bis zum See, fragte die Katze. Sie hatte sich nun alle Pfoten wund gelaufen und blickte mich hilfesuchend an.

Wenn wir über die untere Illerbrücke kommen, sind wir gleich da.

Sie blieb stehen. Ihr Fell war zerzaust und dreckig. Erst jetzt merkte ich, daß sie bis auf die Knochen abgemagert war.

Schaffst du es nicht mehr, fragte ich.

Sie schloß die Augen. Sie hatte weder die Kraft noch den Willen, weiterzumachen. Sie tat mir leid. Nur noch fünf Kilometer, dachte ich, und ihr Sterben läßt sich auf einen späteren Zeitpunkt verlagern.

Komm, sagte ich, wir schaffen es.

Sie ging mir schweigend nach.

Ich brachte sie in Bauer Greiffs Scheune und nahm an, sie würde gleich einschlafen. Das tat sie nicht. Sie legte sich hin, leckte eine Pfote nach der anderen ab, und jetzt habe sie Hunger, sagte sie.

Ich konnte ihr nicht helfen. Im übrigen hatte ich genug für sie getan.

Nun sei sie endlich wieder am See, meinte sie.

Das ist doch was, antwortete ich.

Ich wollte noch zum Josef und traf ihn am Bootssteg. Er zählte die Sterne.

Wenn ich ihn störte, ginge ich wieder.

Stell dir vor, sagte er, ich wäre mit vierzehn Jahren an den See gekommen. Und ich hätte dann jede Nacht hier auf dem Bootssteg gesessen und die Sterne gezählt; das wären bis heute fünfzehntausendunddreihundertsechs Nächte gewesen. Ich hätte mir die Sterne fein nach Quadraten aufgeteilt, und drüben über dem Breitenberg hätte ich begonnen.

Moment, sagte ich, du wärest mit deiner Zählerei nie zu Ende gekommen.

Eben, erwiderte der Josef, das meine er ja.

Was?

Ein Leben lang am See sitzen, die Sterne zählen in der

klaren Gewißheit, ohne Ergebnis zu bleiben, und beim neun-, zehn- oder elftausendsten Stern vom Bootssteg fallen und während des Zählens sterben: das wäre ein Leben, wie man es leben sollte.

Und warum hast du es nicht getan?

Ich war zu feige, sagte er. Ich bin dem Broterwerb nachgegangen, nicht dem Leben.

So ergehe es allen.

Es *ergehe* ihnen nicht. Sie wollten es so oder wissen es nicht besser.

Die Frühnebel kamen und legten sich auf den See. Der See verliert dadurch seine Ufer und wird meilenweit. Erst die Baumkronen weit hinten auf der Wiese vom Huberbauern bringen wieder Ordnung in die Landschaft.

Plötzlich sagte der Josef: Du bist also wirklich tot?

Ja, erwiderte ich, ich glaube schon.

Aber sicher bist du deiner Sache nicht.

Man ist keiner Sache sicher. Nur Schwachköpfe denken das.

Aber du hast keine Begierden mehr.

Wonach?

Nach einem Weib, einem Schoppen Wein, einem kräftigen Zug aus deiner Pfeife.

Darüber hatte ich noch nicht nachgedacht. Nein, sagte ich, nicht mehr.

Wir saßen am See und schwiegen. Die Nebel stiegen hoch und machten das Seeufer frei. Gegen Mittag könnte es Schnee geben, meinte der Josef.

Bauer Greiffs Sohn brachte die Katze zum Tierarzt. Die müsse fast hundert Kilometer gelaufen sein, meinte der Arzt, und der Orientierungssinn solcher Tiere sei ein echtes Geheimnis, dahinter werde man wohl nie kommen.

Die Bilder ließ ich noch liegen, aber die Kartons wollte ich aus dem Keller holen und entsorgen. Dabei fiel mir auf, dass der arme Baum nun doch vertrocknet war. Ich goss den Sack mit Erde, der um seinen Fuß gewickelt war, mit einer Blumenvase und hoffte, er würde sich erholen. Es sah nicht danach aus – überall auf dem Boden lagen schon Nadeln, die abgefallen waren.

Später am Tag gelang es mir, das Arbeitszimmer zu bebildern, und ich konnte mich nicht sattsehen an der Vielzahl der Anekdoten, Hinweise, Erinnerungen und Erbaulichkeiten, die da, groß und klein, Kunst und Kitsch, Postkarte, Ölbild, Plakat und Schnappschuss, durcheinander, aber in wohlkomponierter Ordnung hingen.

Ich betrank mich nicht an diesem Abend. Ich verbrachte ihn vor dem Fernseher mit einer Luis-Trenker-Jause, Käsebrot und Radieschen, und ging immer wieder ins Arbeitszimmer, um die Bilderwand zu bewundern.

Die Al-Pacino-Variante mit Grapefruit würde ich Martin-Scorsese-Frühstück nennen. Der Regen hatte leider alles versaut. Die schöne Aussicht auf ein Bilderbuchweihnachten war im Eimer – was man jetzt da draußen sah, waren Schmutz und Nässe und schmieriges, graues Irgendwas. Umso tapferer fand ich meinen geduldigen Geschichtenbringer, der sich auch durch dieses Wetter zu meinem Briefkasten durchgeschlagen hatte.

Regina Henscheid

Viel Zorn

Haben Sie sich schon einmal überlegt, warum wir eigentlich bei diesen sogenannten Großen, auch Mann und Frau (Brüder?) genannt, oder Wesen oder was, sind? Warum wir bei denen wohnen?

Ich denke oft darüber nach, besonders vor dem Frühstück und vor dem Abendessen, wenn ich etwas unruhig werde. Ich will damit nicht sagen, wir hätten bei unserer Mutter bleiben sollen; wir wollten ja noch mehr erkunden als nur unsere Scheune da drunten, und unsere Großen bieten erstaunlich viel Zerstreuung und Abwechslung, wenn auch manchmal allzuviel davon. Und überall, wo sie uns hinschleppen und -bringen, warten gutes Essen, weiche Kissen, die Häufchenkisten und so weiter auf uns. Das ja. Trotzdem: Wäre nicht auch etwas ganz anderes denkbar, ein Anderes Leben? So etwas Freies oder im Freien, wo man sehr schnell sein muß und mit aller Kraft in weiten Sprüngen dahinstürmen kann und wo man ein andermal wieder lauert und wild zupackt und die Krallen tief einschlägt und festhält und zubeißt, in warmes kleines böses Fleisch, in Fell und Knöchlein, und sie knackend kleinbeißt und niedermacht. Das wär's! Das wäre schön, das gefiele mir! Das steckt auch heute noch in mir, oder steckte jedenfalls, und brodelt noch manchmal in mir hoch, wenn ich mich ärgere oder meine Ruhe gestört wird oder es dauernd donnernd an der Tür klingelt und fremde Wesen hereinkommen. Dann taucht eben auch die Frage auf, warum ich ausgerechnet hier bin.

Es gab einmal eine Zeit, da hörte der Strom der Besuchswesen nicht und nicht auf. Schon allein die Klingel! Sie sticht mit zwei scharfen Tönen wie mit zwei Blitzen ins Ohr, so daß wir sofort um die Ecke ins hintere Zimmer fliehen, von wo aus wir die Eindringlinge belauern. Ramirez wagt sich – was sage ich: ich wage mich meist vor und schleiche an den Wänden entlang zum Wohnzimmer. Wenn die fremden Wesen ihn, das heißt, mich sehen, löst das meist ein Geschrei aus. »Ach, eure Katze!« und: »Wo ist denn die andere?« wird da gerufen (übrigens nie »euer Bär«, obwohl wir einwandfrei Bären sind!), und wir werden gelockt mit scheußlichen Stimmen, und unsere Frau erklärt, daß wir eher scheu seien. Jaja! So lügt sie. Dann reden und reden sie alle wie nicht ganz bei Trost und kriegen auch etwas zu essen (»Tee«), und die Großen sehen es gar nicht gern, wenn wir uns, wie sonst auch, etwas von einem Teller nehmen. Denn auch ich überwinde schließlich meinen Stolz und trete auf, um mich zu zeigen, wenn auch nicht für lange.

Zweimal und dann noch zweimal kam ein Wesen wie unsere Frau daher und brachte ein ähnliches, aber vielviel kleineres Wesen mit. Es wackelte beim Gehen und war dick gepolstert in einer Art Gesamtüberzug, so daß ich nur sein glattes helles Fell an den freien Händen (die waren nett) und natürlich im Gesicht sehen konnte. Auf dem restlichen Kopf hatte es freilich Haare, wenn auch nur kurze. Dort, wo bei allen Wesen und Tieren meist der Mund ist, steckte ein Ding, das die anderen »Schnuller« nannten und um den sie, wie mir schien, ein unnötiges Getue machten. Das kleine Wesen ließ ihn nämlich bei meinem Anblick sogleich herausfallen, aus dem Mund, worauf das große Begleitwesen ihm jenen Schnuller unter allerlei unverständlichen Lauten wieder hineinschob. Das Kleine spuckte ihn bald wieder heraus, so daß er von allen unbemerkt und von ganz alleine unter ein Schränkchen lief, wo er – und jetzt passen Sie auf – noch heute liegt! Also wissen Sie! Erst dieses Gemache mit Abwischen und Herumreden und dann einfach liegen lassen; sehr unordentlich, das. Wir versuchten mehrfach, an das Ding heranzukommen, es verlor dann aber seinen Geruch und wurde uns vollkommen gleichgültig. Schade eigentlich.

Die Hände des kleinen Wesens rochen fremdartig, aber harmlos, und so blieb ich ganz still stehen, als es auf einmal täppisch mit einer Hand in mein Fell hineinfaßte, als wollte es sich abstützen, und dann mit der anderen einen Brocken seinem eigenen Mund zuführte. Ich verfolgte sehr genau, wie das Eßbare langsam sich der Mundöffnung näherte, sie nicht gleich traf (ich begann zu hoffen), dann aber doch darin und ganz verschwand. Die Zutraulichkeit hatte mir gefallen, weniger naturgemäß jetzt das mit dem Brocken, weswegen ich auch gleich wieder ging.

Ich erkannte das Kleine beim nächsten Besuch jedoch sofort wieder und setzte mich zu ihm auf den Boden. Es sprach mich sogar mit »Miezi« an und streckte die Arme nach mir aus, und es hätte zu einer Freundschaft zwischen uns kommen können, wäre es das wiederum nächste Mal nicht mit einem noch kleineren Wesen erschienen, das sich als äußerst fragwürdig erwies. Schon beim Hereinkommen hatte dieses seinen großen Mund (ohne Schnuller!) stark geöffnet und war in ein zorniges Schreien ausgebrochen, bevor es uns überhaupt richtig gesehen hatte. Es hatte sowieso keinen Blick für uns und konnte nichts anderes als schreien. Das ihn begleitende Wesen, mein Fast-Freund und unsere Frau schoben ihm allerlei hin und zu, wohl um es aufzuheitern, aber nichts half, auch nicht das braune Nicht-Tier, das dumme. Was der Schreier eigentlich sagen wollte, war mir nicht klar, vielleicht wollte er gar nichts Bestimmtes sagen und war immer so. Ein verstörender Gedanke.

Diese Art Wesen ist selbstverständlich nicht der richtige Umgang für Bären. Wir brauchen nicht jede Unbill zu ertragen, und so sah uns dieser Besuch nur kurz und dann nie mehr wieder. Als gleichfalls verstörend erlebe ich es jedesmal, wenn die Großen, also die Unseren, immer welche anderen extra von draußen mit hereinbringen, die dann oft nicht mehr weggehen und hocken bleiben auf unseren Plätzen und den ewigen blöden Tee bekommen mit Essenszeug.

Einmal kamen zwei herein, die mir erst ganz gut gefielen, weil sie sich korrekt verhielten und uns leise und fast beiläufig begrüßten und nicht schon bei unserem zweifellos raren und ecksquisieten Anblick (verglichen mit dem ihren!) zu lärmen anfingen. Sie rochen auch recht vertrauenerweckend. Das eine Wesen hatte allerdings harte kleine Schuhe an, mit denen es wie in den Boden hineinhackte und -klopfte, wenn es herumging. Das machte mich schon mal reichlich nervös.

Sofort fingen alle an zu reden. Und was für ein Zeug und einen mausmäßigen Unsinn! Manchmal redeten sie alle donnernd durcheinander, daß es nur so schepperte und krachte, dann lachten sie wieder wie besinnungslos. Die Unseren mußten immer Neues zu essen und zu trinken herbeischleppen, so daß uns ganz bange wurde. Denn nicht selten wird darüber unser Nachtessen vergessen oder zumindest verschoben, weitweit weg. Sie sagten dann so elende Sätze wie: »Das kann man aber nicht romanntisch nennen« oder: »Besonders stringent oder jedenfalls suppkulturell ist das auch nicht.« Stringent! Was für ein perfekt mausdoofes Wort. Und suppkulturell erst! So einen abgründigen Schmarren aber gaben diese Neuen dauernd eifernd von sich. Wo es doch so schön gewesen wäre zu schweigen!

Ich und der Ramirez gingen immer wieder ins große Zimmer hinein, um zu schauen und ein Zeichen zu geben; man nahm uns aber gar nicht wahr. Das Harte-Schuhe-Wesen fing zudem an, immer öfter in die Unterhaltung mit spitzer Stimme »Wieso?« hineinzurufen, einwandfrei, damit die anderen ihm, dem Wesen, alles noch mal erklärten und alles noch viel länger dauerte. Trotzdem quiekte es bald darauf schon wieder »Wieso?« oder ganz schrill triumphierend: »Das sti-himmt nicht!« So ging das Gerede und Gezeter immer weiter. Unsere Frau warf mir kurz einen hilflosen Bück zu, aber was sollte ich tun? Dem Mann glänzten schon kleine Wasserperlchen auf der Stirn, weil ihn alles so anstrengte, glaube ich.

»Wieso?«

Ramirez lief derweil im Flur umher und zitterte, vor Wut vermutlich. Würden die denn nie gehen? Und unser Essen? Ich setzte mich schon vorsichtshalber in die Nähe der Küchentür, damit ich dann gleich beim Teller wäre. Aber auf einmal merkte ich, wie der Bruder sich straffte. Er ging mit steil erhobenem Schwanz ins große Zimmer, Ich folgte ihm bis zur Tür und sah, wie er auf den Stuhl neben dem Tischchen mit den Figuren auf dem schwarzweißen Brett sprang.

Was hatte er vor?

Sie müssen wissen, daß wir das Brett sonst immer respektvoll meiden, da wir merken, wie wichtig es für den Mann ist. Wenn er davorsitzt und die Figuren, die seltsamen, vor- und zurückschiebt oder eine vom Brett nimmt und beiseite stellt, sieht er immer ernst, fast mürrisch aus. Dann hört er auch nicht, wenn die Frau etwas zu ihm sagt. Hört er aber auf, stehen sich die Figuren, es sind etwas mehr als zwei, in zwei schönen geraden Reihen gegenüber, und das Gesicht des Mannes sagt ungefähr: Ich habe etwas geleistet. Nur – was? Uns bleibt der ganze Vorgang verschlossen, aber wir stören dabei nicht. Die Frau meidet das Brett ebenfalls und tut auch nie mit. Sie darf die Figuren allenfalls unter der Liege suchen, wenn der Mann mit seinen plumpen Händen (das kann man wohl sagen) mal wieder eine verloren hat.

Ich hielt also die Luft an, als ich den R. in der Nähe des Brettes sah. »Das stimmt nicht!« schrie das schrille Besuchswesen. R. stieß sich ab, landete lautlos und ungesehen genau zwischen den zwei Figurenreihen und hockte sich nieder. Seine herunterhängende Schwanzspitze, ich sah es ganz genau, zuckte leicht hin und her. Er schaute wie brütend vor sich hin, nur seine Ohren waren vibrierend auf die Großen gerichtet und ihr Toben und spielten ein wenig, besonders das linke.

»Wieso-o?«

Da stand R. mit einem Ruck auf, hob die rechte Pfote und schubste gezielt zwei Figuren vom Brettrand. Bei ihrem klappernden Aufprall auf dem Boden schrak die Frau auf und erhob sich. Rasch, aber auch gelassen erschien R. wieder im Flur, ich schloß mich ihm an, und wir verschwanden im hintersten Zimmer und lauschten. Er schaute mich an. Sein Blick sagte: »Wirst schon sehen!«, und tatsächlich, es lärmte nur noch kurz im Zimmer, dann standen alle geräuschvoll an der Wohnungstür herum, und endlich waren die anderen draußen, und es herrschte eine freundliche, ja erleichterte Stille. Schon gab es auch das schöne Klirrgeräusch, welches die Körnchen machen, wenn sie auf unsere kostbaren Essensteller fallen.

Der Bruder hatte uns alle gerettet! Ich hatte mich schwer in ihm getäuscht und war beschämt. Auch verstand ich von der Unterhaltung zwischen dem Mann und der Frau am Abend so viel, daß ich sagen kann, sie teilten meine Bewunderung. Ich glaube, die Frau sagte sogar: »Wir wären sie ja sonst gar nicht mehr losgeworden!« Sie sagte auch noch etwas von wegen einem »Sümbol«, aber das verstand ich nicht. Macht nichts. Noch Jahre, ja Minuten später sah ich schwer beeindruckt zum Bruder auf und tat kurz, oder jedenfalls fast, Abbitte für die Verachtung, die ich oft für ihn spüre, oder jedenfalls bis dahin spürte.

Das war das eine Hauptereignis dieser Zeit. Das andere war verwirrend, weil beunruhigend und ermutigend zugleich. Möglicherweise war es ganz folgenlos für mich und den Bruder, aber sicher bin ich mir nicht.

Es war nämlich ein sogenannter »Arzt«-Besuch. Schöner Arzt!

Wir lernten dieses weiße Wesen eines Tages kennen, als uns die Großen im Korb nicht wie sonst zur Eisenbahn brachten, sondern in ein anderes Haus, das äußerst seltsam roch mit einer Spur von etwas sehr Unheimlichem. Wir saßen deswegen eng aneinandergedrückt im Korb und lauschten nur widerwillig dem, was uns die Frau zuflüsterte: Wir seien brave Tierchen und brauchten also keine Angst zu haben. Sie versteht von manchen Dingen gar nichts, finde ich. Denn neben uns stand ein Korb oder eine Kiste mit einem Tier drin, das uns sehr fremd schien. Es schnaufte anders, und wir nahmen in Wellen eine Witterung von ihm auf, die uns das Fell sträubte. Es ging aber gut aus, denn das Tier blieb drin, und der Weiße, den ich instinktief nicht mochte, fingerte anschließend nur überall an mir herum, machte mir den Mund auf und schaute sich meine Zähne an (ein Depp, nicht wahr?) und pikste mich dann zweimal ganz fein. Ich fand das nicht schlimm, aber ein wenig entwürdigend und wollte mir so etwas nicht noch einmal bieten lassen. Die Extraportion Körnchen, die es zu Hause gab, die nahm ich natürlich trotzdem freudig an.

Doch bald schon wieder oder auch viel später geschah schon wieder das gleiche! Schon wieder beim sogenannten Arzt! Schon wieder auf dem Behandlungstisch! Man würde mich kennenlernen!

Als erstes brachte mich niemand aus dem Korb heraus.

Ich stemmte mich so sehr dagegen und krallte mich so fest in das Polster, daß ich nicht fortzubewegen war. Der Weiße ließ ermattet von mir ab und besprach sich mit den Unseren. Dann versuchte es der Mann. Vergebens, da nun auch Ramirez eingriff und sich mit mir wehrte. Die Frau traute sich erst gar nicht, mich herauszuholen. Auch ihr Flüstern und Einsagen nützte nichts. Jetzt wäre wieder der Weiße drangewesen mit dem Zerren, und er zog sich schon dicke lange Handschuhe an, da aber packte mich der größte, gewaltigste und allerriesigste Mausmauszorn, den ich je empfunden habe. Ich fühlte, wie ich von Riesenkräften aufgebläht und gestärkt wurde und wie meine Krallen und Zähne länger und immer fester wurden. Als ich bis zum Bersten voller Kraft war, sprang ich auf den Weißen zu und versetzte ihm einen derartig feuerflammenden Hieb auf den Kopf neben die Nase, daß er schrill und wie von Sinnen aufkreischte, sodann in einem langgezogenen Jaulen zu Boden ging und sich dort fauchend in seinem dunklen Blute wälzte, wobei er mit den Armen und Beinen wie rasend um sich schlug.

Ich beugte mich in aller Ruhe über den Tischrand, um dem Tobenden zuzuschauen, und als ich bestätigt fand, daß er gedemütigt und wohl für immer unschädlich gemacht war, zog ich mich tief befriedigt, ja befriedet in den Korb zurück und putzte mich und leckte auch ein wenig den R. ab, denn er sollte auch etwas von meinem Triumph haben.

Dann muß ich wohl eingeschlafen sein.

Als ich aufwachte, war ich zu meiner Überraschung bereits wieder zu Hause. Aber kaum hatte ich gedacht, das ist ja noch mal gutgegangen, da merkte ich, daß das Gegenteil stimmte. Als erstes nahm ich das Gesicht des Mannes wahr, der mich unerklärlich besorgt ansah, wie ich im Reisekorb saß (das Türchen stand offen). Er fragte mich: »Na, Miezerl, geht es wieder?« Als ich aufstehen wollte, spielte irgend etwas mir übel mit, und ich kam kaum hoch. Ich war so geschwächt (wovon?), daß ich nicht die Beine geradedrücken konnte und dann, achduschreck, auch noch aus dem Korb fiel und auf den Boden plumpste wie zwei Zentner (?) schwer. Da lag ich dann wieder eine Weile. Das war hart und dem Selbstbewußtsein nicht sehr zuträglich, das können Sie mir glauben. Vor den Augen sah ich grüne oder graue Nebel und Flecken ziehen. Der Mann half mir auf, streichelte mich und sprach freundlich auf mich ein wie sonst nur die Frau. Das war kein gutes Zeichen. Ich war aber froh, daß, wie sich bald herausstellte, die Frau nicht da war – sie mußte zu der Zeit manchmal fort – und mich nicht in diesem Zustand sah, diesem lächerlichen und erbärmlichen. Das hätte ihr vielleicht weh getan. Oder eher mir.

So schlurfelte und humpelte ich lange durch die Wohnung und traf hin und wieder auf R. – ich vermute, daß er es war. Einmal sah ich ihn vor der offenen Tür des Schlafzimmerschranks sitzen und hineinstarren. Er war offensichtlich auch beschädigt. Aber wodurch und wie? Warum kam ich nicht aufs Bett mit den schönen Kissen und allem? Außerdem hatte ich Schmerzen. Dort, wo mein edler Schwanz an meinen doch sonst so tüchtigen Körper angewachsen ist, das heißt, eigentlich etwas tiefer, schien mir etwas zu fehlen. Da waren früher zwei so rundlich feste Bällchen angebracht gewesen, mit Fell überzogen. Dort tat es jetzt weh. Beim R. hatte ich sie auch gesehen, und bei ihm, das sah ich später, waren sie ebenfalls fort.

Damals war ich zu müde und matt, um darüber nachzugrübeln, später vergaß ich es gerne, und heute ist es mir gleichgültig geworden. Die Bällchen, falls es sie denn gegeben haben sollte, waren wohl nicht wichtig gewesen.

Immerhin waren wir beide, der Bruder und ich, dann wieder wach und frisch, als die Frau irgendwann zurückkam, und unser gutes Leben konnte weitergehen. Da endlich fiel mir auch wieder die ganze Geschichte von meinem Kampf mit dem Weißen ein. Was wohl aus ihm geworden ist? Dem »Arzt«? Leid tut er mir nicht, oder täte er mir schon, wenn –

– wissen Sie, was mich doch sehr wundert? Die Unseren hätten doch mit mir schimpfen müssen. Eigentlich dürfte ich doch nicht jemanden niedermachen und fertig, mit dem sie gerade noch freundlich geplaudert haben. Sie hätten uns aber auch nicht zu dem Weißen bringen sollen, das war unnötig und unbedacht, und falls es in einem Zusammenhang mit meinem Torkeln und der starken Schwäche stand, die mich zu Hause befiel, dann war es auch grausam, jawohl. Aber unsere Frau ist nicht grausam, nie, sondern nur immer gut und brav. Kurzum, es bleibt ein geheimnisvoller und letztlich unauslotbarer Vorgang.

Eines aber ist doch sicher, eines hat Bestand und bleibet: Der Sieger über den Arzt, über den weißen sogenannten Arzt, das bin ich, Miez, Edler von Bär.

In der Folge dieser ganzen Aufregungen oder auch möglicherweise unabhängig davon und schon einige Jahre vorher, wer kann das so genau sagen, wurde ich etwas krank. Vielleicht ist es aber auch keine Krankheit, sondern eine etwas mühsame Art des Zeitvertreibs, weiß nicht genau. Jedenfalls merkte ich auf einmal, daß das Essen, jenes weiche, das in Dosen versteckt ist und das immer sehr verführerisch riecht und das wir bisweilen nur bekommen, nach dem Hinunterschlucken wieder aus mir herauswollte. Ich mußte plötzlich laut und schlimm würgen. Da rannte ich aus der Küche, und alles brach stoßartig aus mir heraus. Ich war sehr verwirrt (nicht so wie bei jenem Arztbesuch, sondern nur kurz) und wußte nicht, was ich machen sollte. Mich packte ein Widerwillen vor dem Herausgebrochenen, und ich schämte mich dafür und fühlte mich schlecht. Ich lief wie kopflos herum, aber da spürte ich plötzlich eine weiche Pfote auf meinem Rücken. Es war der Bruder. Er war mir nachgefolgt und schaute mich nun aus seinen großen gelben (?) Augen treu und sorglich an. Da merkte ich etwas von dem festen Band, das uns zusammenhält und -schnürt, und das schon so viele Tage, Sekunden, Jahre und vielleicht sogar Wochen. Alles haben wir bis jetzt zusammen gemacht, Reisen, Spaß und Kummer, Prügeln, Arzt und Schlaf immer zu zweit bis auf die tollen Dinge, die ich alleine trieb, natürlich. Sie werden davon zu gegebener Zeit hören.

Meine Krankheit, oder was es war, gefiel Ramirez so gut, daß er sie auch bekam. Oder ihm gefiel die Besorgnis der Frau, die nämlich auch in der Nacht, wenn sie uns würgen hörte, immer aufstand, uns streichelte und gut zuredete und die Häufchen Gebrochenes gleich wieder wegtat, damit sie uns nicht in der Nase ärgerten. Dann wurde R. einmal wirklich krank und wollte gar nichts mehr tun und auch nicht essen. Er war aber, wie alle Bären, klug und legte sich auf ein Kissen im schaukelnden Stuhl, rollte sich ein und schlief. Die Frau deckte ihn mit einem seidigen Tuch zu und sah öfter nach ihm.

Derweilen malte ich mir aus, wie schön das Leben wäre ohne den ewigen Bruder. Ach, wie schön! Alles Essen ganz für mich allein und die Frau für mich! Aber wenn die Großen mal nicht da wären, was dann? Sehr öde wäre es wohl an diesem Ort, und ich müßte zur Unterhaltung auf die winzigkleinen schon erwähnten Wesen in der Wohnung zurückgreifen und die jagen; was heißt »jagen«, ich bin ja doch sowieso schneller als sie, und sie würden mich bestimmt nicht jagen, dazu fehlt ihnen ja alles. Also war das auch nichts.

So kam es mir gut zupaß, daß R. in Bälde wieder aufstand, von der Frau maunzend eine außerplanmäßige Mahlzeit forderte und auch bekam, alles wegfraß, wobei er mich dauernd mit seinem ganzen dicken Körper fortstieß, sich anschließend putzte und schon wieder zu allem bereit schien. Bei der nächsten Gelegenheit, als die Großen nicht da waren, jagten wir uns wieder und prügelten uns wie frisch entfesselt, und ich bekam meinen berühmten unbändigen zweifachen Mausmausmaushaß jawohl!! – und schlug dem R. meine Pfote in die Nase, daß tatsächlich ein Streifen Blut erschien und R. wie vernichtet umsank und sogleich Ergebenheit und Aufgabewillen andeutete. Zwar zitterte die schöne Kampfeserregung noch krachend in mir nach, aber meine Bärenehre sagte mir, schone den Bruder.

Er, der Unterlegene, ging mir dann ein Weilchen aus dem Weg. In der Nacht lagen wir jedoch wieder bei der Frau, er in der Nähe des Kopfes, ich in der Kniekehle. Weil es von draußen so mild und freundlich roch, standen wir später einträchtig wieder auf, gingen in das luftige Zimmer – dabei müssen wir immer über das braune Nicht-Tier springen, das in der Tür steht und glotzt und seine dummen Ohren in die Welt hält – und schauten vom Rand aus, traulich nebeneinandersitzend, ins Wasser und den sogenannten Anten beim Schlafen zu.

Der misshandelte Weihnachtsbaum schien sich nicht mehr erholen zu wollen. Ich musste wohl einen neuen kaufen. Aber eine Nacht wollte ich ihm noch geben. Ich goss ihn noch mal, kam mir dabei aber dämlich vor. Ich bin kein Förster und kein Gärtner, ich habe keine Ahnung, wie man eine kleine Fichte aufpäppelt. Vielleicht sollte ich sie vor die Tür stellen und dem immer noch gleichmäßig fallenden Regen aussetzen.

Wegen dieses unwirtlichen Wetters ging ich nicht nach draußen, obwohl ich schon wieder einen Stapel Kartons hätte loswerden können, stattdessen räumte ich Kleider in den Schrank und beantwortete eine Reihe von Mails.

Sechzehnter Dezember

Wenigstens hatte es aufgehört zu regnen und blies ein föhniger Wind ums Haus. Der Schnee war verschwunden bis auf wenige schmutzige Haufen am Straßenrand. Ich ging zum Bäcker einige Straßen weiter und nahm erst auf dem Rückweg die Geschichte aus dem Briefkasten.

Michael Aufhauser

Minki, meine Katze, die täglich duscht

Ein Ehepaar, das sich bei mir telefonisch meldete, hatte ein Problem mit der Oma, genauer gesagt, mit deren Katze Minki. Der Oma ging es nicht gut, und dorthin, wo man sie jetzt verlegt hatte, durfte sie ihre Katze nicht mitnehmen. Das Ehepaar hatte keinen Platz und keine Zeit, und so begann ein Countdown von 24 Stunden, nach dessen Ablaufen Minki getötet werden sollte, wenn ich sie nicht nehmen würde. Ich, der relativ unerfahrene Katzenhalter.

Im ersten Stock meines Wohnhauses leben bereits drei heimatlos gewordene Katzen, Gina, Venus und Angelina, und die beiden Kater Rodi und Garfield. Den Tag verbringen sie in einem sehr großen Gehege und sind keine Kinder von Traurigkeit. Dort könnte sie ja eigentlich mitwohnen, dachte ich, und erlaubte Minkis Einzug.

Bei ihrer Übergabe wurde das Ehepaar etwas deutlicher: Minki war der freien Natur völlig entwöhnt worden und lag eigentlich zeit ihres Lebens neben der bettlägerigen Oma. Die beiden taten sich gegenseitig gut, und Minki schleckte mehrmals am Tag die Hand der Oma ab, kuschelte sich an sie, damit sie sich nicht so einsam fühlte. Das Ehepaar verabschiedete sich, und ich habe nie wieder etwas von ihnen gehört.

Behutsam brachte ich die Transportbox in die Wohnung der Katzen. Diese hielten sich gerade auf einem der vielen Katzenbäume im Badezimmer auf. Als ich das Türchen des Transportkäfigs öffnete, erlebten sie und ich ein blaues Wunder. Wie eine Tigerin sprang Minki heraus. Zuerst zu dem herzlichen Kater Rodi. Sie erhob ihre Pfote, als wolle sie einen Pfosten in den Boden rammen, und schlug ihm mit aller Gewalt auf den Kopf. Dann ohrfeigte sie die anderen und vertrieb sie fauchend. In Panik rannten sie davon und versteckten sich.

Ich steckte Minki wieder in ihre Box und brachte sie ein Stockwerk höher in meinen kleinen privaten Salon. Sie wissen schon, was ich meine: wo ich es mir halt gemütlich mache und die berühmte Couch steht, auf die man sich gerne einmal hinlegt und Fernsehen schaut. Das Sofa hatte ich vor Jahren für einen damals für mich fast unerschwinglichen Preis erstanden. Rot und mit einem kuscheligen Stoff bezogen, ist es mein eigentliches Zuhause.

Mühevoll baute ich gemeinsam mit Hans Eder, der meine Katzen mitversorgt, zwei riesige Kratzbäume auf, die bis zur Decke reichten. Meine neugierige Hündin Lucy, die Katzen liebt, kam kurz vorbei, um Minki zu begrüßen. Ich ließ die beiden diskret alleine.

Mit eingezogenem Schwanz, wie ein geölter Blitz, schoss Lucy plötzlich den Gang entlang und versteckte sich hinter meinem Bett im Schlafzimmer. Lucy war wohl genau so begrüßt worden wie Rodi. Minki und ich waren fortan die Einzigen, die zum blauen Salon Zutritt hatten.

Ich interessierte sie anfangs relativ wenig. Minki war aufgeregt, und ihre ganze Welt war durcheinandergekommen. Die Oma war weg, ihre sanften Hände, und was sie stattdessen vorfand, waren Hundegerüche und alltäglicher Wirbel in meinem Haus. Kein Wunder, dass einige Tage vergingen, bis sie auf mich zukam. Umso inniger war dann unser Kennenlernen. Was sie interessierte, war meine Hand, die sie erst einmal abschleckte. Und dann faszinierte sie mein Bauch. Sie stellte sich darauf und begann sich mit den Vorderpfoten hin und her zu bewegen.

Ich rief meine Katzenfreundin Erika in Wien an: »Treteln nennt man das!« Eine Liebesbekundung, die in den Bereich der Milchsuche fällt. Nun gut, dachte ich, wenn's weiter nichts ist. Nach einigen Tagen, Minki ging es schon sichtlich besser, fand ich sie in richtig guter Laune im blauen Salon schnurrend und spielend vor. Sie war ein bisschen erschöpft, denn sie hatte aus ihrer Sicht Mächtiges geleistet. Meine Couch bestand nur noch aus Fäden und Fetzen. Ich nahm alle Tierliebe, die ich in mir habe, zusammen und lobte sie, was sie mir bis heute dankt. Ich habe dann ein paar schöne Decken über die Couch gelegt, aber sie fand noch lange Zeit Flächen zum Bearbeiten. Auf dem Untergrund und hinter der Couch.

An einem wunderschönen Tag öffnete ich die Terrassentür. Ein großer Teil dieser Terrasse ist für Hunde nicht zugänglich. Die anderen Katzen hatte ich weggesperrt und hoffte nun, dass es sich Minki ein bisschen in der Sonne gemütlich macht. Doch Minki hasst nicht nur Katzen, sondern auch die freie Natur. Schlecht gelaunt lief sie mir zuliebe wie ein Storch im Salat über die Wiesenteile der Terrasse. Bald machte sie mir klar, dass ich mir den Ausflug ins Grüne mit ihr sparen kann. Außerdem hat sie ja nächst dem blauen Salon noch ein Gästezimmer und einen Balkon.

Aber ich sollte noch mehr über meine neue Mitbewohnerin in Erfahrung bringen. Am Abend liebt sie es, in der Dusche des Gästezimmers Platz zu nehmen. Beim ersten Mal stimmte sie dort ein beeindruckendes Geschrei an, und ich glaubte zu wissen, dass sie eine Art Telefonat durch das Abflussrohr mit Rodrigo und den anderen ein Stockwerk tiefer führt. Auf was doch Katzen alles kommen können, dachte ich. Ihr Geschrei wurde immer lauter.

Dass es sich um nichts anderes als um einen deutlichen Befehl handelte, erfuhr ich, als ich eines Tages unter der Dusche stand und Minki plötzlich neben mir. Geduscht werden wollte Minki und nichts anderes. Und das von jetzt an täglich. Zweimal, wenn es sich ausgeht. Meine Katzenfreundin Erika wollte mir nicht glauben. Katzen seien wasserscheu, und was ich erzählte, hätte ich vielleicht geträumt.

Mit meinen Abenden von früher war für immer Schluss. Wenn ich nach oben in mein Stockwerk komme und meine Hunde versorgt habe, dann bin ich schon unterwegs und haste in den blauen Salon. Dort werde ich nämlich schon erwartet. Erst wird gebürstet, gestreichelt, geschnurrt, getretelt und dann gespielt. Das kann schon gut eine Stunde dauern. Danach gibt es Handverköstigungen. Auch hier muss genau ausgewählt werden, aber wenn ich es eilig habe und Minki merkt das, verzichtet sie auf ihr Betthupferl. Das Schnelle liegt Minki nicht. Ich habe angefangen sie zu lieben, ohne es zu merken. Ich vermisse Minki unendlich, wenn ich einmal nicht zu Hause bin.

Es ist, als hätte Minki alles gewusst und geplant. Die Nähe zu ihr hat mich vor etwa zwei Jahren auf etwas aufmerksam gemacht, das tragisch hätte enden können. Sie lief über den Gang, schnurstracks auf einen Türpfosten zu und stieß sich an ihm an. Dann ging sie weiter in die Dusche und stieß sich wieder an einem Türpfosten. Ich nahm sie zu mir auf den Arm und bewegte meine Hand ganz nah vor ihren Augen, ohne ihre Schnurrhaare zu berühren. Rührungslos vor sich hinstarrend, zeigte sie keine Reaktion. Die Tierklinik in München bestätigte mir, dass Minki jetzt für immer blind ist und es keine Hilfe gibt.

Ausgestattet mit einer Katzenfutterdose, die wie ein Medikament aussah, kamen wir zu Hause an. Minki ist auch nierenkrank und soll fortan den Inhalt dieser Dose essen. Was hat sie denn dann eigentlich noch von ihrem Leben, dachte ich. In meiner Verzweiflung rief ich meine Mutter an. Sie hat die Menschenvariante dieser Augenkrankheit und hat nach und nach ihr Augenlicht verloren. Dabei bleibt sie jedoch lebensfroh und ist auch heute noch dankbar für jede Stunde. Sie gab mir Mut, und Minki und ich verbrachten jetzt noch mehr Zeit miteinander. Kein Möbel darf mehr verrückt werden. Auch hat sich unser Begrüßungszeremoniell verändert. Beim Betreten des Raums rufe ich ihren Namen, um sie nicht zu erschrecken. Dann lege ich sie wie ein Baby in meinen Arm, so, dass sie mit ihren Pfoten mein Gesicht berühren kann. Sie tastet dann mein Kinn ab, meine Lippen, die Wangenknochen und bis hin zur Brille. Erst wenn sie festgestellt hat, dass ich es bin, der sie im Arm hält, beginnt sie ganz laut zu schnurren.

Und nach einigen Wochen fühlte sich Minki wieder wie vorher. Auch unterstütze ich sie bei der Umgehung der strengen langweiligen Diät. Sie ist aber selbst klug genug, dass sie größtenteils einsieht, dass sie sich wenigstens ein bisschen an die Vorschriften der Tierklinik halten muss.

Ich schlafe jetzt im Zimmer meiner Hunde ein, und wenn ich nachts aufwache, dann wechsle ich in den Salon zu meiner Minki. Je nach Laune kuschelt sie sich zu mir oder auch nicht. Manchmal möchte sie eine Dusche in der

Nacht genießen. Kaum wird dies Routine, will sie es wieder nicht mehr. Sie hat nichts von ihrer Individualität verloren.

Meine Mutter und Minki haben mir die Angst vor einem Leben mit eingeschränkten Sinnen genommen. Und weil ich mit Minki unter einem Dach auf einem Stockwerk lebe, werde ich jeden Tag daran erinnert, dass auch ein Leben mit Handicaps richtig lebenswert sein kann.

Ich brachte den eingegangenen Weihnachtsbaum zusammen mit den Kartons weg und suchte mir einen neuen aus. Er war nicht so hübsch und ebenmäßig, aber wenigstens ähnlich klein.

Später räumte ich meine Handtuchsammlung in den Einbauschrank im Badezimmer. Meine Handtücher sind aus aller Welt zusammengeklaut. Ich hatte eine Methode erfunden, die mich nie einer peinlichen Gepäckkontrolle beim Auschecken aus dem Hotel aussetzte, nämlich die, das Handtuch immer vom Wagen des Zimmermädchens zu klauen – nie aus dem Zimmer selbst. Ein bisschen peinlich ist mir das heute schon, aber die Sammlung ist imposant, Tokio, Sydney, Paris, San Francisco, Kuala Lumpur, Moskau, Dubai, Tel Aviv – die illustren Städte dieser Welt und die illustren Hotelnamen dieser Welt sind vertreten und erinnern mich daran, dass ich mal ein, zumindest geografisch gesehen, bewegtes Leben gehabt hatte.

Bevor ich an den Briefkasten kam, musste ich erst einmal zwei penetrant höfliche Zeuginnen Jehovas von meiner Schwelle weisen. Das kostete ein paar Minuten, weil sie *meine* Höflichkeit ausnutzten und immer noch mal einen Haken reinschlagen wollten. Wäre ich unfreundlich gewesen, hätte ich sie schneller losgehabt, aber das kommt für mich nicht infrage. Das bin ich mir selbst schuldig. Ich bleibe freundlich. Basta.

Mazo de la Roche

Cat kreuzt die Meere

Cat war rabenschwarz. Diesem Umstand verdankte sie ihre ungewöhnliche Beliebtheit bei den Seeleuten. Sie schworen, sie wäre eine glückbringende Katze und hätte das viele Male bewiesen. Eigentlich war sie nicht einmal hübsch, doch sie hatte Charme und wußte ihn anzuwenden, so daß sie immer durchsetzte, was sie wollte. Sie war jetzt acht Jahre alt und hatte mehr Reisen und Abenteuer mitgemacht, als die meisten Menschen in achtzig hinter sich bringen. Außerdem hatte sie fünfundvierzig Kätzchen in die Welt gesetzt.

Geboren war sie an Bord eines Kohlendampfers, der *Sultana*, mitten in einem fürchterlichen Sturm, bei dem die

Mannschaft jeden Augenblick geglaubt hatte, es wäre ihr letzter. Ihre Mutter war ingwerfarben, und sie hatte, während sich das Schiff in tausend Nöten befand, drei ingwerfarbene Kätzchen geworfen, außer diesem letzten, das schwarz war wie die Ladung des Schiffes, die Kohlen. Der Heizer hatte gebrummt, während er düster auf die wurstförmigen kleinen Körper hinabsah: »Wenigstens brauchen wir sie nicht zu ersäufen – sie werden mit uns untergehen.« Er nahm das schwarze auf und hielt es in der Hand. Sogleich wurde er von Mitleid ergriffen: Es kam aus der Dunkelheit und sollte nun so schnell dahin zurückkehren! Noch lag es da auf seiner flachen Hand, kugelköpfig; sein komplizierter Mechanismus von kleinen Organen und zarten Knochen war mit Fleisch ausgepolstert, das Fleisch von seidigem Fell umgeben, das Ganze belebt von einem Lebenswillen, der sich schon so nachdrücklich regte, daß die zehn kleinen Krallen auf seiner Hand fühlbar wurden. »Wenn ich eine Flasche fände, die groß genug wäre«, sagte er, »würde ich dich hineintun und ins Meer werfen. Ich wette, du kleines Glückstier kämst an Land!«

Aber es war gar nicht nötig, dieses Experiment zu machen. Wunderbarerweise schien es, als legte sich der Sturm. Die Wogen beruhigten sich. Das Schiff gehorchte dem Steuer wieder. Ohne Ausnahme erklärten alle, daß sie ihre Rettung einzig und allein der im richtigen Augenblick erfolgten Geburt des schwarzen Kätzchens zu verdanken hätten. Lange konnten sie sich nicht einigen wegen des Namens, den es bekommen sollte. Manche wünschten einen recht einfachen, der bequem zu rufen wäre, und er sollte auf die schwarze Farbe Bezug nehmen. Andere legten Gewicht auf einen Namen, der auf die Rettung ihres Lebens durch die gerade zur rechten Minute erfolgte Geburt des Kätzchens hinwies. Sie konnten sich nicht einigen. Schließlich rief irgendeiner die Kleine einfach »Cat«, und die andern beließen es dabei, trotz ihrer eigenen Vorschläge, wie es so oft mit Namen geht.

Cat hatte einen ausgesprochen runden Kopf mit kleinen Ohren und nahe beieinanderstehenden, klaren grünen Augen. Ihre Schnurrhaare waren ungewöhnlich lang und glänzend. Sie umgaben ihr verhältnismäßig großes Schnäuzchen, das mit nadelscharfen Zähnen prunken konnte, wenn sie für ihr charakteristisches, sozusagen dreieckiges Grinsen Anlaß fand, oder zu einem wütenden Zähnefletschen, sobald ihre Gefühle in Wallung gerieten. Ihren weichen, geschmeidigen Schwanz hielt sie nie still. Es gab keinen Matrosen, der sich nicht gefreut hätte, wenn sie ihm den Schwanz um den Hals wand; denn es war bekannt, daß jeder Glück hatte, dem sie diese Zärtlichkeit zuteil werden ließ.

Auf dem Schiff, auf dem sie aufwuchs, regierte sie souverän. Nichts war zu gut für sie. Wenn ihr nicht sofort gegeben wurde, was sie wünschte, kletterte sie an dem Mann hoch, der es ihr vorenthielt, und schlang beide Arme (man konnte sie nicht Vorderbeine nennen, weil sie sie genau wie Arme gebrauchte) um seinen Hals und starrte ihn aus ihren grünen Schlitzaugen an. Wenn er jetzt nicht sofort nachgab, preßte sie ihre Stupsnase erst an die eine Seite seines Gesichts, dann an die andere, derweil sie mit ihren Krallen seinen Nacken traktierte. Falls er dann immer noch halsstarrig blieb oder vielleicht boshaft genug war, so zu tun, als ob er sie nicht bemerke, drehte sie sich um und schlug ihre Krallen in seine Schenkel. Freiwillig gab er ihr dann, was sie wünschte.

Sie konnte laut vibrierend schnurren, und wenn sie, anmutig ihren langen Schwanz schwingend, auf dem Deck eines fremden Schiffes spazierenging, dem sie gerade die Ehre ihrer Gegenwart zuteil werden ließ, überkam alle an Bord ein Gefühl der Sicherheit und Beruhigung. Es war eine böse Sache für die Mannschaft des Kohlenschiffs, auf dem sie geboren war, als sie zur Zeit ihres ersten Wurfes von ihnen weg auf einen norwegischen Schoner desertierte. Da man nicht wußte, wohin sie gegangen war, durchsuchte die Mannschaft sämtliche Docks von Liverpool nach ihr, natürlich ohne Erfolg. Mit knapper Not konnte der Kapitän seine Leute überreden, wieder in See zu stechen. Und richtig, die Fahrt brachte böses Wetter und allgemeine Unzufriedenheit.

Die Norweger, denen sie zulief, hatten damals noch nichts von ihr gehört. Sie hatten ihre eigene Katze und wollten gar keine andere haben. Aber bald genug gewann Cat die Mannschaft für sich. Tatsächlich war ihnen die erfolgreichste Fahrt beschieden, die sie je gemacht hatten. Als sie bald darauf zu kurzem Besuch in Liverpool vor Anker gingen, prahlte der Steuermann mit Cat; er rühmte ihre Klugheit, ihre Schwärze und das Glück, das sie ihnen gebracht hatte. Zufällig hörte es ein Mitglied der Mannschaft der *Sultana*. An Bord herrschte große Freude, als man erfuhr, daß Cat in Sicherheit war; aber die Freude schlug in Zorn um, als die Leute hörten, daß sie auf dem fremden Schiff lebte. Sie besuchten die Norweger und überzeugten sich mit eigenen Augen, daß es sich tatsächlich um Cat handelte. Sie sahen auch ihren Wurf ingwerfarbener Kätzchen. Aber die Norweger wollten Cat nicht mehr hergeben. Sie waren bereit, ein Tierchen aus dem Wurf herzugeben, sogar alle, wenn's sein mußte; aber Cat wollten sie behalten! Die Mannschaft der *Sultana* lungerte überall in den Docks herum mit Bücklingshappen in den Taschen, weil nämlich Cat eine Schwäche für Bücklinge hatte. Aber die Norweger bewachten ihre Glückskatze mit Argusaugen. Da sie jedoch von sich aus die Entscheidung traf, konnten sie sie nicht zurückhalten. Ein Stück Bückling wurde ihr zur richtigen Zeit angeboten. Sie kletterte auf die Schulter des Spenders und wurde im Triumph zu ihrem alten Schiff zurückgetragen. Dort gab sie Beweise größter Freude beim Wiedersehen mit der Mannschaft, die laut jubelte, weil Cat wieder da war.

Cat blieb während zweier Reisen bei ihnen. Dann verschwand sie erneut, diesmal zugunsten eines Öltankers, der an seine Ostasienroute gebunden war. Und so führte sie fortan ein Leben voller Abwechslung und Abenteuer! Sie wählte sich ihre Schiffe aus und blieb auf ihnen, bis ihr Hang zur Abwechslung sie bestimmte, sich wieder ein anderes Quartier zu suchen. Alle Seeleute kannten sie, und jeder wußte: das Schiff, auf dem sie mitreiste, hatte Glück! In gleichmäßigen Intervallen kehrte sie auf die *Sultana* zurück. Auf allen sieben Ozeanen produzierte sie Würfe von ingwerfarbenen Kätzchen, aber niemals eines von ihrem eigenen glänzenden Schwarz. Sie bewahrte sich ihre Einmaligkeit, sie war und blieb »Cat«.

Jetzt, an einem Morgen im späten Februar, glitt sie das Fallreep der *Greyhound* entlang, die gerade nach einer Hilfsexpedition zur Antarktis in den Hafen eingelaufen war. Die Reise hatte sechs Monate gedauert und war im Hinblick auf ihr eigenes Vergnügen ein Mißgriff in Cats Leben gewesen. Der Kapitän und die Schiffsbesatzung hatten gejubelt, als sie vor der Ausfahrt an Bord geschlendert kam. Das Siegel des Erfolgs, fühlten sie, war der Expedition damit aufgedrückt. Und sie hatten recht. Die vermißten Forscher wurden entdeckt, noch lebend, obschon in verzweifeltem Zustand. Cats guter Ruf wurde dadurch noch gefestigter. Doch sie selbst war außerordentlich mißvergnügt. Niemals in all ihren Jahren auf See hatte sie eine solche Reise mitgemacht. Sie fühlte sich enttäuscht, sie fühlte sich förmlich krank. Sie fühlte sich wie gekratzt von jeder Hand, die ausgestreckt wurde, sie zu streicheln.

»Hallo, Cat«, rief ein kräftiger Hafenarbeiter, »bist du zurück vom Pol? Und welchen Kapitän wirst du nun bei deiner nächsten Fahrt auszeichnen?«

Er bückte sich, um ihren Nacken zu streicheln; aber sie entwischte ihm und glitt mit wippendem Schwanz davon.

»Cat sieht nicht gerade erfreut aus«, stellte ein anderer Hafenarbeiter fest.

»Ich nehme an, sie hat genug von der langen Dauer ihrer letzten Reise«, sagte der erste Sprecher, ihr nachblikkend. »Sie geht doch im allgemeinen nicht auf so ausgedehnte Fahrten! Obendrein die Kälte! Und das schlechte Essen! Sie hätte besser für sich sorgen können, und das weiß sie!« Er wandte sich an einen von einer Mannschaft, die im Begriff stand, nach Norwegen zu fahren. »He, Bob, hier kommt Cat! Gerade vom Südpol zurückgekehrt! Vielleicht kannst du sie anheuern?«

Bob näherte sich grinsend. Er pflanzte sich Cat in den Weg und streckte ihr zwei dicke, teerbeschmierte Hände entgegen. »Miez, Miez!« lockte er. »Komm mit uns, du kannst alles haben, was du nur willst. Du kennst mich doch, Cat!«

Sie kannte Bob gut, sie liebte ihn sogar. Sie duldete es, daß er sie an seine Brust nahm, und schenkte ihm einen langen Blick aus ihren grünen Augen. Er befühlte ihre Rippen mit seinen plumpen Fingern. »Sie ist nur noch Haut und Knochen«, erklärte er.

»Sie hat sich nach Hause gesehnt«, sagte der erste.

»Die See ist ihr Zuhause«, sagte Bob, »aber sie ist ein verwöhnter Esser! Wie steht's, willst du, daß ich dich mitnehme, Cat?«

Sie begann leise zu schnurren und lockerte entgegenkommend jeden Muskel. Ihre Zungenspitze zeigte sich zwischen ihren Lippen. Sie schloß wohlig die Augen.

»Sie will tatsächlich bei dir bleiben«, sagte der Hafenarbeiter, und Bob setzte seinen Weg zwischen den Kisten und Ballen fort, Cat hoffnungsfreudig in den Armen tragend.

Sie hörte die verschiedenen Laute der Docks, die Rufe, die heiseren Pfiffe der Schiffe, das Rasseln der Winden, roch die vertrauten Gerüche. Es war Musik und Süßigkeit für sie nach so langer Abwesenheit. Sie gab sich ganz den rhythmischen Bewegungen von Bobs breiter Brust hin.

Im Triumph setzte er sie auf dem Deck seines Schiffes ab. Die hier arbeitenden Leute hielten inne, um sie zu bewillkommnen. Der Koch brachte ihr eine Büchse Sardinen. Aus purer Höflichkeit aß sie eine Sardine, die andern ließ sie liegen. Sie rieb sich an den Beinen des Steuermanns und schenkte ihm ihr dreieckiges Lächeln. Ein dünner Sonnenstrahl brach sich durch den winterlichen Nebel Bahn und streichelte sie. Da begann sie zu überlegen, ob sie mit dieser Mannschaft fahren sollte.

»Paß gut auf, was sie tut«, sagte der Steuermann zum Schiffsjungen, »laß sie nicht unbeobachtet, wenn wir weg sind!«

Alles ringsherum war in Eile und laut. Cat saß an Deck und wusch sich das Sardinenöl aus ihren Schnurrhaaren. Ein blasser Sonnenstrahl beschien sie; aber tief in ihr keimte Unzufriedenheit auf. Das war nicht, was sie sich wünschte. Bald würde es zu spät für sie sein, zu den Docks zurückzukehren. Sie würde gefangen sein für eine weitere lange, kalte Reise.

Ihr runder kleiner Kopf sah sehr unschuldig aus, ihre Augen waren fest geschlossen. Methodisch bewegte sie die gekrümmte Pfote über ihr Gesicht, als hätte sie nichts im Sinn als sich zu putzen.

Jemand rief den Schiffsjungen. Er vergaß seinen dringenden Auftrag und rannte davon. Cat wurde urplötzlich lebhaft und beweglich. Sie huschte das Deck entlang, im nächsten Augenblick würde sie in den Docks sein. Aber Bob sah sie und fing sie mit seinen riesigen Händen ab. Sie liebte ihn; trotzdem ließ sie sich nicht erweichen, schlug die Krallen in seine Hand und entfloh mit gesträubtem Haar und einem Triumphschrei.

Danach dauerte es eine Weile, bis sie ihre Ruhe wiederfand. Sie schlüpfte zwischen Beinen hindurch, zwischen Karren, verstreutem Stroh und breitgetretenem Schmutz. Der Nebel verdichtete sich wieder und setzte sich klamm auf ihrem Fell fest. Es war bitterkalt. Was sie sich wünschte, war Einsamkeit und Wärme. Sie war krank vom Anblick der Menschen und ihrem lärmenden Tun.

Sie schlich sich in einen Warenspeicher und wand sich zwischen langen Reihen von Holzkisten und Ballen hindurch, hielt an, um hin und wieder zu schnuppern, und dann wieder, weil sie etwas gerochen hatte, das sie anzog. Aber der zugige Raum war gräßlich kalt. Sollte sie denn nirgends mehr ein wenig Wärme und Behaglichkeit finden?

In einem dunklen Schuppen entdeckte sie Ställe. Alle waren leer außer einem Verschlag, in dem ein preisgekrönter Widder seine Einschiffung nach Amerika erwartete, wo er zur Zucht verwendet werden sollte. Cat kletterte an der Wand des Verschlags hoch und verharrte dort, zu ihm hinunterblickend. Sie konnte sich nicht erinnern, jemals etwas Ähnliches gesehen zu haben. Sein gelber Blick war genauso unergründlich wie der ihre. Die Pfoten unter der Brust gefaltet, saß sie da und erfreute sich an seinem Anblick. Sie betrachtete seine kräftigen, von dichter Wolle bedeckten Schultern, seine gewundenen Hörner, seine ruhelos scharrenden Hufe. Er senkte den Kopf und stieß mit seinem harten Schädel gegen die Krippe vor ihm. Cat hätte ihn ewig so betrachten mögen. Die rauhen Pfiffe von den Schiffen drüben schrillten durch die eisige Luft. Das schwache Tageslicht, das sich zu dem spinnwebverhangenen Fenster hereinstahl, wurde ausgelöscht von einem Vorhang grauer Dämmerung. Cat und den Widder überkam eine seltsame Vertrautheit. Die Kälte nahm zu. Die Docks wurden allmählich still. Der Widder stieß ein trauriges »Baa!« aus und ließ sich nieder. Jetzt war er nur noch ein blasser Umriß in der Finsternis; aber Cat starrte noch immer zu ihm hin. Er war sich ihrer Gegenwart ebenfalls wohl bewußt und hob seine gelben Augen wie ein erdgebundener Geist zu ihren leuchtenden Augensternen auf.

Gegen Mitternacht wurde ihr die Kälte unerträglich. Auf der Südpolarexpedition hatte sie in der Koje bei einem wohlbeleibten Seemann geschlafen. Jetzt bedeckte Reif jedes Haar ihres Fells. Sie erhob sich steif und dehnte sich. Ihr Schwanz hing müde herab. Eine stumme Verständigung ergab sich zwischen dem Widder und ihr. Sie sprang von der Scheidewand hinunter und landete zwischen seinen Schultern. Dort verharrte sie ebenso bewegungslos wie der Wolleberg, auf dem sie sich niedergelassen hatte. Dann streckte sie sich mit dem Schnurren des Entzückens darauf aus. Sie glaubte, mit den feinen Spitzen ihrer Krallen durch die dicke Wolle hindurch sein Fleisch zu fühlen. Der für sie neue Geruch seines Körpers stieg ihr in die Nase. Er ließ ein leises und zufriedenes Blöken hören. Ihre beiden Körper verbanden sich in dem tiefen, ruhigen Atmen des Schlafes. Cats Schlaf war nur leicht, immer gerade an der Grenze des Aufwachens. Aber der Widder schlief so tief und schwer, als ruhte er in seiner Heimat zwischen Ginster und Heidekraut.

Dichter Nebel stieg in der Dämmerung von der See auf und sickerte in dicken Schwaden in den Stall. Gleichzeitig mit ihm schlich ein grauer Kater mit weißer Blässe an der Stirn und von Kämpfen zerfetzten Ohren herein. Er kletterte die Scheidewand zu dem Verschlag hinauf und schaute hinunter auf die zwei dort unten. Er ließ sich auf die Krippe fallen und von dort ins Stroh. Im Vorübergehen berührte er Cat flüchtig, gleichsam versuchsweise. Cat hatte die Annäherung wohl bemerkt. Sie hatte gerade von einem lohfarbenen, gestreiften Kater geträumt, dem sie auf ihrer letzten Reise in Rio de Janeiro begegnet war, wo das Rettungsschiff angelegt hatte. Die Berührung der fremden Pfote elektrisierte sie. Sie schrie wütend auf, und indem sie ihre Hinterbeine gegen den Rücken des Widders stemmte, richtete sie sich auf und schlug dem Eindringling ins Gesicht, als wollte sie dort für immer einen Denkzettel hinterlassen. Jedoch der Fremde war nicht einmal besonders erschrocken. Er sprang ebenfalls dem Widder auf den Buckel, und Cat sah durch den Nebel das weiße Gesicht auf sich losfletschen. Sie hieb die Zähne hinein. Beide kreischten. Der Widder wurde aus seinem tiefen, festen, warmen Schlummer aufgestört. Mit laut polternden Hufen sprang er hoch, die Katzen unsanft hinunterwerfend. Seine weißen Augenlider flatterten. Er glotzte in primitiver Wut und senkte den Kopf zum Angriff.

Die Katzen kletterten mit großer Behendigkeit über die Trennwand und ließen sich draußen auf den Steinfußboden fallen. Sie beeilten sich, in entgegengesetzte dunkle Winkel des Schuppens zu kommen. Das Schlagen der Widderhörner gegen die Tür des Verschlags widerhallte laut durch den Nebel.

Als Cat ihren Winkel erreichte, huschte eine Maus aus dem Dunkel, in Todesangst aufquiekend. Mit einem graziösen Schwung ihres geschmeidigen Körpers drehte sich Cat einmal rund um sich selbst und fing die Maus mit souveräner Sicherheit. Sie nahm sie so vorsichtig wie möglich zwischen die Zähne und kauerte sich in ihren Winkel.

Nach einiger Zeit öffnete sich die Stalltür, und zwei Männer kamen herein. Sie machten Licht; der Raum wurde nur blaß und schemenhaft erhellt. Die Männer betraten den Verschlag, in dem sich der Widder befand. Von dort kamen die befremdlich polternden Geräusche. Die

Männer fluchten. Dann erschienen sie und führten den Widder an einem an den Hörnern befestigten Seil. Er wurde hinausgezerrt; seine kleinen Hufe klapperten auf dem Steinfußboden. Er stieß ein klagendes »Baaah!« aus wie ein Lamm. Die Männer ließen die Tür hinter ihm offen.

Cat betrachtete den Körper der Maus. Aber sie hatte jetzt kein Interesse mehr daran. Sie schlich hinaus auf die Docks und überlegte, mit welchem Schiff sie diesmal fahren sollte. Sie ging an den vielen Schiffen vorüber; in dieser Beleuchtung sah man nur ihre Umrisse. Frachtgut wurde ein- und ausgeladen, Männer arbeiteten wie Ameisen. Cat fühlte eine dunkle Verwunderung über ihre Geschäftigkeit, fast etwas wie Geringschätzung für die schwerfälligen Körper.

Gegen neun, als eine schäbige, undeutliche Scheibe anzeigte, wo die Sonne stand, geriet Cat in die Nähe eines Passagierdampfers, der in kurzer Zeit zu großer Fahrt nach Westindien auslaufen sollte. Sie war bisher immer nur auf Frachtern gefahren; Passagierschiffe bedeuteten für sie eine mißtrauenerweckende fremde Welt, zumal sie den Anblick von Frauen verabscheute. Sie war mehr als pessimistisch, als sie dastand und das Schiff begutachtete. Da warf ihr ein Küchenjunge durch ein Bullauge ein Stück Hühnerbrust zu. Sie kauerte sich auf den Pier, um es zu verschlingen. Vor Entzücken sträubten sich ihre Haare; denn sie hatte bis jetzt nicht gewußt, daß es so herrliches Futter überhaupt gab! Nachdem sie das Fleisch verzehrt hatte, setzte sie sich erwartungsvoll in der Nähe des Bullauges nieder, jedoch es wurde nichts mehr herausgeworfen.

Gepäck wurde eingeladen, und eine Menge Leute von einer Sorte, die sie noch nie gesehen hatte, eilten über die Landebrücke. Einer von ihnen, ein Mann, beugte sich nieder und streichelte Cat, bevor er weiterging. Entzückt sah sie ihm nach; denn auch das war ihr neu, daß es solche Hände gab, so weich, so behutsam. Das war ganz ähnlich wie die zarte Hühnerbrust, die sie gerade eben verspeist hatte … Sie stand auf, erschauerte von der klammen Kälte und glitt über die Landebrücke auf das Schiff.

Sie wußte, daß sie hier eine Fremde war, und ihr Instinkt sagte ihr, daß man sie möglicherweise nicht willkommen heißen würde. So schlich sie die ungezählten weißen Gänge entlang, bestrebt, sich so unsichtbar wie möglich zu machen. Sie warf im Vorübergehen einen Blick in die Gesellschaftsräume. Größtenteils hielten sich Frauen darin auf, und manchmal war der ihr unangenehme Geruch von Blumen in der Luft.

Cat vernahm den Ton einer sehr lauten Pfeife. Sie fühlte, wie ein Zittern durch das Schiff lief. Es fuhr ihr durch den Sinn, daß es besser wäre zu verschwinden, denn es war gerade noch Zeit; aber sie war nicht imstande, die herrliche Wärme zu verlassen, die aus jedem Winkel des Schiffes strahlte. Das machte sie willensschwach und sanft. Ihr einziger Wunsch war jetzt noch etwas Weiches, auf dem sie liegen könnte.

Sie verweilte an der Tür einer Kabine, die leer war, jedoch das Versprechen gab, einen Mann als Bewohner zu haben – ein Rock und ein Herrenhut waren achtlos über einen Stuhl geworfen. Cat glitt hinein und wanderte schnurrend umher. Sie hielt den Schwanz steif in die Höhe gereckt, nur die Spitze bewegte sich unaufhörlich, als säße darin der feine Spürsinn, mit dem sie die Atmosphäre dieser Kabine abtastete.

Gregg, der Schwimmlehrer, fand sie hier auf seinem Rock zusammengerollt. Das Schiff hatte den Hafen schon verlassen; hinausgesetzt werden konnte sie nicht mehr. Er erkannte in ihr die Katze wieder, die er beim Betreten des Schiffes gestreichelt hatte, und schloß daraus, daß sie auf das Schiff gehöre. So nahm er sie unter den Arm und trug sie in die Küchenregion. Der Küchenjunge, der ihr das Stück Hühnerfleisch zugeworfen hatte, identifizierte sie; er war nämlich einmal Schiffsjunge auf einem Öltanker gewesen, den sie zur selben Zeit mit ihrer Gegenwart beehrt hatte. »Das ist ja Cat!« rief er. »Haben Sie noch nie von Cat gehört? Ha, nun werden wir eine glückliche Fahrt haben, Sir! Sie können stolz sein, Ihre Kabine mit ihr zu teilen!«

Aber Gregg hatte dazu nicht die geringste Lust, selbst nachdem er Cats Tugenden rühmen gehört hatte. Er setzte sie auf den Boden und zog sich mißgestimmt zurück. Ihm graute vor der langen Überfahrt, die vor ihm lag. Er mußte sich gesellig zeigen, das war ein Teil seines Berufes; dabei haßte er schon den Gedanken an Geselligkeit.

Er hatte tatsächlich schon gar zu viele Leute kennengelernt und sich in Geselligkeit mehr üben müssen, als ihm bekömmlich war. Er war noch nicht dreißig; aber er hatte ein beträchtliches Vermögen verloren, die Frau, die er liebte, und, das schlimmste von allem, Hoffnung und Widerstandskraft. Er war am Ende gewesen mit all seinen Bemühungen, einen passenden Beruf zu finden, als ihm ein Freund diesen Posten als Schwimmlehrer auf dem Schiff verschafft hatte. Er befand sich in einem Zustand, der an Verzweiflung grenzte; aber hier war er nun verpflichtet, heiter und fröhlich zu scheinen und leidenschaftliches Interesse an der Strampelei wohlbeleibter Passagiere im Schwimmbecken zu heucheln.

Keinem Menschen auf dem ganzen Schiff war die Überfahrt so zuwider wie ihm. Gregg und Cat waren in der Tat die einzigen, die eine Seereise nicht für ein Vergnügen hielten.

Cat wartete bereits in der Koje auf ihn, als er an diesem Abend in seine Kabine kam. Sie hatte den Weg dorthin gefunden durch all die verwirrenden, vornehm ausgestatteten, langen Gänge. Er war ein wenig beschwipst; denn er war ein hübscher Kerl, und die Leute rissen sich um ihn. Der Anblick der Katze auf seinem Bett ärgerte ihn. Er war im Begriff, sie energisch hinauszubefördern, da kugelte sie sich auf den Rücken und drehte ihm ihr schwarzsamtenes Bäuchlein zu, während ihr rundes Gesichtchen mit den glänzenden, nahe beieinanderstehenden Augen das bewußte dreieckige Lächeln und die rote Zunge zeigte. Er beugte sich über sie, gegen seinen Willen entzückt. »Du bist ein Schelm«, sagte er, »aber du darfst dich doch nicht wie eine Klette an mich hängen!«

Zur Antwort legte sie ihm die Vorderpfoten um den Hals, hielt sich mit den Hinterpfoten vorsichtig an seinem Hemd fest, preßte ihr Gesicht an das seine und schnurrte laut in sein Ohr.

»Wange an Wange, wie?« sagte Gregg und gab sich ihren geradezu hypnotisierenden Zärtlichkeitsbeweisen hin.

Der Morgen fand beide eng aneinandergeschmiegt. Er bestellte beim Steward eine Schüssel Milch für sie und erschien dann im Schwimmbad mit Cat auf der Schulter. Die himmlische Wärme dieser Örtlichkeit tat es ihr an. Von Stund an verbrachte sie dort ihre Tage.

Nachsichtig und freundlich beobachtete sie Geschicklichkeit oder auch Ungeschicklichkeit der Schwimmer. Wenn das Bad leer war, kauerte sie am Rand des Beckens, in ihre Gedanken vertieft. Meist träumte sie von schönen Fischen, die in dem Becken schwimmen könnten. Nachts schlief sie bei Gregg. Sie fühlte sich herrlich wohl.

Als sie in südlichen Gewässern fuhren, verschwand Cat eines Abends besonders früh. Als Gregg viel später seine Kabine aufsuchte, stand sie vor der Tür, zitternd und erregt. Geschwind huschte sie vor ihm hinein, schnurrte laut, machte einen Buckel und ließ ihren geringelten Schwanz wie eine Standarte wehen; dann blickte sie über die Schulter zu ihm zurück. Ihr Kopf und Schwanz begegneten sich. Sie nahm die Schwanzspitze in ihr Schnäuzchen, legte sich auf den Rücken und rollte sich von einer Seite zur andern. Sie sah auffallend schlank aus.

»Aha«, sagte Gregg, »jetzt ist es also passiert! Hoffentlich nicht auf meinem Bett!«

Nein, nicht auf dem Bett. Im Kleiderschrank, wo sein weicher Schlafrock auf irgendeine Weise vom Haken gefallen war. Drei waren es, jedes kugelrund und jedes lohfarben wie jener Kavalier in Rio de Janeiro. Am nächsten Tag beschaffte Gregg eine kleine Kiste mit einem Kissen und setzte Cats Kätzchen hinein. Dann brachte er sie ins Schwimmbad, wo sie die wohlige Wärme genießen konnten und wo alle Schwimmer herantraten, sie betrachteten und streichelten. Sie waren die Lieblinge des Schiffes. Aber Cat hatte nur Augen für Gregg. Sie gab mit ihm weit mehr an als mit ihren Jungen. Sie weigerte sich, nachts bei ihnen im Schwimmbad zu bleiben. So mußte die Kiste jeden Abend in seine Kabine gebracht werden. Dort saß sie und wartete auf sein Kommen, die glänzenden Augen auf die Tür gerichtet, jeder Nerv begierig auf seine Gegenwart.

Aber eines Nachts kam er nicht. Sie wartete und wartete; es war vergeblich. Zuletzt sprang sie mitten im Säugen ihrer Jungen auf; sie fielen zurück wie drei Tennisbälle. Die Tür war halb offen. Sie glitt hinaus und begann ihn zu suchen. Das Rauchzimmer war geschlossen, der Salon leer, die Decks waren verlassen. Außer dem wachhabenden Offizier war niemand zu sehen. Schließlich entdeckte Cat ihren Freund doch. Er stand reglos wie eine

Statue in einem abgelegenen Winkel, wo ein Rettungsboot hing. Lautlos wie die Schatten, die das Mondlicht warf, schlich sie an ihn heran, rieb sich jedoch nicht wie sonst an seinen Beinen, sondern kletterte in das Rettungsboot und beobachtete über den Rand hinweg sein Gesicht.

In dieser Nacht fühlte sich Gregg völlig allein und verlassen. Er sah den Mond nicht und nicht die glitzernden Wogen – für ihn war die Welt finster. Das Leben auf diesem luxuriösen Passagierdampfer, unter diesen verwöhnten, oberflächlichen Menschen verursachte ihm ein Gefühl, als ob er ersticken müßte, als ob er keine Luft mehr bekäme. Er blickte zurück auf sein eigenes Leben, es schien ihm eine Wüste – seine Zukunft völlig hoffnungslos. Daher war er entschlossen, jetzt ein Ende zu machen.

Cat beobachtete ihn gespannt, wie er da am Geländer lehnte. Wenn er eine Beute gewesen wäre, hätte sie ihn nicht mit schärferer Aufmerksamkeit betrachten können. Gerade bevor er über Bord springen wollte, sprang sie ihm auf die Schulter mit einem Schrei, der den Passagieren, deren Kabinen auf diesem Deck lagen, das Blut gerinnen ließ. Sie schrie nicht nur, sie schlug alle Krallen in Gregg. Sie verwandelte sich in eine schwarze Furie, deren Haare alle einzeln aufgerichtet waren, deren Augen mit Haß und Furcht auf den Abgrund dort unten starrten.

»Ich weiß gar nicht, was in sie gefahren ist«, sagte Gregg zu dem wachhabenden Offizier, der herbeigeeilt kam. »Sie ist launisch wie eine Primadonna.« Seine Hand zitterte, als er sie streichelte. Allein, sie hatte ihn seiner schwarzen

Stimmung entrissen und vor der Verzweiflung gerettet. Beim Entkleiden betrachtete er erstaunt die kleinen blutigen Male auf seinen Schultern. Cat schlief auf seiner Brust. Er beschloß bei sich selbst, sich nicht mehr von ihr zu trennen. Er fühlte sich in ihrer Schuld und glaubte sie nur bezahlen zu können, indem er ihr Zuneigung schenkte und dafür sorgte, daß sie für den Rest ihrer Tage ein gutes Leben hatte. Er wollte ein Unterkommen suchen, wo sie freundlich aufgenommen würde.

Aber Gregg machte seine Rechnung ohne Cat. Als das Schiff seinen Bestimmungshafen erreichte, war sie vor Abneigung gegen den luxuriösen Passagierdampfer todkrank. Es gab keinen einzigen Geruch an Bord, der ihr zusagte. Sie liebte Gregg, aber sie konnte ohne ihn auskommen. Sie liebte ihre drei rundlichen Kätzchen, aber echte Mutterliebe gab es bei ihr nicht. Sie liebte das Meer und die Männer, die ihre Tage mit anstrengendem Tun auf See verbrachten. Sie haßte Frauen und gewisse Gerüche und vor allem das Zimperliche. Sie war eben Cat und konnte sich nicht ändern.

In dem Wirrwarr der Ankunft sah niemand, wie sie von Bord ging. Sie verschwand wie ein Hauch von schwarzem Rauch. Es war ein so schöner Morgen wie jeder, den sie auf der Überfahrt erlebt hatte. Die Luft war balsamisch, der Himmel über dem Hafen blau wie Vergißmeinnicht. Als Cat die ihr altgewohnten Stätten wiederfand, schnurrte sie laut, strich beglückt an teergetränkten Hosenbeinen entlang, wölbte den Hals unter schwieligen Händen. Aber sie war scheu. Sie wollte sich nicht bloßstellen. Vierzehn Tage lebte sie auf den Docks und genoß die wunderbaren Düfte von frischem Holz, Stroh, Teer, Salzfisch, Hanf, Bier, Öl und Schweiß. Dann erneuerte sie ihre Bekanntschaft mit dem graufelligen Kavalier aus dem Schafstall, diesmal auf freundliche Art, obwohl es wieder nicht ohne lautes Kreischen abging. Zu guter Letzt wählte sie für die nächste Reise einen Viehtransporter, und alles, was sie in der Vergangenheit erlebt hatte, galt ihr nichts mehr!

Simone wollte mal Kapitän werden. Da war sie fünfzehn und hatte einen Film gesehen, der eine vorübergehend unstillbare Sehnsucht nach dem Meer in ihr ausgelöst hatte. Aber sie hatte damals alle paar Monate einen neuen Plan. Haiforscherin, Konzertpianistin, Krankenschwester, Pilotin, Journalistin und Ärztin. Seltsamerweise wollte sie nie Filmstar, Model oder Popsängerin werden.

Ich weiß bis heute nicht, wie meine Frau es geschafft hat, mir nach der Scheidung die Liebe meiner Tochter wegzunehmen. Ich weiß nur, dass sie es geschafft hat.

Es war ein kurzes, zügiges Absterben der Beziehungen zwischen uns gewesen. Anfangs war Simone zunehmend einsilbig bei unseren Treffen, dann wurde sie kontrovers auf eine nervtötende beharrliche und inhaltsleere Weise – was immer ich sagte, war falsch, konnte man so nicht sehen, war unerträglich ignorant, spießig oder elitär, dann mied sie mich, dann hörte sie auf, mich zu informieren, und schließlich zog sie um, ohne mir ihre neue Adresse zu schicken. Kein Anruf mehr, keine Postkarte mehr, keine E-Mail, keine SMS, kein Lebenszeichen.

Irgendwann sah ich ein, dass ich nicht mehr weiter betteln durfte, und fügte mich in dieses kalte, vorwurfsvolle und unehrliche Schweigen. Ich wusste, dass meine Frau dahintersteckte, aber ich konnte nichts dagegen tun, mir blieb nur, es zu respektieren.

Achtzehnter Dezember

Diesmal liegt außer der Geschichte ein ganzer Stapel Post im Briefkasten. Zwei Rechnungen, diverse Werbeblättchen, ein Brief von der Krankenkasse und einer von der Bank. Ich lege alles auf das Flurschränkchen, auf dem noch immer das Schlüsselbrett liegt, das ich endlich montieren sollte, nur die Geschichte nehme ich mit zum Frühstückstisch.

Ann Granger

Der Geist vor dem Kamin

Zu Beginn des Frühjahrs, an einem Montag, zogen sie in das Haus ein. Der Kater erschien am Morgen des darauf folgenden Samstags. Als Margot die Küchentür öffnete, drängte sich ein dunkler Schatten tief geduckt an ihr vorbei und flitzte unter den Küchentisch. Sie erschrak und schrie auf.

»Was zum Teufel –?« brüllte Duncan und jagte das Tier rund um den Tisch. Der Kater bewegte sich blitzschnell zwischen Duncans Füßen und den Füßen der Möbel hin und her, bis Duncan stolperte, hinfiel und sich das Knie aufschlug. Er fing an zu fluchen, mit Worten, die Margot überraschten. Für gewöhnlich war er, was seine Wortwahl betraf, nicht besonders einfallsreich.

Schließlich entwischte der Kater durch die Küchentür ins Freie.

»Armer Kerl. Du hast ihn erschreckt!« sagte Margot vorwurfsvoll.

»Gottlob!« erwiderte Duncan gehässig und rieb sich sein verletztes Knie.

Während der Jagd war der Haferflockenbrei fest zusammengeklumpt und der Speck auf dem Grill angebrannt. Das war kein guter Wochenendanfang. Aber es war, überlegte Margot, während sie den Haferflockentopf ausscheuerte, einfach der Ausgleich. Sie hatte nicht in dieses abgelegene Haus einziehen wollen. Ein gottverlassener Waldwinkel war das hier, so kam es ihr vor, wo sich bestimmt keine Seele finden würde, mit der man ein paar Worte wechseln konnte. Sie schlug mit dem Topf unnötig heftig gegen die Wand des Abwaschbeckens.

Der Kater war nicht fortgelaufen. Den Blick auf das Haus gerichtet, kauerte er im Nieselregen unter der Dachtraufe der aus Stein gebauten Scheune, die zusammen mit einer anderen Scheune zu dem Grundstück gehörte.

Vom Fenster her fragte Margot: »Woher mag er wohl kommen?«

Duncan, der mit Hammer und Nägeln herumstampfte, knurrte: »Ist mir egal. Jag das Biest einfach weg!«

»Er ist kein Biest«, sagte sie. »Er ist ausgesprochen hübsch.«

Tischlern war Duncans Hobby, und ein neues Heim bot ihm reichlich Gelegenheit, sich dieser geliebten Beschäftigung hinzugeben. Mit Leidenschaft baute er Regale, gleichgültig, ob neue Regale gebraucht wurden oder nicht, und zeigte sich erst zufrieden, wenn jede vorhandene Wand voller Kiefernholzbretter war. Margot wies darauf hin, daß die Regale Staubfänger seien und man ihretwegen die Möbel nicht so aufstellen konnte wie in ihrer alten Wohnung. Aber er hörte nicht auf sie.

Als der Regen vorüber war und Hämmern in einiger Entfernung anzeigte, daß ihr Mann vollauf beschäftigt war, ging Margot hinaus zu dem Kater und machte freundliche Annäherungsversuche.

Der Neuankömmling war eindeutig ein Katerabenteurer. Er war kohlrabenschwarz, ohne ein einziges weißes Haar, voll entwickelt und kräftig. Wenn er einen Fehler hatte, so den, daß sein Kopf sonderbar geformt war, breit und flach, und seine kleinen Ohren zu beiden Seiten seines Gesichts weit abstanden, wie die Griffe an einem Henkeltopf. Zum Ausgleich hatte er prachtvolle topasfarbige Augen, die sich leuchtend von seinem tiefschwarzen Fell abhoben.

Ansonsten befand er sich in einer bemitleidenswerten Verfassung. Das Fell war verfilzt, er hinkte, und es hatte den Anschein, als habe er als wilde Katze im Freien gelebt.

Den ganzen Tag über versuchte er immer wieder, ins Haus zu gelangen, und ging dabei zunehmend erfinderischer und verzweifelter vor. Gegen vier Uhr saßen Margot und Duncan im Wohnzimmer und tranken ihren Tee. Duncan hatte gerade gesagt: »Ich könnte Regale zu beiden Seiten dieses Kamins aufstellen …«, da schreckten sie hoch: Scharfe Krallen kratzten quietschend über Glas.

Duncan fuhr fast aus der Haut. Ein schwarzer Schatten glitt durch das offene Oberlicht und landete mit dumpfem Aufprall auf dem Fußboden. Von einer leeren Umzugskiste, die draußen an der Hauswand vor dem Fenster stand, war der Kater kühn hochgesprungen, hatte sich am Fensterrahmen festgekrallt und durch die enge Öffnung gezwängt.

Es gab eine neue Verfolgungsjagd, bei der ein viktorianischer Kartentisch, der Duncans Großmutter gehört hatte, umgeworfen und leicht beschädigt wurde.

Der Kater wurde wieder hinausgejagt. Er zog sich unter die Scheunentraufe zurück und belagerte die Hintertür.

Schließlich bekam Margot Mitleid mit ihm. Sie suchte in der Speisekammer nach etwas, was einer Katze schmecken konnte, und während Duncan für zusätzliche Einlegebretter im Wäscheschrank Maß nahm, ging sie mit einer Untertasse voll Thunfisch hinaus. Der Kater beobachtete sie argwöhnisch, aber er roch den Fisch. Als sie die Untertasse vor ihn hinstellte, rieb er sein nasses Fell an ihrem Bein, bevor er die Spende näher untersuchte. Dann fraß er alles bis auf den letzten Rest auf. Margot war albern glücklich, wie eine Mutter, deren Baby gerade etwas Neues gelernt hatte.

»Wenn ich doch bloß wüßte, woher du kommst«, sagte sie zu ihm.

Er schenkte ihr einen flüchtigen Blick und begann sich zu putzen. Er machte nicht mehr den Eindruck, als sei er verzweifelt, und er hatte etwas Beharrliches an sich, wie er da saß und seine Barthaare blankrieb. Woher er auch immer gekommen sein mochte, jetzt hatte er offensichtlich die Absicht hierzubleiben.

Die nächsten paar Tage trieb sich der Kater draußen herum. Duncan fluchte über ihn und schleuderte gelegentlich ein Wurfgeschoß nach ihm, dem er jedesmal geschickt auswich. Bei ihrem nächsten Einkaufsausflug kaufte Margot Katzennahrung und fütterte ihn damit hinter Duncans Rücken. Der Kater kannte sie jetzt, und wenn er sie kommen sah, lief er ihr entgegen und stieß dabei zirpende Begrüßungslaute aus. Sie nannte ihn »Miez«, weil ihr kein anderer Name einfiel. Sie hatte nie eine Katze gehabt. Duncan verabscheute die Vorstellung, Tiere im Haus zu halten.

Es geschah immer nur das, was Duncan wollte. Wie dieser Umzug ins Hochland. Sie war in Perth ganz zufrieden gewesen. Aber dann hatte Duncan dieses einstige Bauernhaus gekauft und die Nebengebäude, die alle aus Stein waren, in Garagen verwandelt. Das Haus lag zwischen Pitlochry und Aberfeldy, und er verkündete, trotz der langen Autofahrt werde er immer zwischen hier und Perth hin und her pendeln.

Und all das, wohlgemerkt, ohne mit einem Wort nach ihrer Meinung zu fragen. Offenbar kam ihm nie der Gedanke, daß er Margot damit von allen ihren Freunden trennte, von den vielen karitativen Einrichtungen, für die sie tätig gewesen war, von den Läden, die sie kannte, und jeglicher Form von Unterhaltung, und sie hier in einem Niemandsland aussetzte. An Wochentagen war sie völlig allein, die ganze Zeit nach dem Frühstück, wenn er zur Arbeit fuhr, bis zum Abendessen, wenn er zurückkehrte. Sie konnte mit dem Auto in eine der zwei benachbarten Städte fahren, aber die waren beide nicht groß, und mehr als eine Stunde konnte man kaum in ihnen verbringen.

In der nächsten Woche saß der Kater fast jede Nacht auf dem Scheunendach und schrie klagend. Die umgebenden Hügel nahmen das Geschrei auf und warfen es als unheimliches Echo zurück; manchmal klang es wie das Gebrüll eines Babys, das Schmerzen hatte, und manchmal leise und unheilverkündend, als wäre ein Wesen aus der Vorzeit auferstanden und wollte erkunden, wer da den Schlaf von Jahrhunderten störte.

»Nun hör dir das an!« knurrte Duncan und schlug mit der Faust auf die Kissen. »Wie ein verdammter Todesbote!«

Margot stieg aus dem Bett und trat ans Fenster. Der Himmel war bedeckt, aber während sie hinausspähte, zeigte sich ein blasserer, tintenblauer Fleck, der immer heller wurde, und dann glitt die Wolkendecke zur Seite und gab einen totenbleichen Mond frei. In dem fahlen Licht glaubte sie, eine kleine Gestalt zu erkennen, die auf dem Dachfirst kauerte.

»Er möchte ins Haus«, sagte sie.

»Nur über meine Leiche!« erwiderte ihr Gatte aus dem Bett hinter ihr.

Am nächsten Morgen, als Margot dem Milchmann auf der Türschwelle die Wochenrechnung bezahlte, kam der Kater um die Hausecke geschlichen.

Der Milchmann, ein junger Mann mit glattrasiertem Kopf und einem Ohrring, sagte: »Hallo, Hamish! Ich sehe, sie haben dich hier zurückgelassen!«

»Sie kennen ihn?« rief Margot.

»Aber ja. Es ist der Kater von Mrs. Frayne, der Dame, die vor Ihnen hier gewohnt hat.«

»Aber sie ist doch weit weg gezogen! Und trotzdem hat er den Weg hierher zurückgefunden!« Margot blickte den Kater staunend an.

»Katzen sind schlau«, befand der Milchmann.

»Also gut, schreib ihr«, befahl Duncan. »Schreib ihr, das Tier sei hier bei uns, und wir werden es in einen Korb setzen und ihr per Bahn zuschicken.«

Margot schrieb. Mrs. Frayne schrieb zurück: Sie sei froh, daß es Hamish gutgehe, Sie habe sich Sorgen gemacht. Er sei innerhalb von vierundzwanzig Stunden aus seinem neuen Heim fortgelaufen. Es habe wohl keinen Zweck, ihn zurückzuschicken; er würde nur wieder fortlaufen. Habe seine Anhänglichkeit an sein altes Heim nicht eine Belohnung verdient? Würden sie ihn vielleicht übernehmen wollen?

»Nein!« fauchte Duncan. »Eine Unverschämtheit von diesem Weib!«

Da hörte sich Margot mit lauter, fester Stimme sagen: »Ich würde ihn gern behalten. Er kann mir Gesellschaft leisten, wenn du weg bist. Ja, ich glaube, ich werde ihn behalten.«

Duncan starrte sie überrascht an. Sie widersprach ihm so selten! Diesmal verriet ihm ein neuer Ton in ihrer Stimme, daß sie fest entschlossen war.

»Na schön«, sagte er widerwillig. »Aber sorg dafür, daß er mir nicht in die Quere kommt.«

Duncan hätte sich keine Sorgen zu machen brauchen, daß Hamish ihm je zu nahe kam. Der Kater hielt sich konsequent von ihm fern. Wenn Duncan das Wohnzimmer betrat, erhob sich Hamish von seinem Lieblingsplatz vor dem breiten steinernen Kamin und stolzierte hinaus, zitternd vor Mißbilligung. Wenn er gezwungen war, sich in einem Raum mit Duncan aufzuhalten, kauerte er sich zusammen und rührte sich nicht; nur die äußerste Spitze seines langen schwarzen Schwanzes zuckte von Zeit zu Zeit, als schicke verhaltene Wut eine elektrische Ladung durch sein Rückgrat.

Hamishs Anwesenheit veränderte Margots Leben. Sie sprach mit ihm, wie sie es mit einem Menschen getan hätte. Jeden Morgen gegen elf Uhr nahmen sie ein zweites Frühstück zusammen ein: Margot trank Kaffee, und Hamish bekam eine Untertasse voll Milch. Sie hatte immer

Magermilch gekauft, weil Duncan wegen seines Cholesterinspiegels besorgt war, doch Hamish machte sich nichts aus Magermilch; also kaufte Margot von nun an einen Liter Vollmilch pro Woche, allein für Hamish.

Sie kaufte sich auch ein Buch »Wie pflegt man seine Katze«. Zu ihrem Schrecken sprach sich der Autor strikt dagegen aus, Katzen Milch zu geben. Er betonte, Milch sei ein Nahrungsmittel, nicht etwas zum Trinken, und als Katzennahrung unbekömmlieh. Ausgewachsenen Katzen durfte man nach seiner Ansicht überhaupt keine Milch vorsetzen.

Margot las den betreffenden Abschnitt Hamish laut vor. Er saß auf einem Stuhl ihr gegenüber, zwischen ihnen der Küchentisch, sah sie mit seinen topasfarbenen Augen an und hörte ihr zu. Als sie fertig war, warf er einen müden Blick auf das Buch, und seine Barthaare sträubten sich. »Der hat vielleicht eine Ahnung von Katzen!« schien er zu sagen. »Und so was nennt sich nun Fachmann!«

Der Sommer ging vorüber. Margot vergaß Perth und ihren Groll darüber, daß man sie aus ihrem früheren Heim vertrieben hatte. Sie verstand allmählich Hamishs Anhänglichkeit an dieses Haus.

Es war sehr alt und aus grauem Granit, in dem, wenn man genau hinsah, schieferblaue und rosa Einsprengsel schimmerten.

Der große Kamin, vor dem Hamish so gerne lag und döste, hatte immer noch einen Eisenhaken, an dem in früheren Zeiten ein Kessel gehangen hatte. Die Ziegel an der Rückwand waren so schwarz wie Hamishs Pelz von zweihundert Jahren sengender Flammen.

Unter den Steinfliesen solcher Kamine hatten in alten Zeiten die Hausgeister gewohnt. Der Ursprung dieses Aberglaubens liegt im Dunkeln. Vielleicht war der Geist ein Feuergott. Oder eben nur eine Hausgottheit, wie sie vom antiken Rom bis zum Fernen Osten angebetet wurde. Aber er wachte aufmerksam über sein Reich und konnte nicht von ihm getrennt oder vertrieben werden. Jeder neue Hausbesitzer mußte ihn erst mit kleinen Opfergaben in Gestalt von Essen und Trinken günstig stimmen. Wenn man das versäumte, zog Unglück ins Haus ein, denn der Geist wurde, wie es seinem heftigen, hitzigen Wesen entsprach, sehr leicht zornig.

Vielleicht verschmolz die Erinnerung an den Hausgeist irgendwann mit der Sage vom heiligen Nikolaus. Noch heute stellen Kinder in freudiger Erwartung Hackfleischpasteten und Gläser voll Sherry als Gabe für den Nikolaus hin, der in seinem leuchtend roten Mantel am Weihnachtsabend durch den Kamin das Haus betritt und die belohnt, die ihm treu sind.

Was die hölzerne Wendeltreppe des Hauses betraf, so knarrte und quietschte sie vor Alter. Ihr Geländer hatten zahllose Hände blank gerieben, und ihre Stufen waren ausgetreten und uneben.

»Das muß alles neu gemacht werden«, sagte Duncan mit irrem Funkeln in den Augen.

»Untersteh dich!« rief Margot.

Sie vertrat in diesen Tagen immer energischer ihren Standpunkt, und das verwunderte ihn offensichtlich.

Auf dem obersten Treppenabsatz stand ein alter Schrank. Über dem Türrahmen las man in Messingzahlen das Datum 1788. Mrs. Frayne hatte ihn nicht mitgenommen, weil er, wie sie sagte, bereits bei ihrem Einzug dort gestanden hatte und, soweit sie wußte, immer zum Haus gehört hatte. Oben auf dem Schrank war einer von Hamishs Lieblingsplätzen. Er gelangte hinauf, indem er zuerst auf den Geländerpfosten am oberen Ende der Treppe und dann auf den Schrank sprang, wo Margot eine alte Decke für ihn hingelegt hatte.

Manchmal gingen sie und Hamish in der warmen Sonne zusammen spazieren, stiegen den steilen Pfad neben dem rauschenden, plätschernden Bach empor. Große Felsbrokken, die bereits zahllose Jahrhunderte erlebt hatten, waren von oben heruntergerollt und lagen nun überall verstreut. Dichtbelaubte Bäume verdeckten den Himmel. Würdevoll und in sicherem Abstand vom Wasser stolzierte Hamish ein Stück hinter ihr. Wenn sie jemandem begegneten – vor allem jemand mit einem Hund –, kletterte er auf den nächsten Baum, bis der Fremde vorüber war. Die Hunde machten respektvoll einen Bogen um den Baum und um Hamish, sehr oft ängstlich und mit schlaff herunterhängendem Schwanz. Nur die Tapfersten wagten es, nervös zu bellen – so groß war die Macht von Hamishs unheimlichen topasfarbenen Augen.

Als der Herbst näher rückte, zeigten die Bäume wundervolle Farben: tiefes Rot, blasses Orange und Goldbraun. Die Pracht ringsum war so groß, daß Margot jeden Morgen, wenn sie aus dem Bett stieg, das Fenster aufstieß und einfach dastand und das alles bestaunte.

Ihr wurde bewußt, daß sie sich zum ersten Mal in ihrem Leben verliebt hatte. Sie war verliebt in dieses alte Haus, in die Berge und Wälder, die es umschlossen, in alles. Sie liebte es viel mehr, als sie je Duncan oder irgend etwas anderes geliebt hatte Sie wollte nie wieder von hier weg. Sie gehörte hierher, so wie Hamish sich hierhergehörig fühlte. Sie und der Kater, beide zusammen.

Aber irgend etwas ging vor. Den ganzen Sommer lang war irgend etwas vorgegangen. Um ganz ehrlich zu sein: Es hatte angefangen, bevor Margot und Duncan aus Perth weggezogen waren, doch Margot hatte die Zeichen ignoriert.

Immer öfter blieb Duncan noch spät in Perth »im Büro«. Aber immer, wenn sie anrief, um zu fragen, wie sie es mit dem Abendessen halten solle, kam nur die Putzfrau an den Apparat und sagte, alle seien längst gegangen.

Dann rief Duncan immer öfter am späten Nachmittag an und teilte ihr mit, er würde am Abend nicht nach Hause kommen. Er habe so viel Arbeit, daß er nicht weg könne, und es sei vernünftiger, über Nacht im Büro zu bleiben und erst am nächsten Abend heimzufahren.

Das nächste war, daß er sich ein paar teure Hemden und zwei oder drei ziemlich auffällige Krawatten kaufte. Früher hatte er dezente Farben und Muster bevorzugt. Er legte sich auch ein parfümiertes Rasierwasser zu.

An den Wochenenden joggte er. Dafür kaufte er sich einen königsblauen Trainingsanzug mit einem weißen Blitz auf der Bluse. In diesem auffallenden Dress lief er in großen, voluminösen weißen Trainerschuhen keuchend die Hügel hinauf und hinunter und kehrte dann mit erschreckend rotem Gesicht und schweißüberströmt zurück.

»Ich muß in Form bleiben!« sagte er. Aber er sagte nicht warum.

Nach ein paar mit Joggen verbrachten Wochenenden schwollen seine Knöchel an, und seine Schienbeine schmerzten. Montag früh konnte er nur noch zum Auto hinken. Margot und Hamish sahen schweigend zu.

Und dann kamen die Telefonanrufe. Sie kamen, wenn Duncan zu Hause war, und immer stürzte er (oder hinkte sehr schnell, je nach seinem physischen Zustand) zum Apparat, bevor Margot dort anlangte. Wenn sie vor ihm den Hörer abnahm, legte der Anrufer auf, sobald sie »Hallo?« sagte.

»Hamish«, sagte sie eines Morgens über den Küchentisch hinweg zu dem Kater, »man kann nicht ewig blind und taub sein. Er hat eine andere.«

Hamish zwinkerte mit seinen Topasaugen und sah sie aufmerksam an.

»Wie lange geht das schon, frage ich mich. Sicher schon eine ganze Weile, das sollte mich nicht wundern. Darum hat er mich hierher verschleppt, so weit weg von Perth!

Damit ich hier festsitze und er sich ungestört amüsieren kann! Ich nehme an, sie ist jung und hübsch. – Aber was um Himmels willen sieht sie in ihm?« setzte sie nachdenklich hinzu.

Schließlich war er ein ziemlich sturer Charakter, und soviel sie wußte, war Tischlern seit je seine einzige Leidenschaft. Vielleicht aber war er bei seiner neuen Freundin ganz anders, unterhaltsam und aufregend. Schwer vorstellbar. Aber andererseits, vielleicht sollte sie sich darüber nicht wundern.

Sie war sechsundvierzig. Manchen Frauen sah man ihr Alter nicht an, aber sie hatte immer so alt ausgesehen, wie sie tatsächlich war. Sogar als Kind war sie immer ein oder zwei Jahre älter geschätzt worden. (»Erst fünf? Und so – so ein hübsches kleines Mädchen!«) Die Brille verbesserte ihr Aussehen auch nicht gerade.

Sie war immer kurzsichtig gewesen. Sie hatte es mit Kontaktlinsen versucht, war damit aber nicht zurechtgekommen. Elegante Kleider sahen bei ihr nach nichts aus, und deshalb blieb sie bei Röcken und Pullovern. Das war es. Frau in mittleren Jahren, Brillenträgerin und nicht hübsch.

»Und nun auf dem Abstellgleis!« ließ sie den Kater wissen! »Ausrangiert für ein neueres, schickeres Modell, Hamish!«

Hamish sah sie an, als wolle er Protest erheben.

»Nein, ich weiß, was du denkst«, sagte Margot, »aber du irrst dich. Es macht mir nichts aus, daß Duncan mich häßlich findet. Soll sich der alte Bock doch zum Narren machen. Ich will ihn eigentlich gar nicht. Ich will nur mein Heim, dies Haus hier, und wenn ich nicht aufpasse, werde ich es verlieren. Und du, Hamish, ebenfalls. Wir beide. Dann können wir zusehen, wo wir bleiben.«

Bei diesen Worten senkte Hamish seine recht kleinen und sonderbar am Kopf sitzenden Ohren und sah verärgert aus.

Aber sie hatte ihm die Wahrheit gesagt. Sie schwebte in Gefahr, das einzige zu verlieren, was sie leidenschaftlich liebte: das Haus. Sie besaß kein eigenes Geld. Sie hatte keine berufliche Karriere aufzuweisen, weil Duncan nicht gewollt hatte, daß sie arbeitete. (Eine Frau, die Erfolg im Beruf hatte, das war ihr zu spät aufgegangen, hätte er als Bedrohung für sein Ego empfunden.) Sie hatten keine Kinder. Alles gehörte Duncan.

Wenn ihre Ehe geschieden wurde, würde das vorhandene Geld, so vermutete sie, geteilt werden, aber wie sie Duncan kannte, würde er alles so drehen, wie es für ihn vorteilhaft war. Er war, verdammt noch mal, Anwalt. Selbst wenn sie ihn dazu überreden könnte, ihr das Haus zu überlassen, würde sie es sich nicht leisten können, darin wohnen zu bleiben. Man nehme nur die Heizkosten und die Kosten für die Instandhaltung! Und sie war auch auf ihren kleinen Wagen angewiesen in einer so abgelegenen Gegend, wo die Busse so selten fuhren. Bald würde der Winter einbrechen und alles tief verschneit sein. Dann wäre sie wirklich von der Welt abgeschnitten.

»Wenn das Wetter schlecht wird, kriegt er es sicher satt,

dauernd zwischen Perth und hier hin und her zu pendeln. Dann wird er hier ausziehen«, sagte sie zu dem Kater. »Wir müssen rechtzeitig etwas tun, Hamish!« Aber sie wußte wirklich nicht, was das sein könnte.

Inzwischen brachte sie das alte Haus auf Hochglanz, wienerte blank und wischte Staub. Das leidenschaftliche Verlangen, es zu behalten, wurde immer stärker in ihr. Sie wollte es nicht loswerden, um keinen Preis!

Das Telefon klingelte weiterhin dann und wann, und wenn sie den Hörer abnahm, wurde stets aufgelegt, wie zuvor. Duncan, Gott stehe ihm bei, kaufte sich ein Paar Jeans.

Er lehnte es auch ab, rotes Fleisch zu sich zu nehmen, und kaute zum Frühstück knirschend Knäckebrot anstatt Toast.

»Das tut er, Hamish«, sagte Margot zu dem Kater, »damit er in die Jeans paßt! Wenn er so weitermacht, ist sie sein Tod!«

Hamish gähnte ausgiebig, schob den Unterkiefer vor und die Oberlippe zurück, so daß nadelscharfe Zähne und eine rosa Zunge sichtbar wurden. Es war ein kätzisches Hohnlächeln, wie sie es noch nie gesehen hatte.

Eines Morgens, als die Luft schon empfindlich kalt war, erzählte ihr der Milchmann, daß nachts im Hochland Schnee gefallen war. Der Winter war im Anmarsch.

Duncan verkündete, er müsse zum Wochenende zu einer Geschäftskonferenz nach Edinburgh fahren. Als Margot am Freitag morgen ins Schlafzimmer ging, packte er gerade seine bunten Krawatten und die Jeans ein.

Sie hatte ihn nicht anklagen wollen, weil sie keine stichhaltigen Beweise hatte. Aber jetzt – vielleicht machte es der Anblick dieser hoffnungslos unpassenden Kleidungsstücke – konnte sie nicht mehr an sich halten. Es schoß alles aus ihr heraus. Sie sagte, sie wisse, daß er eine andere habe.

Er versuchte gar nicht, das abzustreiten. Mit prahlerischer Fröhlichkeit gab er zu, daß das stimme. Sie heiße Fiona. Sie sei noch nicht lange mit ihrem Jurastudium fertig, ein kluges Mädel und so charmant. All das erzählte er Margot mit lächelndem Stolz, der sowohl abstoßend wie albern war.

»Und was«, fragte Margot verächtlich, »fängt ein kluges, charmantes Mädchen mit einem humorlosen Mann mittleren Alters an, der langsam eine Glatze kriegt?«

Fiona, wurde sie belehrt, fand ältere Männer interessanter. Sie hatte Duncan gestanden, einen gleichaltrigen Partner habe sie noch nie in Erwägung gezogen. Junge Männer seien unreif. Ältere Männer hätten Erfahrung.

»Die einzige Partnerschaft, an der sie interessiert ist«, sagte Margot, »ist die in deiner Firma.«

Duncan erklärte, das sei eine niederträchtige Bemerkung. Aber zufällig habe er ohnehin die Absicht, Fiona die Partnerschaft in allem anzubieten. Ja, er wolle die Scheidung. Er sei sicher, daß sie eine annehmbare Regelung finden würden.

»So? Und wie soll die aussehen?« fragte Margot mit zitternder Stimme. »Annehmbar für wen?«

Duncan sagte, er hoffe, sie werde sich nicht kleinlich erweisen. Sie dürfe ihm und Fiona doch nicht ein glückliches Leben verweigern, nur weil sie so unzufrieden war. Er sei enttäuscht, daß sie sich so kindisch aufführe. Vielleicht sollte sie zum Arzt gehen und sich irgendwelche Pillen oder etwas anderes verschreiben lassen? Wahrscheinlich waren es die Wechseljahre.

Margot ging einfach darüber hinweg. »Was wird mit diesem Haus?« fragte sie heiser.

»Das verkaufen wir natürlich«, sagte Duncan. »Und das Geld wird geteilt. Dann hast du genug, um dir irgendwo eine kleine Wohnung kaufen zu können.«

»Ich will keine Wohnung!« schrie sie. »Ich will mein Heim!«

»Nun sei doch nicht töricht«, sagte er. »Was willst du denn in einem großen leeren Haus wie dem hier anfangen?« Und mit diesen Worten schritt er aus dem Zimmer und zur Treppe.

Sie stürzte ihm nach und packte seinen Arm. Er versuchte sie abzuschütteln, doch sie hielt ihn fest und schrie auf ihn ein:

»Zwanzig Jahre lang habe ich dir den Haushalt geführt, als unbezahlte Haushaltshilfe! Zwanzig Jahre lang nichts als Kochen und Saubermachen und Einkaufen! Ein Dach über dem Kopf ist das einzige, was ich hatte – und auch das mußte ich mir verdienen! Was für eine Partnerschaft hast du mir je angeboten? Unser Haus habe ich nie mit dir geteilt! Es war nur meine Arbeitsstelle – der Ort, wo ich für dich sorgte. Und nun sagst du mir, das ist etwas, was du nach Belieben zurücknehmen kannst. So wie du mir mein Heim in Perth genommen hast, so möchtest du mir jetzt auch dies hier wegnehmen! Aber daraus wird nichts, hörst du! Ich lasse mir das nicht gefallen, ich lasse es nicht zu!«

Duncan erwiderte scharf, es sei nicht seine Schuld, wenn sie mit ihrem Leben nicht zufrieden gewesen sei. Er habe immer angenommen, sie sei vollkommen glücklich, und wenn sie das nicht gewesen sei, nun, dann sei er nicht dafür verantwortlich.

»Heuchler!« kreischte sie. Er stieß einen Schrei der Empörung aus und versetzte ihr einen so heftigen Stoß, daß sie ihn losließ und das Gleichgewicht verlor.

Sie fiel gegen die Wand hinter ihr, glitt aus und landete auf dem Fußboden, ein Bein angezogen, das andere ausgestreckt. Die Brille war ihr von der Nase gerutscht, und sie mußte kriechend nach ihr suchen, bevor sie etwas anderes tun konnte. Als sie sie wieder aufgesetzt hatte, sah sie, daß Duncan die Treppe hinuntersteigen wollte, ohne ihr hochzuhelfen. Sein Rücken war steif vor Selbstgerechtigkeit.

Keiner von beiden hatte den Kater bemerkt, so sehr hatte sie ihr Streit in Anspruch genommen. Während ihrer Auseinandersetzung hatte Hamish geduckt auf dem alten Schrank verharrt, der auf dem Treppenpodest stand, mit flach anliegenden Ohren und peitschendem Schwanz. Plötzlich, ohne jede Warnung, setzte er zum Sprung an.

Für Margot, die immer noch auf dem Fußboden saß, hatte das Wesen, das da vom Schrank herunterschoß, keine Ähnlichkeit mehr mit Hamish. Es war größer, ja riesig, sein tiefschwarzes Fell war gesträubt; aus Augen, die mit geschmolzenem Gold gefüllten Höhlen glichen, schossen gelbe Flammen, und ein wütendes Hohnlächeln ließ die scharfen weißen Zähne sehen. Seine Vorderbeine waren ausgestreckt wie Fledermausflügel, und als es durch die Luft sauste, ließ es ein grauenvolles Zischen hören, wie sie es sich weder bei einem Menschen noch bei einem Tier je hätte vorstellen können.

Duncan hörte es und fuhr herum. Einen Augenblick lang, nur eine Sekunde lang spiegelte sein Gesicht blankes Entsetzen. Er hob den Arm und wollte ihn schützend vor sein Gesicht halten, aber zu spät. Der Kater wickelte sich um seinen Kopf. Blutrote Striemen zogen sich quer über Wangen und Stirn des Mannes. Blut spritzte aus der Haut an den Stellen, wo sich die scharfen Krallen eingegraben hatten. Duncan stolperte auf den ausgetretenen alten Stufen, als er versuchte, das Tier wegzustoßen und sich gleichzeitig am Geländer festzuhalten.

Beides gelang ihm nicht. Er fiel, stürzte krachend die volle Länge der Treppe hinunter; sein Körper glitt hilflos von Stufe zu Stufe, der Kopf schlug auf dem Geländer auf, Mann und Kater zusammengeschlossen in gräßlicher Umarmung.

Sie landeten mit einem Aufprall, der die ganze Treppe und den Treppenabsatz erbeben ließ. Dann herrschte Stille, und das war noch schlimmer.

Margot richtete sich mühsam auf und rannte die Treppe hinunter.

»Hamish? Ist alles in Ordnung mit dir? Wo bist du?«

Ein leises Knurren war die Antwort. Sie sah Topasaugen in der entfernten Ecke der Diele funkeln. Der Kater saß dort geduckt, das Fell immer noch gesträubt, mit dem Schwanz den Boden peitschend. Duncan lag am Fuß der Treppe, halb auf den Rücken gedreht. Sie kniete hin und beugte sich über ihn.

Seine Augen flackerten, und sein Mund bewegte sich, aber es kam kein Ton heraus. Dickes, dunkles Blut tröpfelte erst aus einem Ohr, dann aus seiner Nase und schließlich aus seinem Mund. Endlich gab er einen Laut von sich, ein undeutliches Murmeln. In seinem Blick lag eine verzweifelte dringliche Forderung, doch er bewegte sich nicht. Vielleicht konnte er es nicht.

Sie sprang auf und rannte zum Telefon. Als sie den Hörer abhob, hörte sie ein neuerliches warnendes Knurren. Aus der Ecke starrten sie Hamishs Topasaugen mit mesmerischer Kraft an, als wollten sie ihr verbieten, Hilfe herbeizurufen.

Gehorsam legte sie den Hörer wieder auf und setzte sich auf den Stuhl neben dem Telefontischchen. Dort saß sie vielleicht eine Viertelstunde. Dann rollte sich Hamish auseinander und stolzierte davon, ins Wohnzimmer. Margot erhob sich schwerfällig und ging zu Duncan. Seine Augen starrten sie blicklos an.

Sie lief zurück zum Telefon und verlangte einen Krankenwagen.

Im Krankenhaus wurde Duncan für tot erklärt. Etwas später am Tag erschienen zwei Polizeibeamte, ein Mann und seine Kollegin. Beide waren sehr freundlich, aber sie stellten eine Menge Fragen, sanft und eindringlich.

»Ihr Gatte hatte schwere Verletzungen im Gesicht«, sagte die Polizeibeamtin. Sie blickte zu Hamish hin, der schläfrig blinzelnd in einem blassen Sonnenstrahl dalag. »Offenbar sind es Spuren von Tierkrallen. Ist der Kater – eh – bösartig?«

»Nein, überhaupt nicht«, sagte Margot mit fester Stimme.

»Können Sie uns genau sagen, was passiert ist?«

»Unglücklicherweise kann ich das nicht, weil ich nicht da war, als es geschah«, erwiderte Margot.

Was war das? Sie war die wahrheitsliebendste Frau, die man sich vorstellen konnte! Wie kam es, daß ihr diese Lüge so glatt über die Lippen ging? Sie hörte ihre eigene Stimme, aber irgendwie war es nicht sie, die da sprach. Es war jemand anders, der durch sie sprach, der ihre Stimmbänder benutzte. Sie fragte sich, was um Gottes willen sie als nächstes herausbringen würde.

»Vermutlich hat es sich so abgespielt«, sagte eine Stimme – ihre Stimme. »Mein Mann liebte den Kater sehr …«, die Stimme brach ganz überzeugend. »Das Tier ritt sehr gern auf seiner Schulter. Es schläft auch oben auf dem Schrank, der auf dem Treppenpodest steht. Ich vermute, es passierte, als Duncan die Treppe hinuntergehen wollte und Hamish auf seine Schultern sprang. Das kam unerwartet für ihn, und er reagierte heftig. Der Kater geriet in Panik und krallte sich an ihm fest – und der arme Duncan stürzte die Treppe hinunter.«

Die beiden Polizeibeamten wechselten Blicke. Sie fragten, ob sie die Treppe untersuchen dürften. Margot hörte, wie sie dabei miteinander redeten. Der Mann sagte: »Diese alte Treppe ist eine Todesfalle! Ein Wunder, daß nicht schon früher einer von ihnen heruntergestürzt ist und sich überschlagen hat!«

Sie kamen zurück, und die Frau sagte: »Ich sehe, da steht ein Koffer an der Schlafzimmertür.«

»Ja. Mein Mann hatte eine Geschäftsreise vor.« Margots Stimme zitterte. »Es ist ein furchtbarer Schock für mich. Wir waren zwanzig Jahre verheiratet.«

Die beiden bekundeten lebhaftes Mitgefühl. Sie machten ihr eine Tasse Tee und fragten, ob es jemand gäbe, den sie anrufen könnten, damit er herkäme und bei ihr bliebe.

»Sie sollten jetzt wirklich nicht allein sein«, riet die junge Beamtin.

»Ich habe Freunde in Perth«, sagte Margot. »Ich kann eine von ihnen anrufen, wenn ich – wenn ich mich zu einsam fühle.«

Vor dem Holzkohlenfeuer in dem großen steinernen

Kamin rollte sich Hamish auf den Rücken und streckte sich lang aus: Er erinnerte an einen langen schwarzen Pelzstreifen.

»Könnten wir uns vielleicht den Kater für ein paar Stunden ausleihen? Er ist bei uns sehr gut aufgehoben, und wir bringen ihn heute abend wieder zurück.«

Sie hatten keinen Katzenkorb, also kramte Margot einen Picknickkorb aus Weidengeflecht hervor, und Hamish wurde trotz seines kläglichen Miauens darin eingeschlossen.

Die beiden Beamten brachten Hamish wie versprochen zurück. »Die Gerichtsmediziner wollten nur einen Blick auf seine Pfoten werfen«, erklärten sie.

Hamish hatte den Transport im Picknickkorb übelgenommen. Er war ganz gekränkte Würde und drehte Margot fast eine Stunde lang den Rücken zu. Aber auch so konnte sie sehen, wo zwischen den Ballen seiner Pfoten etwas Fell herausgeschnitten worden war. Sie vermutete, die Polizei habe nach Spuren von Duncans Blut gesucht, und fragte sich, ob sie wohl welche gefunden hatte.

Sehr spät an diesem Abend, nachdem die Polizeibeamten gegangen waren, klingelte das Telefon, und als Margot den Hörer abnahm, wurde wie früher aufgelegt.

»Sie wundert sich, warum er nicht gekommen ist, Hamish!« sagte Margot zu dem Kater.

Hamish, dessen Erinnerung an den Picknickkorb langsam verblaßte und der nach der ganzen Aufregung Hunger verspürte, ging in die Küche und setzte sich vor seine Schüssel. Margot zerkrümelte für ihn ein halbes Weetabix in lauwarmer Milch, eine Leckerei, die er besonders schätzte.

Am nächsten Morgen erschienen die Polizcibeamten wieder und sagten, es täte ihnen leid, daß sie sie belästigen müßten, aber sie hätten sich gern noch einmal umgeschaut. Sie kletterten auf einen Stuhl und sahen oben auf dem Schrank Hamishs Decke liegen.

Sie maßen die Treppe aus. Schließlich waren sie, wie sie erklärten, befriedigt.

»Ein tragischer Unfall«, sagte der Mann. »Und wenn man sich vorstellt, daß Ihr armer Gatte den Kater so gern mochte!«

Am Wochenende klingelte das Telefon noch dreimal. Beim letzten Mal sagte Margot nicht mehr »Hallo?«, als sie den Hörer abnahm. Sie sagte nur: »Er kommt nicht zu Ihnen. Er ist tot.«

Am anderen Ende der Leitung holte jemand scharf Atem. Aber Margot legte auf, bevor die Anruferin irgendwelche Fragen stellen konnte.

»So, Hamish«, sagte sie. »Das ist erledigt. Jetzt haben wir das Haus für uns.«

Dicht gefolgt von dem Kater, ging sie ins Wohnzimmer und setzte sich mit Schreibblock und Kugelschreiber vor das Feuer. Ihr war der Gedanke gekommen, daß das Haus in solch einer malerischen Touristengegend geradezu ideal war für Übernachtungen mit Frühstück. Während sie schrieb und Pläne macht, nahm Hamish seinen angestammten Platz vor dem Kamin ein. Die Holzscheite knisterten und prasselten ein wenig, aber im übrigen herrschten Frieden und Stille.

Schon wieder eine zerrüttete Ehe. Diese Geschichten meinen mich. Zum Glück halte ich sie für einen Liebesdienst, sonst könnte ich paranoid werden. Ob wohl jemand meiner Frau dieselben Geschichten schickt? Oder steckt sie gar selbst dahinter? Unmöglich. Zu solcher Freundlichkeit mir gegenüber würde sie sich niemals herablassen.

Sie hat sich mithilfe des von mir so genannten Wechseljahrefeminismus neu erfunden. Sie ist jetzt das Opfer eines minderwertigen Mitglieds der Gattung Mensch, dem sie ihre besten Jahre gegeben hat, von dem sie ausgenutzt wurde, dem sie den Rücken freigehalten hat, damit er als Beamter Karriere machen konnte, dessen Kind sie großzog, wofür er sie damit belohnte, dass er ihre Entwicklung behinderte. Diesen ganzen Formelquark betet sie vermutlich heute noch vor sich hin, um sich davon abzulenken, dass ihr Lebensplan nur für ein halbes Leben gereicht hat (ein Kind. ein Haus, ein gutes Auskommen und schöne Urlaube) – dann stand sie irgendwann verdutzt vor der Aussicht auf weitere fünfzig Lebensjahre und hatte kein Projekt dafür.

Schon klar. Das ist meine Sicht. Ihre Geschichte würde anders klingen. Siehe oben. Sie würde nicht erwähnen, dass ich ihr niemals untreu war, dass ich nie etwas von ihr verlangt habe, was sie nicht wollte, dass ich niemals Pläne machte, die ihr nicht gepasst hätten – sie braucht eine Befreiung und einen Schuldigen für ihre Legende. Wie sie es allerdings geschafft hat, dass unsere Tochter ihr diese Story abnahm, ist mir ein Rätsel. Simone war doch dabei. Sie kannte mich doch. Sie wusste doch, dass ich kein Patriarch war, nach dessen Pfeife irgendwer tanzen sollte.

Ich war doch wohl blind. Auf der Geschichte diesmal stand das Datum, und mir wurde klar, dass das Ganze ein Adventskalender ist. Für jeden Tag im Advent eine Geschichte, und an Weihnachten käme die letzte und würde vielleicht alles erklären.

Jan D'Lord

Hausbaum

Sie finden's schön. Ich finde es schlichtweg blöde. All dies Gebaumel und Geglitzer, wofür denn? Und das hängt man an einen Baum – mitten im Wohnzimmer, du lieber Himmel!

Ich frage mich, was es für einen Unterschied macht, ob der Baum hier drinnen steht oder draußen im Garten. Gar keinen, nicht wahr? Warum werde ich also angepfiffen, wenn ich das Normalste von der Welt damit mache? Bäume müssen erforscht werden. Bäume sind für Katzen zum Klettern da. Niemand hat mich daran gehindert, auf den anderen Baum zu klettern, an dem auch etwas baumelte, sie waren sogar hocherfreut, als ich in der Spitze saß: »Wirf die Pflaumen runter, Bluebell!

Die schönen saftigen da oben, an die wir nicht drankommen.«

Aus unerfindlichen Gründen darf ich den Hausbaum nicht mal ansehen. Das würde mich nur in Versuchung führen, meint Jenny. Dann wissen sie aber nicht alles. Letztes Jahr, als das Haus voller Gäste war und alle angeregt von »Jingle Bells« und »Stiller Nacht« sangen (von »still« konnte bei diesem Geplärre eigentlich nicht die Rede sein), rollte ich mich unter dem Baum zusammen. Es blendete ein wenig, mit all diesen lächerlichen blitzenden Lichtern, aber dadurch war es wenigstens warm. Ich blieb dort eine Weile, bis ich entdeckte, daß der Truthahn in der Küche unbeaufsichtigt war. Keiner bemerkte mich oder kümmerte sich um mich, man saß zwischen leeren Flaschen und Papierhüten und balancierte Pralinenschachteln auf den dickgefressenen Bäuchen.

Jemand fragte, ob man dieses Jahr in der Kirche gewesen sei, alle nickten. »Natürlich!« Kirche? Einmal im Jahr? Wo war sie für den Rest des Jahres? Etwa draußen im Wald beim Hausbaum?

Ich sollte an Weihnachten brav sein, meinte Jenny, sonst würde sie mich zu Hackbraten machen. Ich darf mich nicht über die Geschenke hermachen, wenn alle schlafen. »Auch wenn karierte Hausschuhe *wirklich* sterbenslangweilig sind«, sagte sie mit einem Seitenblick auf Ross.

Aber ich weiß aus Erfahrung, daß es Jenny ganz egal ist, was ich mache, wenn sie erst einmal ein großes Glas von diesem Sherry getrunken hat. Sie lächelt milde, wenn ich das verbrauchte Geschenkpapier zerreiße und damit um mich werfe. Fotografiert mich tausendmal, wie ich vorsichtig den Tand an den unteren Zweigen des Hausbaumes betaste. Setzt Bramble, Willow und den Hunden alberne Papierhüte auf, behängt die kleinen Katzen mit Lametta, in der Hoffnung, dieses Jahr ein besonders schönes Foto von ihren »Babys« zu haben. Und dann überfüttert sie ihre Babys mit dem ganzen Fressen, das sie viel zu reichlich eingekauft hat. Aber, wissen Sie, ich hoffe doch, daß es dieses Jahr anders kommt, als sie letztes Jahr prophezeit hat: »Nie wieder«, stöhnte sie, als sie am Ende die leeren Flaschen wegräumte.

Aber bitte nicht *so* viel anders. Wir werden immer mit Liebe und Leckerbissen überschüttet, außerdem habe ich eine Schachtel mit neuem Baumschmuck gesehen, größer und schöner als der bisherige. Vielleicht schaffe ich es, den lautesten Knall aller Zeiten zu produzieren?

Natürlich würde Simone mich nicht an Heiligabend besuchen. Aber ich wollte trotzdem einen Blumenstrauß kaufen, den ich ihr im Falle eines Falles überreichen konnte – nachträglich für die Habilitation. Zur Promotion vor vier Jahren hatte ich ihr Blumen geschickt, aber nie eine Reaktion erhalten.

Soviel ich wusste, war sie nicht verheiratet, also wäre es möglich gewesen, dass sie sich an Weihnachten einsam fühlte und meiner entsann. Ihre Mutter fliegt seit Jahren jeden Winter nach Bali, um sich dort mit esoterischem Brimborium vollzutanken, die konnte sie nicht besuchen. Bliebe nur ich, falls sie nicht zu den Eltern eines Freundes oder einer Freundin fahren wollte. Und das würde sie nicht, fünftes Rad am Wagen war nicht ihre liebste Daseinsform.

Meine neue Adresse kannte sie. Die hatte ich ihrem damaligen Doktorvater geschickt mit der Bitte, sie weiterzuleiten. Von ihm hatte ich auch die spärlichen und oft spekulativen Informationen über ihr Privatleben, weil sie zu ihm Kontakt hielt. Sie würde nicht kommen. Wieso sollte sie.

Zwanzigster Dezember

Wenn ich aus einem Koma erwacht wäre, dann hätte ich glauben können, es sei Frühling. Mit weißen Weihnachten schien es nichts mehr zu werden dieses Jahr. Der ganze dafür vorgesehene Schnee war schon zu Anfang des Monats verpulvert worden, jetzt ging es offenbar zügig auf die Forsythienblüte zu.

James Herriot

Wenn ich an Weihnachten denke

Wenn ich an Weihnachten denke, kommt mir stets eine bestimmte kleine Katze in den Sinn.

Ich sah sie zum erstenmal bei Mrs. Ainsworth, als ich einen ihrer Hunde behandeln sollte. Zu meiner Überraschung hockte vor dem Kamin ein schwarzes kleines Fellbündel.

»Ich wußte gar nicht, daß Sie eine Katze haben«, sagte ich.

Mrs. Ainsworth lächelte. »Wir haben auch keine. Das hier ist Debbie.«

»Debbie?«

»Ja, so nennen wir sie wenigstens. Sie ist ein herrenloses Tier. Kommt zwei- oder dreimal in der Woche, und wir geben ihr zu essen. Ich weiß nicht, wo sie wohnt, aber ich glaube, sie ist meistens auf einer Farm unten an der Straße.«

»Haben Sie je das Gefühl, daß sie bei Ihnen bleiben möchte?«

»Nein.« Mrs. Ainsworth schüttelte den Kopf. »Sie ist ein schüchternes kleines Ding. Schleicht sich herein, frißt ein paar Bissen und verschwindet wieder.«

Ich blickte wieder auf die kleine Katze. »Aber heute ist sie dageblieben.«

»Ja. Es ist komisch, aber hin und wieder schlüpft sie ins Wohnzimmer und setzt sich ein paar Minuten lang vor das Kaminfeuer. Als ob sie sich ein besonderes Vergnügen leisten wollte.«

Sie war eine ungewöhnliche Katze. Sie saß ganz aufrecht auf dem dicken Teppich vor dem Kamin. Sie rollte sich nicht zusammen, putzte sich nicht, starrte nur vor sich hin. Es mußte ein besonderes Ereignis in ihrem Leben sein, eine seltene und wunderbare Begebenheit; hier genoß sie eine Behaglichkeit, die sie sicher in ihrem alltäglichen Leben nie zu erträumen vermochte. Während ich sie betrachtete, drehte sie sich um und schlüpfte lautlos aus dem Zimmer.

»So ist es immer«, sagte Mrs. Ainsworth. »Debbie bleibt nie länger als zehn Minuten.«

Sie war eine plumpe Vierzigerin mit einem freundlichen Gesicht, und für einen Tierarzt war sie die ideale Kundin;

wohlhabend, großzügig und die Besitzerin von drei verwöhnten Bassets. Und eines dieser von Natur aus melancholisch dreinblickenden Tiere brauchte nur ein kleines bißchen melancholischer auszusehen – schon wurde ich in aller Eile gerufen. Heute hatte ein Basset die Pfote gehoben und sich mehrere Male hinter dem Ohr gekratzt, und sogleich hatte mich seine Herrin in größter Besorgnis angerufen.

So kam ich oft zu Mrs. Ainsworth, mußte mich aber nie sehr anstrengen, und ich hatte ausgiebig Gelegenheit, mich nach dem rätselhaften Kätzchen umzusehen. Einmal sah ich es, wie es gelassen an der Küchentür Milch aus einer Untertasse schlürfte. Als sie mich sah, drehte sie sich um und eilte lautlos durch den Flur und die Wohnzimmertür.

Die drei Bassets lagen schnarchend auf dem Teppich vor dem Kamin, aber sie schienen an Debbie gewöhnt zu sein, denn zwei von ihnen schnupperten nur gelangweilt an ihr herum, während der dritte sie nur kurz aus einem schläfrigen Auge anblinzelte.

Debbie setzte sich in der gewohnten Positur zu ihnen.

Dieses Mal wollte ich mich mit ihr anfreunden. Ich trat behutsam auf sie zu, aber sie drehte sich weg, als ich die Hand nach ihr ausstreckte. Nach längerem Zureden gelang es mir, sie zu berühren, und ich strich ihr sacht mit dem Finger über die Wange. Einen Augenblick lang reagierte sie sogar, neigte den Kopf zur Seite und rieb ihren Rücken gegen meine Hand, aber bald darauf war es für sie wieder Aufbruchszeit. Sie lief aus dem Haus, sprang rasch die Straße entlang, dann durch eine offene Stelle in der Hecke, und zuletzt sah ich die kleine schwarze Gestalt über das regennasse Gras einer Wiese huschen.

»Ich möchte wissen, wo sie hinläuft«, murmelte ich halb zu mir selbst.

»Das haben wir noch nicht herausfinden können«, sagte Mrs. Ainsworth.

Es müssen fast drei Monate vergangen sein, bis ich wieder von Mrs. Ainsworth hörte, und ich fragte mich schon, warum die Bassets plötzlich so gesund waren, als sie mich anrief.

Es war am Morgen des ersten Weihnachtsfeiertages, und sie entschuldigte sich. »Mr. Herriot, es tut mir leid, Sie ausgerechnet heute zu stören.«

»Ach, es ist nicht weiter schlimm«, sagte ich. »Welcher ist es denn dieses Mal?«

»Es ist keiner von den Hunden. Es handelt sich … um Debbie.«

»Debbie? Ist sie bei Ihnen im Haus?«

»Ja … aber etwas stimmt nicht mit ihr. Bitte, kommen Sie doch schnell.«

Als ich über den Marktplatz fuhr, stellte ich wieder einmal fest, daß Darrowby am Weihnachtstag einer Illustration zu der berühmten Erzählung von Dickens glich. Der Schnee bedeckte die Pflastersteine und die Giebeldächer, die Läden waren geschlossen, und die bunten Lichter der Weihnachtsbäume glänzten aus den Fenstern.

Mrs. Ainsworth hatte das Wohnzimmer mit Lametta und Stechpalmen geschmückt, Getränke standen auf der Anrichte bereit, und der Duft von Putenbraten, Salbei und Zwiebeln drang aus der Küche durch das Haus.

Debbie war wieder da, aber dieses Mal lag sie regungslos auf der Seite, und neben ihr kuschelte sich zusammengekauert ein winziges schwarzes Kätzchen.

Ich schaute verblüfft auf sie nieder. »Was ist denn das?«

»Es ist seltsam«, erwiderte Mrs. Ainsworth. »Ich habe Debbie wochenlang nicht gesehen, und dann kam sie vor etwa zwei Stunden an – schleppte sich irgendwie in die Küche – und trug das Kätzchen im Maul. Sie ging schnurstracks ins Wohnzimmer und legte es auf den Kaminteppich, und zuerst fand ich es sehr amüsant. Aber dann sah ich, daß etwas nicht in Ordnung war, denn sie hat sich hingelegt und seitdem nicht bewegt.«

Ich kniete mich auf den Teppich und fuhr Debbie mit der Hand über Hals und Rippen. Sie war magerer als je, ihr Fell war schmutzig und voller Erdklumpen, und sie wehrte sich nicht, als ich ihr behutsam das Maul öffnete. Die Zunge und die Schleimhäute waren anormal blaß, und ihre Lippen fühlten sich eiskalt an. Als ich ihr Augenlid herunterzog und die fahlweiße Bindehaut sah, hatte ich eine finstere Vorahnung.

Ich tastete den Bauch ab und wußte bereits, was ich finden würde: und da war es auch – eine harte Masse lag in den Eingeweiden. Massives Lymphosarkom. Im Endstadium und hoffnungslos. Ich setzte ihr das Stethoskop auf die Brust und lauschte dem immer schwächer werdenden raschen Pochen des Herzens. Und dann setzte ich mich auf, starrte geistesabwesend in das Feuer und fühlte die Wärme auf meinem Gesicht.

Mrs. Ainsworths Stimme schien von weit her zu kommen. »Ist sie krank, Mr. Herriot?«

Ich zögerte. »Ja ... ja, sie ist leider sehr krank. Eine bösartige Geschwulst. Ich kann nichts mehr für sie tun.«

»Oh!« Sie legte die Hand auf den Mund und sah mich mit großen Augen an. »Sie müssen sie sofort einschläfern. Wir können sie nicht leiden lassen.«

»Mrs. Ainsworth«, sagte ich, »das ist nicht mehr nötig. Sie stirbt jetzt – sie ist im Koma – sie leidet nicht mehr.«

»Ach, du armes kleines Ding!« schluchzte Mrs. Ainsworth. Sie streichelte Debbie den Kopf. »Was sie durchgemacht haben muß. Warum habe ich nicht mehr für sie getan?«

»Niemand hätte mehr tun können als Sie«, sagte ich. »Niemand hätte gütiger sein können.«

»Aber wenn ich sie nur hierbehalten hätte – wo sie es bequem hatte. Es muß schrecklich für sie gewesen sein da draußen in der Kälte, als sie so krank war – ich wage gar nicht daran zu denken. Und dann hat sie noch die Kleinen gekriegt – ich ... ich frage mich, wie viele sie wohl gehabt haben mag?«

Ich zuckte die Schultern. »Das werden wir wohl nie wissen. Vielleicht nur das eine hier. Das passiert manchmal. Und sie hat es Ihnen gebracht, nicht wahr?«

»Ja … das ist wahr … das hat sie … das hat sie getan.«

Mrs. Ainsworth bückte sich und nahm das Häufchen Unglück auf. Sie ließ ihren Finger über das schmutzige Fell gleiten, und das kleine Mäulchen öffnete sich zu einem nicht vernehmbaren Miau.

»Ist es nicht seltsam? Und dazu noch zu Weihnachten.«

Ich kniete und fühlte nach Debbies Herz. Es schlug nicht mehr.

»Sie ist tot«, sagte ich, hob den kleinen, fast gewichtslosen Körper auf, wickelte ihn in ein Tuch und trug ihn zum Wagen.

Als ich zurückkam, streichelte Mrs. Ainsworth noch immer das Kätzchen. Ihre Tränen waren getrocknet, und sie lächelte, als sie mich ansah.

»Ich hatte noch nie eine Katze«, sagte sie.

»Na, jetzt haben Sie wohl eine.«

Und das hatte sie wirklich. Das Kätzchen wuchs schnell zu einem schlanken, hübschen und etwas ungestümen Kater heran, der Buster getauft wurde. Er stand in jeder Beziehung im Gegensatz zu seiner scheuen kleinen Mutter. Die Entbehrungen des freien und geheimnisvollen Lebens waren nichts für ihn; er stolzierte wie ein König über die dicken Teppiche im Hause Ainsworth, und sein schmuckes Halsband trug noch zu seiner Würde bei.

Bei meinen Besuchen beobachtete ich seine Entwicklung mit viel Freude, aber ich werde nie den ersten Weihnachtsfeiertag genau ein Jahr später vergessen.

Ich machte wie gewöhnlich die Runde. Ich kann mich nicht erinnern, je zu Weihnachten frei gehabt zu haben, denn die Tiere wollen einfach nicht lernen, daß es Feiertage gibt. Im Lauf der Jahre habe ich aufgehört, mich darüber zu ärgern. Wenn ich in der kalten Winterluft in Ställen und Scheunen herumstampfe, hole ich mir wenigstens einen gesunden Appetit für den Putenbraten; ganz abgesehen von den zahlreichen Aperitifs, die mir die gastfreundlichen Farmer anbieten.

Ich war auf dem Heimweg und fühlte mich wie in einer rosigen Wolke. Ich hatte mehrere Whiskys getrunken – den die Farmer von Yorkshire wie Limonade einschenken –, und den Rest hatte mir ein Glas Rhabarberwein bei Mrs. Earnshaw gegeben. Als ich an Mrs. Ainsworths Haus vorbeifuhr, hörte ich sie rufen.

»Frohe Weihnachten, Mr. Herriot!« Sie winkte mir fröhlich zu. »Kommen Sie herein und trinken Sie was, um sich aufzuwärmen.«

Mir war warm genug, aber ich parkte den Wagen, ohne zu zögern. Das Haus war wieder festlich geschmückt, wie im letzten Jahr, und der köstliche Duft von Putenbraten, Salbei und Zwiebeln regte meine Magensäfte an. Aber das war halb so wichtig. Wichtig war Buster.

Er sprang nacheinander auf die drei Bassets zu, hielt die Ohren steif, funkelte teuflisch mit den Augen, gab ihnen einen kleinen Tatzenhieb und lief wieder davon.

Mrs. Ainsworth lachte. »Er ist eine wahre Plage für die Hunde. Läßt ihnen keine Ruhe.«

Sie hatte recht. Für die Bassets war Buster so etwas wie ein respektloser Eindringling in einen exklusiven Londoner Club. Lange Zeit hatten sie ein maßvolles Leben genossen: regelmäßige Spaziergänge mit ihrer Herrin, gutes Futter in großen Mengen und lange Stunden friedlichen Schnarchens auf den Teppichen und in den Sesseln. Sie hatten ihre Tage in ungestörter Ruhe verbracht. Bis Buster auftauchte.

Er tänzelte an den jüngsten Hund heran und reizte ihn. Als er mit beiden Vorderpfoten auf ihn einboxte, war es selbst für den Basset zuviel. Er ließ seine Würde fallen, rollte sich auf den Rücken und ließ sich mit dem Kater in einen kurzen Ringkampf ein.

»Ich möchte Ihnen etwas zeigen.« Mrs. Ainsworth nahm einen harten Gummiball von der Anrichte und lockte Buster in den Garten. Sie warf den Ball über die Wiese, und der Kater sprang ihm behende über den frostigen Rasen nach, nahm ihn mit den Zähnen auf, ließ ihn zu ihren Füßen fallen und sah sie wartend an. Sie warf ihn noch einmal, und er brachte ihn wieder zurück.

Ich glaubte meinen Augen nicht. Ein Kater als Apportierhund! Mrs. Ainsworth sah mich an. »Haben Sie je so etwas gesehen?«

»Nein«, antwortete ich. »Noch nie. Eine bemerkenswerte Katze.«

Sie nahm Buster auf den Arm, und wir gingen ins Haus

zurück. Sie lachte, als der Kater schnurrte und sich an ihrer Wange rieb.

»Debbie wäre glücklich«, sagte sie.

Ich nickte. »Ja, das wäre sie ... es ist ein Jahr her, daß sie ihn brachte, nicht wahr?«

»Genau ein Jahr.« Sie drückte Buster an sich. »Das schönste Weihnachtsgeschenk, das ich je bekommen habe.«

Schade, dass das bald aufhören wird, dachte ich. Diese Geschichten waren mir lieb geworden, wer auch immer sie mir jede Nacht brachte, war mir unbekannterweise ans Herz gewachsen. Ich war gespannt, ob das Ganze noch eine Auflösung erfahren würde, ob sich irgendwann, vielleicht an Heiligabend, jemand zu erkennen gäbe und mir erklärte, was es mit diesem katzenreichen Adventskalender auf sich hatte. Womit ich diese Aufmerksamkeit verdiente und was er oder sie damit bezweckte.

An diesem Tag kochte ich mir ein richtiges Essen zu Abend, mit Vorspeise, Salat und Nachtisch, und öffnete eine Flasche Château Lafite, die ich probieren wollte, ob sie mir für Heiligabend gut genug sein würde. Sie war es. Ich kam nur knapp an der Achterbahn vorbei.

Ich hatte mir an der Türklinke zum Badezimmer die Seitentasche meines Morgenmantels eingerissen. Jetzt sah er noch verwahrloster und pennerhafter aus. Ich würde nachher nach Nähzeug suchen und ihn flicken.

Andrea Schacht

Ein unerwartetes Weihnachtsgeschenk

Wir hatten einen harmonischen Weihnachtsabend – gutes Essen, nette Freunde, anregende Gespräche und liebevoll ausgewählte Geschenke. Nichts Aufwendiges, nichts Teures, aber mit Liebe und Verständnis ausgesuchte Kleinigkeiten.

Es war ein gutes Jahr, auf das wir zurückschauen konnten – für mich eines der erfolgreichsten überhaupt. Ich hatte die Ziele erreicht, die ich mir vor langer Zeit gesteckt hatte, und nun hatten sich weitere Türen geöffnet. Die Hindernisse der Vergangenheit waren bewältigt, die Zukunft barg vielleicht neue – sie barg aber auch neue Wunder.

Diese Wunder zu sehen hatte ich inzwischen gelernt. Mein Mann war schon zu Bett gegangen, ich räumte noch die Teller und Gläser in die Küche. Mehr Ordnung zu schaffen hatte ich keine Lust. Mitternacht war vorüber, und ich wollte nur noch nach Hexchen schauen, die sich den ganzen Abend nicht hatte blicken lassen. Eigentlich aalte sich diese Katze ansonsten in der Aufmerksamkeit der Menschen. Sie liebte es, im Mittelpunkt zu stehen, und bisher hatte noch jeder unserer Besucher den angemessenen Kniefall vor ihr gemacht, wenn sie ihr zur Begrüßung mit erhobenem Schwanz über den Teppich entgegenschritt. Hexchen sah sich als die Herrin des Hauses, und ich mochte ihr nicht widersprechen.

Einer unserer heutigen Gäste aber mochte keine Katzen, und Hexchen schätzte diesen Gast nicht besonders. Also hatte sie sich wohl an einem ihrer Lieblingsplätze verkrochen – in meinem Bett, im Wäschekorb, hinter dem zehnbändigen Brockhaus oder auf dem Kleiderschrank. Ich schaute an allen mir bekannten Stellen nach, rief sie leise, bekam aber keine Antwort – was mich recht verwunderte. Hexchen war eine Plapperkatze. Ständig wußte sie etwas in ihrem Katzenkauderwelsch zu berichten, ich gab ihr in meinem Menschenkauderwelsch Antwort, und meist verstanden wir uns prächtig.

Als ich das ganze Haus abgesucht hatte, begann ich mir ernsthafte Sorgen zu machen. Sollte die Kleine irgendwann aus der Haustür geschlüpft sein, als die Gäste eintrafen? Nein – einmal hatte ich sie im Laufe des Abends in die Küche schleichen sehen. Ein Kontrollblick zeigte mir, daß der Futternapf leer war. Also war sie bei der Verabschiedung ins Freie gehuscht, ohne daß wir es bemerkt hatten?

Ich öffnete die Haustür und rief leise nach ihr.

Die dunkle, eiskalte Nacht blieb stumm.

Vielleicht war sie im Garten? Aber auch mein Rufen an der Terrassentür blieb ohne Antwort. Ein verdächtiges Rascheln kam allerdings aus der Hecke. Möglicherweise war sie dort in sanitären Angelegenheiten unterwegs.

Also gut, von Zubettgehen erst einmal keine Rede mehr. Ich stellte die Terrassentür einen kleinen Spalt auf, wickelte mich in eine Decke, blätterte in einem der Bücher, die ich geschenkt bekommen hatte, und wartete auf meine Katze. Irgendwann würde es ihr sicher zu kalt werden. Die Temperaturen waren bis auf den Gefrierpunkt gefallen, und Kälte liebte dieses Zimmertigerchen überhaupt nicht.

Kaum eine Viertelstunde später maunzte es am Fenster. Hexchen trat in ihrer unnachahmlich hoheitsvollen Art ein, hüpfte auf den Sofatisch und legte sehr sorgsam eine leblose Maus auf ein Stück goldenes Geschenkpapier.

Ich war sprachlos.

Nicht, weil ich mich vor toten Mäusen ekelte, sondern weil Hexchen gewöhnlich keine Mäuse fing. Sie täte es schon gerne, aber sie konnte es nicht. Das arme Tier hatte von Geburt an einen etwas deformierten Kiefer und besaß nur noch zwei der oberen Reißzähne. Ich schloß die Tür und streichelte die rotbraune Katze voll des Lobes.

»Hast du die extra für mich gefangen, Hexchen? Das ist aber ein ganz besonders wertvolles Geschenk.«

Grüne, wunderbar abgründige Augen sahen mich an, und es funkelte so etwas wie ein Lächeln darin.

»Nur ein kleines Dankeschön!« sagte sie mit leicht gurrender Stimme.

Ich prallte förmlich zurück. Hatte ich zuviel Wein getrunken? Oder befand ich mich in einem verrückten Traum?

»Nicht erschrecken, Menschenfreundin. Setz dich wieder hin. Ich erkläre dir das.«

Akustische Halluzinationen?

Ganz vorsichtig nahm ich auf der Sofakante Platz. Hexchen kam auf das Polster gesprungen und schmiegte sich an meine Seite.

»Mir ist im Garten ein bißchen kalt geworden. Nimmst du mich auf den Schoß?«

»Ja … Ja, gerne.«

Ich lehnte mich etwas bequemer zurück und ließ sie auf meine Beine krabbeln. Sie rollte sich zusammen und sah zu mir hoch.

»So ist es schön«, schnurrte sie und legte mir ihre kalten Pfötchen in die Hand. Eigentlich verhielt sie sich wie immer. Warum konnte sie nur plötzlich sprechen?

»Ein kleines Geschenk«, antwortete sie, als hätte sie meine Gedanken gelesen. »Heute nacht und nur für eine kurze Weile ist es möglich. Nimm es an, Menschenfreundin. Es wird auch nicht jedem gegeben.«

Es war, wenn ich es recht betrachtete, einfach bezaubernd, gleichgültig, ob es nun eine Sache des schleichenden Irrsinns oder nur ein lebhafter Tagtraum war.

»Danke, Hexchen. Aber warum?«

Die Katze zwinkerte mir zu. »Nun ja, zum einen, weil du so gut erzogen bist.«

»Bin ich das?«

»Ja, kann man sagen. Andere Katzen haben mehr Schwierigkeiten mit ihren Menschen. Du bist pünktlich und ordentlich, und ich weiß einen gut gefüllten Futternapf zu festen Zeiten wirklich zu schätzen.«

»Und die gelegentlichen Leckerchen auch, nicht wahr?«

»Mhhhh!« Hexchen leckte sich die Lippen. »Darüber könnten wir weitere Vereinbarungen treffen, wenn du es schon ansprichst. Gelegentlich ist gelegentlich zuwenig.«

Um mir das mitzuteilen, hätte es der menschlichen Sprache nicht bedurft.

»Ich glaube, Leckerchen am Samstag und Sonntag sollten reichen. Du willst doch nicht so eine dicke Wurst werden wie Nachbars Mucki?«

»Nein, hast du auch wieder recht.« Sie fuhr sich mit der Zunge über das weiche Bauchfell und blickte mich dann wieder an. »Ich bin doch nicht zu dick, oder?«

»Nein, du hast einen wundervollen, genau in dein Fell passenden kleinen Bauch. Und ich finde es sehr freundlich, daß ich ihn inzwischen manchmal streicheln darf.«

»Klar darfst du das. Ich muß mich entschuldigen. Damals, als ich zu dir gekommen bin, hatte ich gerade ein schreckliches Erlebnis hinter mir.«

»Die Operation?«

»Ja, sie haben mir furchtbar weh getan dabei. Ich wäre beinahe gestorben, und ich wollte auch sterben, damals in diesem engen Käfig im Tierheim.«

Ich erinnerte mich nur zu gut daran. In der Nacht zuvor hatte ich von einer Katze geträumt, die mich auf eine ganz intensive Art gerufen hatte. Es war sehr bewegend, und am nächsten Tag stand ich, kaum daß das Tierheim seine Pforten geöffnet hatte, schon vor der Tür und bettelte um Einlaß. Etliche arme Tiere warteten auf ein neues Heim, doch zu keiner der in dem Gehege herumlaufenden Katzen stellte sich die erwartete gegenseitige Affinität ein. Ich zieh mich selbst eines reichlich absurden Verhaltens, weil ich mich von einem Traum hatte leiten lassen. Eine Katze ist eben doch nur ein Tier. Unschlüssig stand ich herum und streichelte jene, die sich streicheln lassen wollten. Bis schließlich die Betreuerin leicht verunsichert vorschlug: »Wir haben da noch so einen Problemfall, aber ich weiß nicht …«

»Was für ein Problem hat sie denn?«

»Ihre Vorbesitzer klagten, sie sei unsauber und niese ständig. Das können wir hier zwar nicht bestätigen, aber sie verweigert seit Tagen das Futter.«

Eine Vorahnung beschlich mich.

»Ich möchte sie kennenlernen.«

»Dann sehen Sie sich Hexe mal an«, meinte die Betreuerin.

Man führte mich zu den Käfigen. Mein erster Eindruck

von dem Tierchen lautete: »Eine häßliche Katze!« Mein zweiter: »Aber das ist sie.«

Sie war entsetzlich mager, ihr Mäulchen etwas schief, weil einer der unteren Reißzähne vorstand und ihrem großäugigen Gesicht einen äußerst grimmigen Ausdruck verlieh. Ihre Nase wirkte wie eingedrückt und war ein wenig entzündet. Dafür hatte sie aber in ihrem seidigen, braungetigerten Fell einige delikate rote Akzente und ein cremefarbenes Pfötchen.

»Du hast erst ziemlich entsetzt ausgesehen, Menschenfreundin. Ich bin keine Schönheit. Ich weiß es.«

»Hexchen, du bist die schönste Katze, die ich kenne.«

Ich streichelte sie zärtlich, denn ich meinte es wirklich ernst.

»Ich war so froh, daß du mich mitgenommen hast. Ich hatte schon jede Hoffnung aufgegeben.«

»Ich weiß, kleine Freundin.«

»Obwohl du anfangs ein paar Fehler gemacht hast.«

»Auch das weiß ich. Du hast mir ja deutlich genug zu verstehen gegeben, daß du keinen Fisch magst, das Halsband ablehnst, das Katzenklo an der falschen Stelle stand …«

Hexchen kicherte. »War wohl ziemlich drastisch, als ich dir in den Korb mit frisch gebügelten Hemden gepinkelt habe, nicht wahr?«

»Das war eine Schweinerei!«

Sie drückte ihren Kopf in meine Hand und drehte ihn hin und her.

»Ist aber jetzt vergessen. Auch die grobe Verunreinigung meiner Reisetasche, als wir in Urlaub fahren wollten. Und die zerfetzten Gardinen, als wir nicht verstanden, daß du nach draußen wolltest.«

»Ach ja, das Leben im Freien. Ja, dafür bin ich dir auch dankbar.«

»Wirklich? Trotz der Kratzer und Bisse, der Zecken und Flöhe, die du dir dabei eingefangen hast?«

»Als du mich zu dir nahmst, war ich schon ein Jahr alt und hatte noch nie eine Wiese gesehen. Man hat mich von meiner Mutter viel zu früh weggeholt, sie hatte mir nichts Ordentliches beibringen können. Diese Mühe hast du auf dich genommen. Du hast es gut gemacht, für einen Menschen jedenfalls. Ich habe deine Geduld dabei manchmal strapaziert, nicht wahr?«

»Meine Geduld, meine Stiefmütterchen, meine Arme und Beine …«

»Na, ich mußte doch Kämpfen üben!«

»Hinterrücks angefallen hast du mich!«

»Mit Wasser hast du mich bespritzt!«

»Pah, in den Teich bist du selbst gefallen!«

»Und du hast gelacht, als ich mit den Wasserlinsen zwischen den Ohren aufgetaucht bin. Das war richtig gemein.«

»Dabei habe ich größte Anstrengungen unternommen, eine ernste Miene zu wahren.«

»Ist dir aber nicht gelungen.«

»Der Blick aus deinen grünen Augen hat mir fast das

Fleisch von den Knochen gebrannt. Laserstrahlen sind nichts dagegen, wenn du wütend bist.«

Hexchen war nun nicht mehr wütend, sondern nur sehr sanft.

»Ich habe mich im Revier ganz gut arrangiert.«

»Du hast deine Grenzen ordentlich gezogen, und ich habe oft beobachtet, wie du Eindringlinge lediglich mit der Macht deiner Persönlichkeit vertrieben hast. Wie machst du das, Hexchen?«

»Wie nennst du mich?«

Verwundert wiederholte ich: »Hexchen!«

»Eben.«

»Oh, darum. Ja, unsichtbar machen kannst du dich auch. Oder kennst du nur Dutzende von Verstecken?«

Sie kicherte.

»Ich habe die Befürchtung, du hältst uns manchmal gerne ein wenig zum Narren, wenn wir dich suchen.«

»Nur ganz selten.«

»Und immer dann, wenn wir es eilig haben.«

»Oder ihr mich zur Tierärztin zerren wollt.«

»Das magst du nicht, dabei bist du ein paarmal sehr krank gewesen.«

»Ich weiß. Meine Nase.«

»Ja, deine Schnoddernase.«

»Ich habe aber ohne Protest die Medikamente genommen!«

»Du hast doch gar nicht gemerkt, was ich in deine Lieblingspaste gemischt habe.«

»Wenn du meinst!«

»Gut, dann habe ich dich mal wieder unterschätzt, was?«

»Tust du ja nicht oft. Und als mich diese aggressive Straßenkatze gebissen hat, war ich sogar ganz dankbar, daß du mich hast verarzten lassen.«

»Es war auch ziemlich furchtbar für mich, Hexchen. Ein verletztes Tier, das sich nicht mehr auf den Pfoten halten kann, ist ein schrecklicher Anblick. Ein Mensch fühlt sich da sehr hilflos.«

Sanft strich sie mir mit dem rechten Pfötchen über die Hand.

»Du wirst mir nicht immer helfen können, große Freundin. Ich bin alt geworden, und mein Leben wird weit kürzer sein als deines.«

Tiefe Traurigkeit überkam mich plötzlich.

»Hexchen, sprichst du heute nacht mit mir, weil du mir sagen willst, daß du mich bald verlassen wirst?«

»Nein, meine Freundin. Ich spreche jetzt mit dir, weil das Jahr sich wendet, der Mond sich gerundet hat und der Katzenstern in Konjunktion zur Venus steht. Es ist eine magische Nacht, wie sie nur selten vorkommt. Meist verschlaft ihr Menschen eine solche Gelegenheit.«

»Können sich denn heute alle Katzen verständlich machen?«

»Alle, die es wollen.«

»Aber es wollen nicht alle.«

»Nein, es wollen nicht alle.«

Ich streichelte meine Katze lange schweigend. Sie drehte mir schnurrend den Bauch zu und umfaßte mit ihren Vorderpfoten ganz vorsichtig meine Hand. Sie zog sie zu sich und nagte mit den zwei Zähnen, die sie noch besaß, liebevoll an meinen Fingern.

Dann schnurrte sie ganz leise: »Ohne dich würde ich nicht mehr leben. Ich wäre im Tierheim am Fieber gestorben, und ohne die Futternäpfe, die du immer so pünktlich auffüllst, wäre ich schon lange verhungert.« Sie leckte mit ihrer rauhen Zunge an meinem Daumen. »Ja, und dann hast du mir erlaubt, in deinem Bett zu schlafen. Ich träume schöne Träume, wenn ich in deinen Armen ruhe, meine große Freundin. Nie friere ich, nie ist das Lager hart und ungemütlich. Ich fühle mich bei dir sicher und beschützt.«

Ich fühlte, wie eine Träne über meine Wangen rann. Hexchen richtete sich auf und leckte sie sanft ab.

»Weißt du, die Maus, die ich dir mitbrachte, habe ich gefunden. Wahrscheinlich ist sie erfroren.«

»Dennoch ist sie eines der schönsten Geschenke, die ich heute bekommen habe.«

»Es ist nur eine tote Maus.«

»Möglich, aber ich habe sie von dem schönsten Geschenk der Welt erhalten. Hexchen, du magst mir vielleicht dein Leben verdanken, dir aber verdanke ich den Glauben an die Wunder des Lebens. Von jener Nacht an, als du mich im Traum zu dir gerufen hast, ist mir so viel Glück widerfahren.«

»Du siehst es so.«

»Ich sehe es so. Du hast mein Herz für viele Dinge geöffnet.«

Sie setzte sich aufrecht auf meinen Schoß. Ihre schönen, brunnentiefen Augen leuchteten, und ich versank beinahe darin.

»Darum, meine große Freundin, konntest du mich heute nacht verstehen. Die magische Stunde ist vorüber. Alles wird so sein wie zuvor.«

Ich nahm sie in meine Arme, so, wie sie es gerne mochte, und sie legte ihre Pfoten auf meine Schulter. Ein klein wenig pieksten mich ihre Krallen, als sie sich festhielt, aber das störte mich schon lange nicht mehr. Sie drückte ihren Kopf an meine Ohren und schnurrte. Mag sein, daß sie nun nicht mehr in menschlichen Lauten sprach, aber ich verstand sie mehr als deutlich.

»Ich liebe dich auch«, antwortete ich.

Dies ist eine – fast ganz – wahre Geschichte.

Hexchen hat ihr Leben acht Jahre mit mir geteilt. Sie hat mich zu unzähligen Geschichten inspiriert und mir mit ihren kätzischen Plappereien oft genug Mut zugesprochen.

Leider war sie wirklich ein Problemfall – ihr Herz war nicht sehr kräftig. Kurz vor Weihnachten 2003 ist ihr das Leben auf dieser Welt zu schwer geworden, und sie starb eines Nachts ganz unerwartet in meinen Armen.

Vergessen werde ich sie nie.

Schon wieder ein Loch im Cappuccino. Mir wurde auf einmal bewusst, wie liebevoll fast alle dieser Geschichten waren. Sie brachten mir eine Zärtlichkeit in mein Leben zurück, die ich verloren hatte, seit Simone kein Kind mehr war. Das war dann schon das eine oder andere Milchschaumloch wert, fand ich, und war gleichzeitig froh, dass mich niemand beobachten konnte. Oder doch? War das vielleicht jemand, der von einem der Nachbarhäuser aus meine Reaktion studierte? Quatsch. Paranoia. In die Küche, wo ich jeden Morgen las, sah nur ein Nachbarfenster herein, sicher ebenfalls eine Küche, und dort hatte ich, seit ich hier bin, keine Bewegung gesehen. Sicher waren die Leute weggefahren. Oder war die Wohnung gar unbewohnt.

Zweiundzwanzigster Dezember

Ein dünnes bisschen Schnee. Vielleicht wird's doch noch was mit dem Bilderbuchweihnachten, dachte ich, aber es sah nicht sehr vielversprechend aus. Eher eine Lasur als ein Anstrich der Landschaft.

Kurt Tucholsky

Brief an einen Kater

Paris, den heutigen.

Lieber Mingo,

Du liegst gerade, ein weißes Knäul, unter dem Sofa, im Zimmer des blonden Engels, und wartest auf Konrad, der dir aus seiner Fabrik etwas mitbringen wird; einen Wurstzippel oder einen Knochen vom Kalbskotelett oder sonst etwas Eingewickeltes. Hättest du die Freundlichkeit, einmal zuzuhören? Komm heraus! He! Komm! Mies – mies – mies! Mingo! Mingo!

Du wärst keine richtige Katze, wenn du kämst. Und so muß ich mich denn vor das Sofa legen, platt auf den Boden, und dir unter die geschweiften Beine des Möbels herunterflüstern, was ich dir zu sagen habe … Hör zu.

Daß du in die Malerei eingegangen bist, weißt du ja. Die Japaner ... Ja, mach die Augen zu und schnurre im traumlosen Schlaf – es ist nicht neu. Aber in der Literatur, da muß man dich schon suchen; so viele gute Katzenbücher gibt es nicht. Wenn ein Sohn einmal promoviert, kannst du ihn ja eine Dissertation schreiben lassen ›*Die Katze in der Geschichte der Völker mit besonderer Beziehung auf die Literatur des achtzehnten Jahrhunderts*‹. Sieh, was ich hier habe! Du siehst kaum auf. Fauler. Atmendes Kissen. Es ist ein kleines Buch, weiß wie du, heißt ›*Katzen*‹ und ist von Axel Eggebrecht. Und zerkratz den Deckel nicht – und ist bei Herbert Stuffer in Berlin erschie – – du sollst die Pfoten vom Deckel nehmen! Untier! Drache! Geschöpf! Mingo, das ist das allerreizendste Buch, das mir seit langem unter die Kritikerkrallen gekommen ist.

Der muß dich sehr lieb haben, der Eggebrecht – der muß dich sehr genau kennen, dich und die ganze Katzenfamilie. Er versteht dich, weil er zugibt, dich nicht zu verstehen. Deine Zähigkeit, mit der du am Leben hängst; die Sinnlosigkeit dieses Lebens ... Und wie noch eine verwilderte Katze eine Dame ist, bis in die letzte Schwanzspitze, und wie man eigentlich immer ein bißchen Angst vor dir haben muß, solche Angst, wie man sie vor einer Pistole hat, von der man nicht weiß, ob sie geladen ist oder nicht ... Man weiß nicht. Mingo, was denkst du? Ach, lach mich nicht aus.

Ja, großmütig bist du, voll von einer stillen Verachtung

für uns alle. In einem seiner ersten Romane hat Max Brod entdeckt, wie sich die Tiere über die Menschen heimlich lustig machten … Du verschmähst sogar das. Du siehst uns gar nicht mehr. Wie du ins Leere schaust! Wohin blickst du? In welcher Zeit lebst du? In deiner eigenen – in unserer nur, wenn du etwas zu fressen haben willst. Übrigens sehe ich dich nicht gern essen; die kleinen ruckenden, bösen Bewegungen, mit denen du schluckst … Verzeih. Und hör mal, Eggebrecht schreibt da zwei Dinge, die ich ihm gar nicht glauben will, du weißt das ja besser … Lieben sich Katzen auf dem Frühstückstisch? Am hellerlichten Tag? Und läuft eine Katze von ihren noch nassen Jungen fort, nach einem Tag? Sag mal – Mingo! Schläft. Nein, schläft nicht – blinzelt durch den dünnsten Spalt der Augenlider mich an, ich kann doch den Kopf nicht dauernd auf den Fußboden legen, wenn man auch von ihm – natürlich – essen könnte … Mingo! Komm heraus. Kommt nicht.

Mingo, du kannst lesen, ich weiß es, du zeigst es nur nicht. Dieses Buch. Es ist so unsüßlich, so gar nicht verniedlicht, so unheimlich – und es ist in der Form so edel, wie du es bist. Es muß wohl Katzenmenschen und Hundemenschen geben. Magst du den Hund? Ich auch nicht. Er brüllt den ganzen Tag, zerstört mit seinem unnützen Lärm die schönsten Stillen und wird in seiner Rücksichtslosigkeit nur noch von der seiner Besitzer übertroffen. (Protest des Reichsbundes Deutscher Hundefreunde. Kusch.) Man kann dich nicht fangen, ich weiß. Aber bist du in diesem

Satz nicht ganz enthalten? »Die Katze ist eine anarchistische Aristokratin, mit gesundem proletarischem élan vital.« Das bist du.

So, nun stehe ich wieder auf. Und sitze plötzlich in dem silbergrauen Paris und denke an dich, an dich und den blaugrauen Angorakater, der so klein war, daß er nicht einmal einen Namen hatte; er konnte einem grade entgegenwackeln, wenn man ins Zimmer kam, und dann aß er nichts mehr und dann starb er, und nun liegt er in meinem Garten a.D. von Fontainebleau.

Einen Gruß, Mingo! An dich und an alles, was schön ist und rätselhaft, überflüssig und geschwungen, unergründlich und einsam und ewig getrennt von uns: also an die Katzen und an das Feuer und das Wasser und an die Frauen.

Mit einem herzlichen Fellgestreichel
und Grüßen an die Herrschaften, die bei dir wohnen.

Dein Peter Panter

Ich fuhr noch einmal ins Ministerium, um mich von meinen Mitarbeitern und allen, mit denen ich die letzten Jahre verbracht hatte, zu verabschieden. Meinen Nachfolger mied ich, so gut es ging, aber ich musste eine Viertelstunde lang sein Geschwätz anhören über Leute, von denen er glaubte, ich würde sie kennen oder mich für ihre Verfehlungen interessieren. Sei's drum. Mit dem Pförtner, den Putzfrauen und den Leuten aus der Kommunikationsabteilung redete ich angeregt und war fast ein bisschen melancholisch, als ich mich schließlich von dem wie jedes Jahr steifen und verdrucksten Weihnachtsfest verabschiedete.

Auf der Heimfahrt hörte ich Radio. Bigbandjazz aus dem Deutschlandfunk. Und es schneite wieder ein zaghaftes, fieseliges bisschen. Immerhin ein Schritt in Richtung Bilderbuchweihnachten.

Der Château Lafite war immer noch gut. Er war die richtige Wahl für Heiligabend.

Es war tatsächlich wieder alles weiß geworden, und ich sah diesmal richtige Fußabdrücke mit Profil auf dem Weg vom Gartentor zum Briefkasten.

Axel Eggebrecht

Dasein

Des Menschen Leben währet bekanntlich siebzig Jahre, und wenn es hoch kommt, so sind es achtzig Jahre, und wenn es köstlich gewesen ist, so ist es Mühe und Arbeit gewesen. Auf der Seligsprechung der Arbeit bestehen Hammurabi und die Bergpredigt so gut wie Marx und Shaw.

Doch entgegen dieser anerkannten Vorschrift sehnen wir alle uns insgeheim nach dem Garten Eden, nach göttlicher Untätigkeit. Dem so laut gepriesenen Arbeitsethos steht unser eingeborenes Verlangen nach totaler Faulheit fortwährend im Wege. So entsteht die bedenklichste aller Lebenslügen. Aus dieser Ur-Verdrängung erwächst geradewegs jenes berüchtigte Unbehagen in der Kultur, das freilich so ziemlich die gesamte neuere Dichtung hervorgebracht hat. Jedermann wird aber zugeben, daß ein Dutzend glanzvoller Dramen und Romane mit dem Elend von Milliarden Menschen zu teuer bezahlt sind.

Das Leben der Katze hingegen währet zwölf Jahre, und wenn es hoch kommt, so sind es siebzehn Jahre, und wenn es köstlich gewesen ist, so kannte es weder Mühe noch Arbeit. Und es ist immer köstlich.

Katzen kennen das Geheimnis, wie sie mit uns leben können, ohne an unserer Mühsal teilzuhaben, sie ganz allein. Pferd, Hund, Rind und Lama haben wir in unser Mißgeschick hereingezogen, nun müssen sie den Fluch mittragen, der Adam traf. Eine Katze aber nimmt nichts an, was ihr nicht von Ursprung und Anbeginn eignet. Unsere Wohnungen sind für sie ein angenehmes Stück Natur, man kann darin bequem und warm hausen, weshalb das nicht nutzen? Aber unsere Ordnungen, unsere Pflichten, alle Spielregeln unserer Moral, die gehen sie nichts an. Die Phantasie eines französischen Schriftstellers hat, uns zum Trost, den Mann erfunden, der durch Mauern gehen kann. Katzen sind wirklich und wahrhaftig *passe-murailles*, Wesen, die unbekümmert durch die festen Wände unseres Daseinsgefüges hindurchspazieren, als seien sie Luft.

Und sie tun's ganz ohne Ziel und Zweck. Sie leben uns vor, daß es dies gibt: Dasein ohne Handeln. Sie verkörpern ein uns verlorengegangenes Gleichmaß, welches der Buddhismus am deutlichsten von allen Religionen zu erstreben rät. Recht betrachtet ist jede Katze ein kleiner bepelzter Missionar Gautamas. Nur achten wir dessen nicht.

Selbstverständlich bedeuten Katzen viel mehr als Exempel für eine Menschenlehre. Sie sind. Sie existieren. Darin ist alles einbegriffen. Monsieur Sartre sollte sie genau studieren, denn eine lediglich von Menschen gezogene, auf den Menschen bezogene Existenzlehre muß brüchig bleiben. Sind wir unseligen Kausal-Kreaturen doch mit der Tantalusqual geschlagen, am Dasein allein kein Genüge zu finden. Wir wollen uns unaufhörlich beweisen, daß wir da sind: durch Taten, seien es nun Kriege, Kaufverträge oder Philosophien. Und dadurch ist die heilige Unschuld des Seins schon getrübt. Keine Ethik vermag sie wieder zu klären. Eine Ahnung davon schwingt bei den tiefsten Denkern von jeher mit. Daß sie sich um Erkenntnis bemühen, ist schon Schuld. Sie wissen's. Doch keiner entrinnt dem Zirkel.

Indes, für den einzelnen ist es wohl hie und da möglich, sich durch ein Bad im Meer des unbewußten Seins zu reinigen, zu stärken. Der Zivilisierte, der Städter, der Technikmensch vermag sich freilich nicht mehr in den Stand der Einfalt zu versetzen. Aber er kann zum Beispiel mit Katzen leben. Dann wird er ganz von selber dazu gelangen, sein übergrelles Weltbild ein wenig abzuschatten [ungefähr so wie ein guter Kameramann das Gesicht der alternden Diva *softet*, mildert, enthärtet]. Richten wir die Linse dieser großen klaren Augen auf unsere unvollkommene Welt und auf uns selbst, auf Seele, Herz und Hirn, auf Historie und Poesie, ja lassen wir auch jene Bindungen an ein unbekanntes Höheres nicht außer acht, um die wir so schmerzvoll bemüht sind.

Ich will damit sagen: Lernen wir ein wenig vom unbestechlichsten unserer Lebensgefährten. Leben wir mit Katzen nicht, weil sie Mäuse fangen, sondern weil sie uns zum Ursprung zurückführen können, wenigstens ein Stück weit.

Ja, da sage ich nun so einfach: lernen … Da haben wir's. Der Mensch rennt, eben weil er Mensch ist, alsbald wieder in den Kreis seiner Irrtümer zurück. Katzen lernen nichts. Katzen schreiben auch keine Bücher [von manchen Hunden und Hühnern ließe sich das ganz gut vorstellen]. Sie säubern sich ohne Spiegel. Sie kennen keine Reue. Das Leben rinnt durch sie wie Sand durch eine Kinderhand.

Ihrer ernsten Verspieltheit sollten wir Nutztiere zuweilen unsere ruhige Ehrfurcht widmen. Es ist nicht leicht. Mir gelang es selten, und doch hatte ich Gelegenheit von Jugend auf. Sie saßen in meinem Knabenbett, sie tobten in meinem Atelier, als ich fünfundzwanzig war und sie zu beschreiben begann, sie waren mit mir verschüttet unter den brennenden Trümmern und wurden mit uns gerettet. Und noch heute – jetzt, in diesem Augenblick, sehen sie mir mit kühler Herablassung zu, wie ich, ein irrender Mensch, mich anstrenge, etwas über sie aufzuschreiben. Gerade dafür müßte ich mich bei ihnen entschuldigen, wenn sie einen so umwegigen und schiefen Vorgang verstünden.

Doch von alledem wissen sie nichts. Sie stehen darüber. Unsere Skrupel erreichen diese kleinen Götter nicht. Mir aber bleibt nur die Einsicht, soeben ein echtes Dilemma erlebt zu haben: diese Zeilen verleugnen durch ihre Niederschrift recht eigentlich, was sie sagen sollen.

Ich holte den Baum aus dem Keller. Ich glaubte mich zu erinnern, dass er sich einen Tag lang an die Zimmerwärme gewöhnen sollte, bevor man ihn aufstellte und schmückte. Ich legte den Schmuck im Flur aus wie vor Tagen die Bilder und versuchte mir eine Vorstellung zu machen davon, wie ich alles aufhängen wollte.

Ich freute mich auf morgen. Weihnachtsvorfreude. Unglaublich, dass mir so was noch mal passierte. Natürlich würde meine Tochter nicht kommen, das war mir schon klar, aber eine letzte Geschichte würde vielleicht im Briefkasten liegen, die erklärte, wer mir diese anrührenden Botschaften hatte zukommen lassen. Und warum. Ich rechnete fest mit einer Auflösung. Die letzte Geschichte würde alles erklären.

Thommie Bayer

Adventskätzchen

Es hatte tatsächlich über Nacht noch mal geschneit, und alles war weiß und weihnachtlich wie bestellt. Nur im Briefkasten lag keine Geschichte.

Ich war früher dran als sonst, die Vorfreude hatte mich aus dem Bett getrieben, und jetzt stand ich enttäuscht und in meinem immer noch zerfledderten Morgenmantel da und begann zu frieren und wollte einfach nicht einsehen, dass mein Adventskalender nun wohl doch keiner war oder so unerwartet, falsch und brüsk abbrach.

Noch dreimal in der nächsten halben Stunde ging ich nach draußen, nur um immer wieder festzustellen, dass da nichts im Briefkasten lag. Nichts.

Ich ließ mein Martin-Scorsese-Frühstück stehen und ging unter die Dusche. Meinem Geschichtenspender musste etwas passiert sein. Ausgerechnet heute, am wichtigsten Tag, am Tag der Pointe oder Erklärung oder Krönung des Ganzen, hatte er sich ein Bein gebrochen oder war überfallen worden oder einem Hirnschlag erlegen. Ich war so enttäuscht wie zuletzt vielleicht als kleiner Junge, als es wieder nicht das ersehnte Fahrrad gewesen war, sondern ein blödes Buch und ein Geldbeutel.

Es klingelte.

Ich warf den Morgenmantel über, ohne mich abzutrocknen, und rannte zur Tür. Da war niemand.

Aber direkt vor der Tür auf dem Boden stand eine blaue Kiste, und darauf lag ein weißer DIN-A4-Umschlag, an der Türklinke hing eine Plastiktüte, die ich abnahm und in der Hand behielt, als ich Kiste und Umschlag anhob und durch das Gitter, das ich jetzt vorn an der Kiste entdeckte, ein getigertes Kätzchen sah, das ängstlich zu mir herausschaute und das Mäulchen zu einem stummen Miauen öffnete. Ich trug die Kiste nach drinnen, öffnete sie und wartete, ob das Kätzchen herausspazieren würde, aber es näherte nur vorsichtig sein Gesicht der weiten Leere um die Öffnung herum und wartete erst mal ab, ob sich da draußen etwas Gefährliches zeigen würde.

Ich lag mittlerweile auf dem Boden in einiger Entfernung zur Kiste und versuchte das Katzenkind mit freundlichen leisen Worten zum Herausklettern zu ermutigen.

In der Plastiktüte waren eine Schachtel Trockenfutter, zwei Schälchen und drei kleine Döschen Nassfutter. Im Umschlag war diesmal keine Geschichte – es sah eher aus wie ein Brief:

Hallo, ich habe noch keinen Namen, den sollst Du mir geben, und Du sollst gut für mich sorgen, weil ich doch jetzt bei Dir bleibe. Ich brauche nicht viel, ein Sofa zum Zerkratzen und vielleicht ein paar Vorhänge und Deinen Bauch zum Schlafen und natürlich sehr gutes Essen und so. Und ein Klo.

Mich schickt eine gewisse Simone, die gesagt hat, Du würdest nachts ganz laut schnurren. Das finde ich gut, das mach ich nämlich manchmal auch. Diese Simone hat auch gesagt, sie würde sich bald mal bei uns melden und mich besuchen kommen und nachsehen, ob Du auch lieb zu mir bist. Ich brauche nicht lieb zu Dir sein, hat sie gesagt, nur wenn ich will, ich darf Salami vom Tisch klauen und eine Blumenvase umschmeißen. Und jetzt bist Du dran.

Ich sah ein bisschen verschwommen, dass das kleine gestreifte Ding jetzt aus der Kiste geklettert war und vorsichtig zu mir herkam. Sie schnupperte an meiner Nase, an meiner Augenbraue, an meinem Ohr, dann leckte sie mit einer rauen kleinen Schmirgelzunge die Tränen von meiner Backe. Oder war es ein Rest vom Duschwasser?

QUELLENVERZEICHNIS

1. Dezember
Ernest Hemingway, »Katze im Regen«. Aus dem Englischen von Annemarie Horschitz-Horst, aus: Ernest Hemingway, *Sämtliche Erzählungen.* © der deutschen Übersetzung: 1966 Rowohlt Verlag, Reinbek.

2. Dezember
Teresa Crane, »Dieser verdammte Kater.« Aus dem Englischen von Elga Abramowitz, aus: Lesley O'Mara (Hg.), *Die frechsten Katzengeschichten.* © der deutschen Übersetzung: 1997 Aufbau Taschenbuchverlag GmbH, Berlin.

3. Dezember
Margaret Maron, »Das Tier in ihr.« Aus dem Englischen von Petra Martin, aus: Gerhild Tieger (Hg.), *Literarische Katzengeschichten.* © der deutschen Übersetzung: 2008 Autorenhaus Verlag GmbH, Berlin.

4. Dezember
Lillian Jackson Braun, »SuSu und der Acht-Uhr-Geist.« Aus dem Englischen von Gunther Seipel, aus: Lilian Jackson Braun, *Die Katze, die zuletzt lachte.* © der deutschen Übersetzung: 1999 Bastei Lübbe GmbH & Co. KG, Köln.

5. Dezember
Margaret Atwood, »Unser Kater kommt in den Himmel.« Aus dem Englischen von Malte Friedrich, aus: Margaret Atwood, *Das Zelt.* © der deutschen Übersetzung: 2006 Berlin Verlag GmbH, Berlin.

6. Dezember
Christa Schmitt, »Tinni-Minni«, aus: Jutta Aurahs (Hg.), *Wunderbare Weihnachten.* © 2007 Jutta Aurahs.

7. Dezember
Patricia Highsmith, »Der leere Nistkasten.« Aus dem Englischen von Dirk van Gunsteren, aus: Patricia Highsmith, *Der Schneckenforscher.* © der deutschen Übersetzung: 2003 Diogenes Verlag AG, Zürich.

8. Dezember
Norbert Silberbauer, »Findel«, aus: *33 Arten eine Katze zu lieben.* Literarisches Schnurren eingesammelt von Ruth Rybarsky, 2007 Residenz Verlag

im Niederösterreichischen Presshaus Druck- und Verlagsgesellschaft mbH St.Pölten – Salzburg. © Erben nach Norbert Silberbauer.

9. Dezember
Marianne Gruber, »Gilbert und Sullivan«, aus: *33 Arten eine Katze zu lieben.* Literarisches Schnurren eingesammelt von Ruth Rybarsky, 2007 Residenz Verlag im Niederösterreichischen Presshaus Druck- und Verlagsgesellschaft mbH St.Pölten – Salzburg. © Marianne Gruber.

10. Dezember
Colette, »Saha.« Aus dem Französischen von Emi Ehm, aus: Colette, *Eifersucht.* © der deutschen Übersetzung: 1951 und 1986 Paul Zsolnay Verlag, Wien.

11. Dezember
Haruki Murakami, »Herr Nakata«. Aus dem Japanischen von Ursula Gräfe, Textauszug aus: Haruki Murakami, *Kafka am Strand.* © der deutschen Übersetzung: 2004 Dumont Literatur und Kunst Verlag, Köln.

12. Dezember
Eva Demski, »Albumblatt für Adele«, aus: Esther Scheidegger (Hg.), *Katzenliebe.* © 1995 Schöffling & Co. Verlagsbuchhandlung GmbH, Frankfurt am Main.

13. Dezember
Philip J. Davis, »Wie Thomas Gray zu ihrem Namen kam.« Aus dem Englischen von Elisabeth Schnack, aus: Federico Hindermann (Hg.), *Katzen.* © der deutschen Übersetzung: 1982 Manesse Verlag, Zurüch.

14. Dezember
Werner Koch, »Der Heimweg«, Textauszug aus: Werner Koch, *Jenseits des Sees.* © 1979 Suhrkamp Verlag, Frankfurt am Main.

15. Dezember
Regina Henscheid, »Viel Zorn«, aus: Regina Henscheid, *Die Memoiren des Mietz.* © 2002 Kindler Verlag GmbH, Berlin.

16. Dezember
Michael Aufhauser, »Minki, meine Katze die täglich duscht«, aus: Michael Aufhauser, *Meine schönsten Katzengeschichten.* © 2008 teNeues Verlag GmbH + Co. KG Kempen.

17. Dezember
Mazo de la Roche, »Cat kreuzt die Meere.« Aus dem Englischen von Marga Ruberti, aus: Era Zistel (Hg.), *Liebe zu Katzen.* © der deutschen Übersetzung: 1956 Albert Müller Verlag, AG Rüschlikon-Zürich.

18. Dezember
Ann Granger, »Der Geist vor dem Kamin.« Aus dem Englischen von Elga Abramowitz, aus: Lesley O'Mara (Hg.), *Die frechsten Katzengeschichten.* © der deutschen Übersetzung: 1997 Aufbau Taschenbuchverlag GmbH, Berlin.

19. Dezember
Jan D'Lord, »Hausbaum.« Aus dem Englischen von Annette Wetzel, aus: Jan D'Lord, *Bluebell.* © der deutschen Übersetzung: 1999 Deutscher Taschenbuch Verlag, München.

20. Dezember
James Herriot, »Wenn ich an Weihnachten denke.« Aus dem Englischen von Helmut Kossodo, aus: James Herriot, *Der Tierarzt kommt.* © der deutschen Ausgabe: 1979 Rowohlt Verlag GmbH, Reinbek.

21. Dezember
Andrea Schacht, »Ein unerwartetes Weihnachtsgeschenk«, aus: Andrea Schacht, *Die Katze, die im Christbaum saß. Weihnachtsgeschichten.* © Aufbau Verlag GmbH & Co. KG, Berlin 2004 (die Originalausgabe erschien 2004 im Aufbau-Verlag; Aufbau ist eine Marke der Aufbau Verlag GmbH & Co. KG).

22. Dezember
Kurt Tucholsky, »Brief an einen Kater«, aus: Kurt Tucholsky, *Gesammelte Werke, Band II.* © 1960 Rowohlt Verlag GmbH, Reinbek.

23. Dezember
Axel Eggebrecht, »Dasein«, aus: Axel Eggebrecht, *Katzen.* © 1967, 1989 Verlags AG Die Arche, Zürich.

24. Dezember
Thommie Bayer, »Adventskätzchen.« © 2011 Thommie Bayer.